战略思维

（第二版）

陈东升 著

中国财经出版传媒集团
中国财政经济出版社

图书在版编目（CIP）数据

战略思维 / 陈东升著．—2 版．—北京：中国财政经济出版社，2016.8
ISBN 978－7－5095－6919－1

Ⅰ．①战⋯　Ⅱ．①陈⋯　Ⅲ．①人寿保险－保险公司－企业管理－经验－中国
Ⅳ．①F842.62

中国版本图书馆 CIP 数据核字（2016）第 192261 号

责任编辑：蔡丽兰　孙　腾
装帧设计：攀通号艺术设计

中国财政经济出版社 出版
URL：http：//www.cfeph.cn
E－mail：cfeph@cfeph.cn

社址：北京市海淀区阜成路甲 28 号　邮政编码：100142
营销中心电话：88190406　北京财经书店电话：64033436　84041336
北京联兴盛业印刷股份有限公司印刷　各地新华书店经销
787×1092 毫米　16 开　25.5 印张　330 000 字
2016 年 8 月第 2 版　2016 年 8 月北京第 1 次印刷
定价：88.00 元
ISBN 978－7－5095－6919－1/F·5554
（图书出现印装问题，本社负责调换）
本社质量投诉电话：010－88190744
打击盗版举报热线：010－88190492、QQ：634579818

序

在市场中学习 在市场中成长

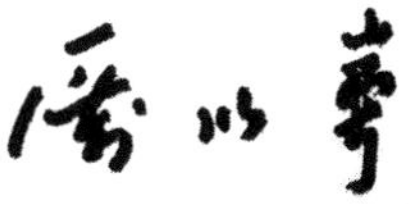

董辅礽同志是我的好友。改革开放之初，我们就经常聚在一起，共同探讨如何推进中国的市场化进程，如何实现国有企业的股份制改革。在七届、八届（1988-1997 年）全国人大期间，作为全国人大常委，一同参与了经济转型中的立法工作。不幸，从 2003 年起董辅礽同志患上重病，2004 年逝世。在病床上，他的遗言之一是："我在武汉大学还有几位博士研究生没有开题，请转给厉以宁教授继续指导，让他们完成学业。"又说："我的学生都是厉以宁的学生，即使他们已经毕业了，仍是厉以宁的学生。"我牢记着董辅礽同志的嘱咐，指导他们一一完成了博士学位的开题、写作指导、答辩，并先后通过，取得了经济学博士学位。

2005 年，董辅礽同志逝世一周年之际，我写了一首诗，纪念这位挚友：

七绝

少年空负神来笔，临老愧书归去辞，

谁解冯唐心内苦，黯然又是雪飘时。

本书作者陈东升是董辅礽同志的弟子，因为董辅礽同志与我多年相知相交的关系，他对我一直执弟子礼。1992 年他辞职从商之后，相继创建了嘉德拍卖、宅急送、泰康人寿这三家企业，这么多年，这三家企业在不同的行业和领域都成了佼佼者。作为师长，我感到很欣慰。

我一直推崇市场化改革，而现代企业和企业家正是市场化的主力。1980 年我在一次劳动就业座谈会上提出企业股份制改革思路，但因为当时刚刚改革开放，并没有引起多少回应。直到 1992 年邓小平南巡后，中国才正式确立了社会主义市场经济体制的改革目标，明确“公司制股份制是建立现代企业制度的有益探索”，这为一大批企业家登上历史舞台创造了思想和体制条件，从此浩浩荡荡的创业大潮涌现。“92 派”就是其中最具代表性的企业家群体。

坚定的市场化取向和专业化追求，是以陈东升为代表者之一的“92 派”企业家最大的特点。他们主动从计划体制内向体制外转型，成为最早也是最大范围脱离原有体制寻找独立舞台的一群人，他们是中国现代企业制度的试水者、实践者和受益者。

关于“体制内”和“体制外”可能有两种解释。一是“体制内”和“体制外”指人员是不是纳入政府或国有企事业单位正式编制之内。纳入正式编制的，是“体制内人员”，未纳入正式编制的就是“体制外人员”。用这一含义来解释“92 派”，说得过去。另一种解释是：“体制”一词就是指经济体制，而且专门指原有的计划经济体制，凡是属于计划经济体制的，就是“体制内”，否则就是“体制外”。所以“92派”就是从“已经有所松动的计划经济体制”转到“正在形成的社会主义市场经济体制”。换句话说，所谓“体制内”和“体制外”正是从这个角度来观察的。实际上，人作为社会的人，是不可能脱离了任何一种“体制”的，除非他是鲁滨逊。这批“92派”企业家，既然率先离开计划经济体制，必须善于寻找市场，适应市场，发现市场的空白点，引领一个企业、一个行业，开拓一方市场。董辅礽同志的弟子中除了陈东升以外，田源、毛振华等人也都是如此。在市场中学习，在市场中成长，“做市场的好学生”，陈东升一直以此自勉。我衷心希望他带领泰康人寿循着市场化道路，不断开拓，不断创新，赢得并且巩固自己的竞争优势。

从经济史上看，保险业起源于西方，它和银行、证券以及股份制等都是历史非常悠久的一种商业设计和商业组织、一种制度安排，通过集中管理风险，实现风险的规避和转移，促进社会可持续发展。我认为在建设高水平的小康社会进程中，保险业大有可为。泰康专注于人寿保险，充当人们改善“生活方式”的参谋、顾问，提出“买车、买房、买保险”新三大件。针对中产人群的家庭需求推出“一张保单保全家”。这些适合于现阶段中国国情的设计，使广大客户感到满意。在我看来，特别是为了应对老龄化社会的日益临近，泰康人寿率先探索养老服务的新模式，是很有远见的。

近几年，陈东升的事业平台更大了，他的主要精力除了放在企业的具体管理实务上，也把一部分精力放在了关注公益事业上，放在经济和社会发展的大问题上，以体现企业的社会责任。他把董辅礽基金会、亚布力论坛，作为表达对历史、现实和未来的关切及思考的平台，这也是我欣赏和钦佩的。一名优秀的企业家一定是有理想，有抱负，具有“家国情怀”的负责任的企业家。

陈东升这次出版的《战略思维》一书，体现了他十七年来创办、管理泰康人寿的诸多思考。这些思考，呈现出了一家企业从无到有，由小长大，由弱变强的发展轨迹，以及陈东升本人从一个创业者、企业家，再到商业领袖的历程。这些思考，尊重时间和历史，不矫饰，不夸张，不溢美成绩，不避讳问题，原原本本、实事求是地呈现在读者面前。他考虑得很细致，比如说如何建立品牌精神，如何应对高速成长的压力，如何平衡企业规模、效益、风险，如何建立持续不断的利润池等等，都是他所思考的，愿意同读者分享。从某种意义上说，《战略思维》一书可以成为研究中国转型期间企业发展史的宝贵素材和案例。

为此，我欣然作序，并祝愿陈东升创办的泰康人寿能够基业长青，实现“成为中国人生活的一部分”的梦想。

二〇一三年一月

目录

战略

1996－2001 没有理想就没有泰康人寿

公司的发展方向就在九个字中：专业化、规范化、国际化。

我们首先要找世界上最好的葫芦画瓢，再根据实际情况进行修改，就叫中国化的过程，或叫现实化的过程，就是创新的过程。

寿险事业是百年大计，是马拉松长跑，谁的基础打得好，谁就能跑得更远。

2001 – 2006 按自己的牌理出牌

在加入WTO谈判中，受到挑战最大的是保险行业。但是加入WTO，却成为我们快速发展的一大机遇，沿海战略启动，机构快速铺开；并在与狼共舞中，从模仿走向了创新，按自己的牌理出牌了。

2006 – 2009 再造一个泰康

抢抓历史机遇是泰康成绩取得的前提。战略、团队、文化三大工程建设是泰康制胜的法宝和经营的核心。

泰康形成了“快速发展不失稳健，稳健经营不乏创新”的经营理念，也总结了“实事求是，与时俱进，抓住历史机遇，超常规跨越式发展”的发展理论。

把握时代机遇 分享中国经济高速发展成果

寿险经营就像百科全书

2009 – 2014 打造泰康的“苹果”

过去一年想做三件事，后来说三年只做一件事，现在说一辈子只做一件事，泰康就是要打造“活力养老、高端医疗、卓越理财、终极关怀”四位一体新商业模式，即把“从摇篮到天堂”这个理念变成活生生的现实。

2014 –

迈向终极商业模式：长坡宽道厚雪

一个企业的成长，三年决定生死，五年打下基础，八年站稳脚跟，十年小有品牌，二十年才能成长为参天大树。
泰康战略的结果是迈向终极商业模式，实现长坡理论：长长的坡、宽宽的道、厚厚的雪，滚世界上最大的雪球。

聚焦价值 量质并举

“从摇篮到天堂” 滚世界上最大的雪球

思维

创新就是率先模仿

是对后发优势的另一种诠释，找最好的葫芦画最好的瓢。一要视觉敏锐、善于发现，美国今天火的，明天中国一定火；二要把握时机，率先模仿；三要寻找标杆，找最好的模仿；四要超越模仿，实现创新。

现代三大件 —— 买车买房买保险

改革开放前有老三大件：手表、自行车、缝纫机。上世纪 80 年代有新三大件：洗衣机、电视和冰箱。21 世纪中产人群的崛起，带来一种新的生活方式 —— 买车买房买保险，这称为现代三大件。

保险是一种制度安排

社会需要建立一种制度，使社会有足够的力量抗拒、化解风险，保障人民安定、健康的生活。保险通过社会管理功能分散了风险，为增进社会福利做出贡献。

普惠金融无论是作为一种金融资源配置的安排，抑或是某种新兴的金融理念，其本质是平等、实惠和便利。互联网信息时代，互联网金融成为普惠金融最好的展现方式和助力工具。

互联网金融由于其公开、透明、便捷的特征，降低了源于信息不对称所带来的交易成本，弱化了中介职能，使得金融更实惠和便捷。

从摇篮到天堂 保险呵护一生

在中国，养老社区由寿险公司来做最合适，这是养老商业模式的重要创新，可以实现投资、产品、服务三个延伸。
人寿保险嫁接养老社区，满足人们的终极保障需求，体现保险的终极人文关怀。
未来中国经济增长的动力在于城镇化、服务业和走出去，促进服务业崛起就四个字：娱、教、医、养。
改革开放后近 30 年里，我国的保险公司发展有两种模式，一种是走金融“宽带”，另一种就是泰康引领的深耕寿险产业链，从摇篮到天堂的模式。

“92派”：开启现代企业制度元年

“92派”就是离开体制，寻找自己独立的舞台进行创业的一群人。丢掉、打破、放弃金饭碗、银饭碗、铁饭碗，在市场上创立自己的地位是其主要特点。浓厚的家国情怀，是“92派”企业家最独特的标志。

中国梦

鸦片战争是中国落后的结果，也是中国觉醒的开始，所以中国的现代化之路是从鸦片战争开始的。
从1840年到今天，一直有两条主线贯穿中国社会，一条主线是社会转型，一条主线是东西方文化的碰撞。
新中国的发展历史证明中国正在创造和平崛起的典范，中国崛起之路与世界其他强国都不尽相同，大大丰富了大国崛起的模式。改革开放唤醒了中国人民的小康梦想，建设小康社会成为中国人梦寐以求的“中国梦”。

附录

写在前面

买保险就是尊重生命

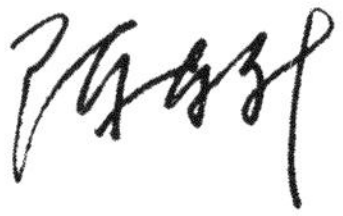

时间拉回到2008年5月16日，汶川地震4天后，我在都江堰拍了一张照片。那张照片拍的是泰康人寿在汶川地震理赔的最大一单，受益人是一对离异的夫妇，当时两个人还不愿意跟对方说话。

他们有一个女儿，23岁，花了200多块钱买了泰康的一份保险。这个女儿很细心，因为父母离异了，大概在地震前一个星期到我们保全部门做了受益人变更，理赔金父母一人一半。这个女孩在商店当售货员，地震的时候她已经跑出来了，还差0.01秒她就可以存活下来，但商店的门梁倒塌了，女孩就被砸在了下面。

泰康理赔了12万元，我把钱分两份，交给她父母，牵着他们两个的手，拍下了那张照片。在那一刹那间，从我的血液里，从我的骨髓里，从我的心中迸出一个观念：买保险就是尊重生命。

就是这样的一个场景，让我永生难忘，让我体会到了保险有多么伟大。但这样一个伟大的保险，在一场巨大灾难的面前，却没有发挥它伟大的功效，我们感到无助和无力。为什么？因为大家知道，汶川地震发生在边远地区，人们的保险意识还不那么强。在德阳、绵阳、广元，还有都江堰地区，泰康人寿大概有八十万客户，地震后我们做了很迅速的研究、排查。我们估计应该赔一个亿，后来我们又统计，应该赔三千万，最后的结果只赔了五百万。作为泰康人寿的负责人，我愿意赔一个亿，但是我没有赔出这一个亿，因为很多人没有买保险。

我有一个论断，21 世纪的三大件就是买车、买房、买保险。不管什么时候在任何地方演讲，当我说到买保险的时候，下面一定是哄堂大笑，说：陈东升，你又在王婆卖瓜。因为这个故事，现在我见了所有的人，我都会说一定要买保险，买保险就是尊重生命，保险让不确定的生命有了确定的价值。所以我从此再没有羞涩，在任何场合，我都敢理直气壮地讲，要买保险，一定要买保险，在经济发展到一定阶段后保险是必须要拥有的产品。

泰康的人都知道我的创业故事。1990 年，我还是 30 出头的年轻人，作为国务院发展研究中心《管理世界》的常务副总编，随中国青年代表团一行五十人出国考察。那是第一个大规模去西方国家访问的代表团。当我们踏上日本的时候，到处挂着"火灾保险""生命保险"的牌子，我就想为什么日本人把火灾跟保险联系起来，把生命和保险联系在一起。回来之后我就钻研成立人寿保险公司。从 1990 年着手思考到现在，我在这个行业里面 22 年的摸爬滚打，22 年的努力中，我有很多的观点和心得。但是所有的观点、所有的心得唯有这句话这么震撼，唯有这句话让我那么有力量，唯有这句话让我充满了动力，唯有这句话让我在遇到挫折的时候坚持不懈地前行，那就是：买保险就是尊重生命。

保险在今天已是家喻户晓、人人皆知，都认为要买，都知道应该参与这个产业。记得刚从事这个行业的时候，台湾人告诉我：保险不是人做的。我觉得很奇怪，当我在疑惑的时候，他们又说：保险是“人才”做的。这句话我终身难忘。他们也告诉我，保险不仅仅是卖一张保单，更重要的是卖一份爱心，一份责任，一份希望，一份幸福。这些理念如今已经深入所有保险人的心中。我作为一个长期的宏观经济研究人，也作为三家企业的创业者，作为泰康人寿的掌门人，带领泰康从两个人开始，走到今天将近30万员工和代理人的这样一家大型的保险企业。在宏观上，我对中国经济的崛起有自己的体会。中国经济三十年的高速成长，核心就是形成了一个庞大的中产人群，中产人群才是我们保险业的最爱，贫穷的时候没有财力来买保险，相对富有的人他的财富就是他最大的保险，只有对于中产人群来说保险才是必需品。所以我们牢牢地抓住中产人群崛起，抓住了中产家庭这样一个核心。所以我们这一路走来，才有了“一张保单保全家”的经营理念和做法。

我提出来现代社会的三大件：买车、买房、买保险，其实是在抓住家庭的概念，就是在帮助中国人，或者是体会中国人追求一种新的生活方式。所以我把保险从爱、关爱提升到是一个中国崛起、中产人群形成的新的生活方式，所以才有了我们说的，保险就是安排人们未来健康、幸福、美满的新生活。泰康人寿把全国的服务中心都改叫新生活广场，这就是我们在弘扬、在宣扬一种新的生活方式。保险就是安排人们未来健康、幸福、美满的新生活，这个口号我们延续使用到今天。

我创办企业的时候，就坚信一个词：专业化。我对专业化有一种宗教般的崇敬和信仰，像一种神灵把它供奉，专业化一直是泰康人寿始终不渝的战略。我们提出来“一张保单保全家”，我们“深耕寿险产业链”，我们又提出来“从摇篮到天堂——一张保单一辈子的幸福”。过去是“买车买房买保险，一张保单保全家”，今天是“从摇篮到天堂——一张保单一辈子的幸福”。

我曾经率领泰康人寿的董事会，在美国召开会议，同时带董事会的成员去参观访问学习美国各种形态的养老社区。大家看到一个硬朗的老太太——这是我一生中见到的唯一一位百岁老人，我看到她戴着二战时的护士帽，她还在重温她青春时代的光彩，开怀大笑。

人生有四个阶段：童年的纯真，少年的狂野，中年的潇洒，老年的神闲。我们中国的老年人基本上都是为了后代，我们说让老人吃一点，老人说留给孙子，让老人穿一点，他们也说留给孙子。我们老年人基本上是这样的一种生活方式。我们一定要改变他们这种生活方式。深耕寿险产业链，就是把人寿保险和养老社区相结合的模式，完成了人寿保险伟大崇高的一种信仰，就是真正地关爱人一生的生老病死，真正实现我们讲的终极人文关爱，终极生命保障。

我经常跟我们员工讲，大的方面，节能、环保、人文关怀是本世纪的三大潮流，具体来讲，从摇篮到天堂，人寿保险事业是终极的人文关怀、终极的生命保障。

我多次讲，一个男人最成功的是做金融业。在金融业里面去做一个银行家，这是过去时代的观念。我从事人寿保险，我觉得我是选择了人类最伟大的职业，终身无怨无悔。因为它是关爱人的生老病死，它是安排每一个人、每一个家庭未来健康、幸福、美满的新生活。

战略

实事求是、与时俱进

实际上是一种时代精神

是打造伟大组织的精髓

不管是管理一个国家

还是经营一家企业

这样的精神都是相通的

这也是泰康人寿这些年能够快速发展的法宝

—— 陈东升

没有理想就没有泰康人寿

1989 年，陈东升在《管理世界》首创中国 500 大企业评选，
萌发了创办一家 500 强企业的梦想。
他说“没有一定数量在国际上数得着的大企业，国家的强盛无从谈起。”

次年，东京街头，日本生命保险、火灾保险巨大招牌霓虹闪烁。
斑斓的夜色里，一颗种子在陈东升心里悄悄生根发芽：
保险可以做成企业巨擘。
这一年，陈东升 33 岁，随中国青年代表团访问日本。

1992 年，陈东升毅然辞职下海，先后创办了嘉德拍卖和宅急送快运。
而承载陈东升世界 500 强梦想的泰康人寿，直到 1996 年才获批成立。
他的野心，终于可以在金融帝国里得到淋漓尽致的发挥。

1996－2001　百年基业初创

这个阶段初步形成具有泰康特色的企业文化和发展战略；泰康人寿以“专业化、规范化、国际化”战略思想为指导，以“创新就是率先模仿”为理论基础，高起点进入中国朝阳产业——人寿保险行业。通过海外募股、建立与国际接轨的公司治理结构、启动“五大基础工程”，为公司打造百年基业夯实了坚实基础。

泰康辞典

【亚洲金融危机和“三化”】

1997 年，亚洲金融危机爆发，这次危机对政府、企业和企业家都产生了深刻影响，使三者发生巨大的带有积极意义的变化。

政府从参与市场竞争回归到裁判的位置。企业从粗放扩张、多元化到集约化、专业化经营，并引入现代企业制度和治理结构。企业家从经营思想浮躁到经营思想沉稳，出现职业经理人概念。

正是在这样的时代背景和市场环境下，泰康人寿决策层预见到未来中国寿险业的发展趋势：一是中国寿险业一定会进入专业化发展时期；二是国内寿险市场必将出现国际化竞争态势；三是保险业将进入以产品创新为契机、以服务质量为内涵的服务竞争时期；四是保险业进入自由化和综合实力较量的时期。审时度势后的泰康人寿定下了走“专业化、规范化、国际化”的发展道路。

【创新就是率先模仿】

创新就是率先模仿，是泰康人寿在这个发展阶段的理论基础和出发点，也是管理行为的重要特征。泰康人寿跳出陈旧的思想观念去模仿世界上最好的样本，即“找最好的葫芦画瓢”。泰康人寿对于“创新就是率先模仿”有自己独到的见解。第一，视觉敏锐，善于发现。模仿要强调准确性和针对性，在把握公司核心发展战略的基础上，以全球的视野在繁杂的信息中准确瞄准模仿对象，找到“最好的葫芦”。第二，把握时机，率先模仿。模仿要强调“时效性”，要快速果断，在国内同行业中最先模仿，从而实现在特定市场、特定时间领先的目标。第三，超越模仿，实现创新。“画瓢”要为我所用，要在学习、研究、消化的基础上与本土、本企业文化相结合。模仿的最高境界是将模仿的对象不留痕迹地融入企业自身的发展，变成企业独有的东西。

诞生于改革开放大背景下

中国保险业的发展，经历了一个曲折的过程。保险业对社会经济的发展和人民生活的安定，发挥了重要的积极作用。中国保险业的发展是在改革开放以后，保险业的改革选择了一条严谨、稳妥和科学的道路。1995 年 10 月 1 日正式实施的《保险法》，使保险市场在法治的规范和监督下健康发展，并形成保险行业的现代企业制度和市场化运作。

中国十六年来的改革开放，取得了举世瞩目的成就，国民经济迅速增长，人民生活水平普遍提高，呈现出国泰民康的大好局面。富强了的国家和富裕了的人民，要求人身和财产的保障。保险业的改革顺应了这种社会经济发展的需求，特别是人寿保险直接关系到百姓生命的安康。

泰康人寿保险股份有限公司就是在这样的大背景下诞生的。公司严格按照现代企业制度的要求，以建立规范化、专业化、国际化一流企业为目标，立足企业制度创新，建立科学高效的管理体制和运营机制。

泰康人寿保险股份有限公司来源于社会，立志全心全意报效社会。

（1996 年）

【注】这是陈东升在泰康人寿开业典礼上的致辞，简短言语中，可以窥见其创办一家寿险企业的初衷和立意。第一版公司简介中写道："把融入21世纪的中国大众生活作为自身的市场战略和目标，竭诚服务社会，笃守商业信誉，追随中国经济的发展和人民生活的改善，在跨世纪的历史性变革中寻求发展和繁荣！"20年后回看，目标明确，战略有效，眼界高远。20年后的泰康，验证了成立之初的愿景，真正把握住了时代发展的机遇。

泰康的理念与文化

公司的目标和定位：

建设一个专业化、规范化、国际化的一流保险公司

我们现阶段的口号：

不求最大，但求最好。

公司的原则和理念：

创新：站在时代发展的最前沿，对新的技术、制度、业务的创新。分三级创新：总部、分公司、一线，只有这样才能保持旺盛的进取心和生命活力。

奉献：创业和为公司努力工作是我们的基础，不劳动、不贡献，谈何财富。

分享：我们用双手和智慧创造了财富，我们有权力分享我们的成果。参与、分享是我们的权利，我们分享我们的成果，并不是对社会、对股东的索取。

公平：这是公司的重要原则，也是公司文化和正气的基础，不然就会

“端起碗吃肉，放下筷子骂娘”。没有公平，人人就会钻营、溜须拍马，这会毒害企业的肌体，人际关系就会复杂化和庸俗化。

公司的主流文化：

开放：永远保持开放的心态和对新鲜事物的兴趣；具有国际观、包容吸纳精神和追求进取的健康心态；来自五湖四海的各路人才汇集在泰康的旗帜下，融合于泰康的企业文化中。

学习：学习金融知识，学习经营管理，学习做人做事；养成学习习惯，培养学习氛围，塑造学习型团队。

专业：掌握专精的知识与技能，成为某专业的行家里手；提供最专业的服务给客户。

（1996年）

【注】这是最早见诸文字的关于公司理念和文化的版本。时间是1996年，在陈东升轻描淡写、勾勾画画的墨迹中，泰康人寿这家企业有了自己的文化底色和基因。陈东升日后曾谈到他办企业有两个天条：一是不许拉帮结派；二是不许给上级送礼。

专业化、规范化、国际化的发展战略

专业化

专业化分工是近代工业革命以来全球企业不断发展进步的主旋律，只有专业化才能形成强有力的核心竞争力，才能在日益激烈的市场竞争中长期立于不败之地。

泰康人寿经营的是寿险事业，强调对寿险运作的专、精、深，注重提升专业经营和管理能力，塑造专业品牌，提供专业服务。在主营寿险业务的基础上，同样重视与寿险相关领域经营管理的发展。

泰康人寿在人才引进上，吸收各类专业化人才、专业化的职业经理人，让他们用专业知识和专业技能实现对公司的贡献。

规范化

泰康人寿遵循市场经济、金融和寿险企业发展规律，遵守国家和行业相关的规章制度，遵纪守法、照章办事。

公司内部管理上严格按规范化制度运作，制度大于人治，使企业经营更加稳健。

规范公司员工的举止和行为，使之按职业道德与标准工作，形成规范的职业技能、伦理和行为。

规范化经营，可以防范和化解金融企业经营风险，使经营体制更加透明，有利于掌控和把握。

规范化为泰康人寿的稳健迈进提供坚实保证。规范化体现在：拥有规范的管理、规范的流程、规范的服务。速度是发展问题，规范是生存问题。

国际化

公司追求营销管理、风险控制、产品研发、信息手段的国际化。提倡向世界上最好的寿险公司学习，使自己成为以国际标准衡量、具有国际竞争力的国际化公司。

未来中国保险业的竞争是在中国保险市场上展开的国际竞争。泰康人寿把国际化作为企业发展战略的目标，就是要培养泰康人寿的国际竞争力。

国际化的核心是与国际惯例接轨，是实现专业化的捷径。

（1996年）

【注】最早的三化内容可以追溯到1996年3月14日的“公司重要发起人筹备工作汇报”。1996年7月12日召开的泰康人寿股东预备会上，陈东升做了“筹备工作汇报提纲”，在“公司的发展目标”一节中，将“三化”表述为专业化、规范化、国际化，其核心是专业化。这是对泰康人寿“三化”原则比较完整的表述。2001年，陈东升系统阐述了“三化”的具体内涵，从而形成泰康人寿的标准版本。陈东升当时指出，“三化”是公司的核心理念，但本身具有内在张力，是文字所不能完全涵盖的，并且应该随着时代的发展而发展。

我们拥有一个伟大的理想

大家一定要明确公司的发展思路和发展战略，以及我们的企业理念。作为一个公司，宏观理念是很重要的，它不是一个人的思想。作为公司的领导层，把大家、公司的实践过程中以及市场上很多经验归纳起来，通过总裁室和大家形成集体的智慧，一旦确定下来就要作为行动中的一个纲领，作为我们行动中的一个指南。

“没有理念，就没有泰康人寿，就没有泰康人寿的灿烂未来。”

没有理念，就没有泰康人寿，就没有泰康人寿的灿烂未来。一年的实践和摸索，我们在整个企业理念和发展方向上已经自成体系，形成一套自己的理念。

公司的发展方向在九个字中：专业化、规范化、国际化。这九个字要时时讲、月月讲、年年讲。专业化、规范化、国际化不是凭空而来的，有很深厚的理论背景、思想背景和社会背景。

专业化是核心。我们是一家专业性的人寿保险公司，我们的人才、物力都要投入人寿保险这一主导产业，培养具有专业素质、专业道德、专业服务水准和技能的专业人才；专业化是建立在规范化的基础上。规范化就是严格的管理，就是以一种制度、以一种科学的原则为经营准则。我们讲的国际化不是说在国际上办多少公司，而是与国际接轨，具有国际最先进、最敏锐的经营理念和经营思想，参与国际市场竞争，用国际化的标准来要求自己。

公司的发展建立在“创新、奉献、分享、公平”的八字经营方针上。创新不是标新立异，标新的、时髦的东西生命力是不长久的。创新就是学习人家通过几百年的历史，付出了极大代价摸索总结出来的经验，老老实实按规律办事，瞄准最先进的东西去照葫芦画瓢，然后在自己的实践过程中创新、发展。有创新，没有分享不行，我们不是乌托邦，也不是极其现实的唯利主义，但是只有大家共同创造拥有一流效益的企业，我们的理想、我们的愿望才能在这个大家庭中实现。人需要有精神寄托，有高尚的情操，当然还需要有好的福利、稳定的收入、健康的体魄和充足的闲暇。要实现我们的梦想，这一切必须建立在我们共同创业的基础上。有了奉献，作出贡献，我们才有权利，才有理由去分享。公平的原则很重要，为什么在有的企业，大家的收入增长了，心里却不平衡呢？那就是公平、公正的原则没有真正得到贯彻、执行。

保险公司对利率的风险一定要有很深入的判断、研究，要有一流的投资理念，建立一个非常优秀、科学的投资部门。

1997 年是中国金融业发展的转折点，一定要理解大的宏观背景，现在不是快速扩张的时候。未来金融市场的发展要遵循专业化、规范化、国际化，不是找关系，不是找渠道。我们现在处于这样的环境下，特别是国际国内金融紧缩的环境下，用冷静的态度思考，用一个很高的标准来要求自己不是坏事。

金融企业稳健经营至关重要，稳健不是不扩充市场，稳健经营和风险控制主要在总公司，未来我们的投资、精算、产品设计都要遵循稳健原则，分公司的重任就是培养高素质人才，开拓市场，占领市场。

“寿险事业不是百米冲刺，而是马拉松长跑，谁的基础打得好，谁的制度好，谁对人要求严，谁的代理人管理培训好，未来的赢家就是谁。”

寿险事业不是百米冲刺，而是马拉松长跑，谁的基础打得好，谁的制度好，谁对人要求严，谁的代理人管理培训好，未来的赢家就是谁。

因此，公司应秉承这样一个发展原则：“不求最大，但求最好”。当然，我们不能说自己是最优秀的、最好的，但我们一定要具备很专业的特色，让大家一见你，就知道你是泰康人，我们以个人高品质形象为起点，目标是成为最优秀、最好的公司。

我们有一个伟大的理想，在专业化、规范化、国际化指导思想下，经过十年到二十年的奋斗，成为真正一流的跨国金融保险集团。

（1997 年）

【注】信仰和价值观是一个组织的灯塔和灵魂。在创业初期，理想和信念的传导异常重要。企业家在初期，他的角色更多地表现为一个“布道者”，把个人的理想和信念变为一个团队和组织的理想和信念。在这一时期，陈东升谈理念、谈文化、谈干部队伍建设的频率非常之高，而正是因为有了伟大的理想和信念，才有了泰康宏大的事业。正所谓梦想有多大、格局有多大，事业就有多大。

泰康的事业是我们大家的

公司取得了良好的开局，这是全体员工共同努力的结果，四个月的工作已证明，这是一个富有朝气、理想和抱负，具有奋发进取意识和团结协助精神的优良团队。而率领这支团队征战的是一个坚强、团结、协调一致、指挥力强的领导集体。

在这里我要强调的是：我们在短短的四个月的时间里，通过调查研究、充分酝酿讨论，正在逐步形成一个具有共同价值取向的公司经营理念，这是公司未来发展的核心和灵魂，来之不易，我们要十分珍视，不断地集中大家的智慧，来精心塑造和维护这个灵魂。

中国要成为一个强大的国家，必须有发达的经济，要做到这一点，必然要有众多强大的企业，包括跨国企业。而我们的目标就是要把我们公司建成一个一流的跨国公司。公司经营理念确立之后，人才就是决定的因素，特别是对一个争创专业形象、规范运作和跨国经营的企业来讲更是如此。

“中国要成为一个强大的国家，必须有发达的经济，要做到这一点，必然要有众多强大的企业，包括跨国企业。而我们的目标就是要把我们公司建成一个一流的跨国公司。”

大家加盟泰康，每个人都有自己的想法和判断，无论目标如何定位，也无论目标设定的角度如何，我们都应该对我们所从事的事业有一个基本的判断：那就是不要仅仅看到眼前，不要仅仅看到表面，而是要从长远和未来发展的趋势出发，看到公司和中国寿险事业发展的美好前景，看到泰康公司有更多更好的发展机会。

我们不是纯粹的理想主义者，必须面对现实，现实激烈的竞争和发展的压力，要求我们必须有一个统一的思想，统一的步伐。我们要与国际化的企业接轨，就是要克服旧体制中企业存在的种种弊端，以国际化的标准和行为作为我们企业的一个准则。我们要放眼未来，放眼世界，这样才能做好我们的工作。

大家怀着踌躇满志的抱负，投身于泰康公司，而泰康公司同样给诸位提供了发展和提高的机会。泰康的事业就是我们大家的事业，我们每个人的思想和行为，就是这个企业的思想和行为。从这个高度上来讲，公司所有的干部，就是塑造企业文化的核心，也是企业成败的关键。现在的市场经济就是需要人才、造就人才的一种机制，它可以极大地激发人的潜能，发挥人的主动性和创造性，为我们施展才华提供大量的机会。大家要珍惜这种机会，把握这种机会，充分发挥自己的聪明才智。

“泰康的事业就是我们大家的事业，我们每个人的思想和行为，就是这个企业的思想和行为。”

创办企业我们始终坚持创新、分享和公平的原则。如果一个企业没有一个不断创新、改造、提高的思想和行为，那么这个企业就不会有生命源和发展力；同样，如果没有一个大家共同分享成功硕果，使我们每一个人都能得到应有的回报这样一种合理的报酬制度，企业也是办不好的。当然在干部的使用、报酬的设立以及其他方面都始终坚持公平、公正的原则，这是我们办企业的宗旨。要做到以上几点，我们就要遵循一些基本原则：

要坚持干部的选拔原则

德才兼备是我们干部选拔的第一原则。纵观古今中外企业发展的历史，强调干部的“德”，也就是突出职业道德的地位和作用，是任何一个企业、任何一个国家十分重视的重要内容。我们在引入市场机制以后，逐渐形成了一套人才选拔、任用和淘汰的科学制度。在人才的选拔上，我们第一位强调的是要有公正、诚实、正派的人品，同时要具备较高的专业素质和专业技术能力。只有德才兼备的干部才是我们选择的最佳干部。

干部制度的系列。一个大型的企业特别是朝着国际化方向发展的企业，必然要有一整套干部系列和干部制度。我们所要创业的企业是一个帝国的概念，不仅依靠在座的几十位，而且需要上百位、上千位的干部共同创建和管理这个企业。因此，我们要有一个选拔任用和科学遴选的干部制度和干部系列：

（1）业务干部系列，即销售系统的干部体系。这是公司中最主要的干部体系。在这方面我们可以借鉴国内外一些成功企业，特别是香港、台湾成功的寿险企业的经验和模式，建立我们自己的制度，这就是干部的培训、晋升与业绩挂钩的体制。

（2）技术系列，即电脑精算、核保、理赔、投资、财务等技术职称系列。

（3）行政系列，即各级后勤保障服务系列。

我们针对不同的系列要有不同的考核指标和晋升标准，要力争使每一个系列都能够有充分成长和发展的空间，为大家铺设一条通往成功的道路。

干部的选拔和考核制度。我们要建立本部门、人事部门、总裁室三级考核的制度，每一个层次对自己所任用的干部都要有一个严格、科学、公正的选拔考核制度。保证干部在选拔和考核之中任人唯贤、任人唯才，而不是任人唯亲和任人唯我，使每一位干部都能有充分施展自己才华的机会和环境。

要加强对干部的培训

任何一个干部的成长和提高都必然要经历一个学习、培训和再学习、再培训的过程，特别是我们从事的是一个新兴的事业，而且是一个按照高标准、严要求创办的国际化企业，所以干部的学习、培训尤为重要。这包括三方面的概念：

首先是岗位的学习，要能够在实践中不断地琢磨、体会、提高，丰富自己的管理方法，充分发挥自己的管理才能。这是最根本的也是最重要的一个方面。

其次要从多渠道、多角度、多方位加强自我学习和培训，要从书本的理论到实践的交流的磨合之中不断提高自己的能力和素质。

第三，建立公司一整套完整的学习培训体系，为每一位员工和干部创造多种学习和进修的机会，提高专业技能和职业素质，争取使每一个人成为本岗位和本领域的行家里手。

最近，公司通过各种总结、联欢以及其他大型的公关活动，我们大家有了一定的磨合和认同，对公司有了一定的了解。同样公司对我们每个人亦如此。我们是一个代表着有前途、有理想、有抱负、有发展的企业，我们投身到泰康公司也正是为了实现这个目标。所以，如果公司在用人制度、报酬制度以及其他方面不公正、不公平、不科学，那么对大家是不公平的，大家也会有不同的看法和想法。同样，如果我们的干部不公正、不公平，对公司每位员工和公司本身也是不公平的。所以，我们的干部要充分表现出公司骨干的风范，在日常的工作和行为中真正起到模范带头作用。

要疏通干部才智发挥的渠道

我们充分相信大家，把公司的重大决策和发展思路全盘托出交给大家讨论、研究，形成统一的共识，使每个人都能够积极地参与，意识到自己是公司的重要组成部分，公司的事业就是我们大家的事业，因此要充分发挥每个干部的聪明才智。

我们所建立的是一个几十年、上百年的基业，这是一个帝国的概念。奠定坚定的大厦基础，需要我们诸位更多地付出和努力。只有这样，我们才能打好基础，建设更高、更好的高楼大厦；当然，我们办企业的一个重要的原则是“分享”，公司建立起健全科学的报酬体系，根据每个人的贡献给予充分、合理、公正的报酬，以及相应的福利保障，共同分享企业成功的硕果。

“我们充分相信大家，把公司的重大决策和发展思路全盘托出交给大家讨论、研究，形成统一的共识，使每个人都能够积极地参与。”

我们每一个人都有不同的经历、才能和思想，这是公司的宝贵财富，要创造能够使大家充分发挥才智的环境和机制。公司为大家提供了一个施展才华的舞台，我们每一个人都是这个舞台上的一员，要冷静而又明确地认识到自己的位置，找到自己的坐标，使自己的能量能够恰如其分地发挥出来，使每个人、每个部门都能够成为公司这部大机器中的有机部分和必要环节。明确这台戏的主、配角的地位，充分地协调配合才能使这部机器高效良好地运转起来。对公司的发展有良好的建议和善意的意见，要通过正常的渠道反映上来，公司一定会给予充分的重视。要立足本岗、本职，建功立业，争做一流人才。增强公司的凝聚力而不能捕风捉影、私下议论、分散人心。

要形成一支素质优良、阵容庞大的干部队伍

企业帝国仅仅靠我们眼前的几十个干部是远远不够的，要有成百上千人，甚至上万人的庞大队伍来支撑。这就要求我们的干部以公司的利益为

重，以大局为重，这也是公司文化重要的组成部分，因此要加强干部队伍的建设，形成充分的思想交锋和观点的交流，这样才能达到认识的统一、步调的一致。

坚持以公司利益至上，提倡积极地投入、更多地付出的精神；建立平等交流、集体讨论、共同决策的制度，疏通公司内部正常的议事渠道；增强企业决策和政策执行的强度、力度和速度，保证公司政令的畅通无阻和雷厉风行；形成任人唯贤（才）的干部人事机制，公平合理、多劳多得的报酬机制和一流福利待遇的激励机制；造就公司内部宽松和谐、热情向上、信任理解的内部环境和企业文化。

我们公司坚持专业化、规范化、国际化的标准，这是形成公司价值取向的基本坐标，我们一切的价值观念、价值标准和价值取向都要围绕着这个坐标展开。我们要坚定对公司的信心，杜绝一切与公司共同价值、共同观念相异的各种思想和行为，抓好各项工作的落实措施，形成肝胆相照、荣辱与共、同舟共济、共创大业的良好局面。

（1997 年）

进人、用人、培养人、留住人

公司要认真贯彻“公正、公平、公开”的用人准则，全面改进完善“进人、用人、培养人、留住人”的人事政策。

进人——必须大力引进人才，特别是专业知识较高或有一定寿险从业经验的人员，以大量储备干部，满足我们加速发展的迫切需要。

用人——我们选拔干部的标准是：认同公司理念、年轻化、知识结构好、有事业心、有头脑、有实干精神和创新能力。面对即将加入 WTO 的形势，我们必须抓住机遇加速发展，加快人才培养和启用步伐。同时，加强对干部的管理、考核和评价，落实竞争、激励和淘汰机制，真正做到能者上，庸者下，平者调。

培养人——千方百计造就一支能征善战、胸怀宽广、有高度事业心的员工队伍，推动公司各项事业全面发展。公司的 200 人海外培训计划已开始实施，有两名精算人员受公司派遣，赴国外进行学习培训。此外，公司将创造条件，采取多种形式，争取使每一位员工获得培训机会。

留住人——加快培养、启用现有的优秀人才，特别是不拘一格选拔年轻人才，大力增强其对公司的认同度，不断提高其自身的价值，是我们事业持续、长久发展的重要前提。

（1999 年）

五大工程就是“打地基”

1999 年，我们提出了跨世纪的五大基础工程建设。通过一年多的发展和实践，我们在原来的基础之上，对五项基础工程进行了充实、丰富和推进，使得我们的五项基础工程更有生命力，对未来公司的发展将有着巨大的影响。

客户服务工程

在目前的国内寿险市场上，随着竞争主体不断增多、竞争程度日益加剧、客户对寿险产品需求的加强，各家公司纷纷推陈出新，创新求变，以在激烈的市场竞争中取得先机。我们公司根据形势的发展变化和自身的实际情况，适时地提出了差异化竞争战略。在局部地区试点的基础上，公司在全国范围内进行了推广和统一实施，进行制式化管理。过去一年的实践，充分证明了公司市场策略的正确性，我们以客户服务为先导的经营模式已经初见成效，在广大客户中和业界都赢得了很好的口碑。

我们在全国寿险业界首次推出了“一站式”服务模式，建立门店式客户服务中心，并推行“客户服务代表”制。我们的服务人员需要经过近两个月的强化培训，经过严格的考试后方能取得上岗资格，保证了服务质量的一致性。我们还通过电话回访制度，不仅让我们的客户感觉到了公司的温暖，而且还有力地促进了业务的开展，保证了服务的品质。另外，我们公司对客户提供附加值服务，比如24小时的语音自动查询系统、向达到规定保额的客户免费提供旅游救援保险、客户满意度调查、影像扫描系统、赠送泰康在线免费电子信箱等，都是对客户服务工程的一个有力促进。

在公司今后新设分公司的建设中，公司已经明确将客户服务中心的建设作为硬性指标。下一步，我们还要争取95客户特服号码，建立自己的电话中心，为泰康的客户提供更高水准的服务。

人才工程

我在其他会议上多次讲过，未来企业竞争的核心内容就是人才的竞争。一年来，通过实施沿海发展战略，在全国范围内进行公开招聘，我们引进了一批优秀的管理人才，为公司未来的机构发展和新市场切入探索了一条成功之路。目前看来，我们的人才引进策略是成功的，但是我们必须清醒地看到，人才引进的同时，我们还要下决心加强公司的内部造血能力，从长远打算来看，要立足于从公司内部培养人才。

2000年，我们本着“请进来，走出去”的原则，系统地安排了人员的对外交流培训，力求提高员工的业务水平。全年安排外事出访7次，公司外派人员参加培训12起，接待外事来访达350人次。通过对外的交流，一方面扩大了公司员工的业务水平，培养了自己的专业人才，另一方面也扩大了公司的知名度和国外影响力。

为进一步吸引人才，提高员工的积极性，公司今年进行了投资、信息技术、两核、精算等专业技术系列的职称评聘工作，体现了公司以人为本、专业规范的人事管理机制。另外，今年还对公司的薪酬体系进行了修订，明年将对新的薪资体系逐步进行完善，工资改革的重心是向业务一线倾斜，向技术序列倾斜，使我们的工资水平逐步与市场接轨，实行以岗定薪，按市场规律定价人才。

信息技术工程

信息技术工程可以说是公司五大工程的重中之重。6月，公司在成立电子商务部后，及时引进了专业人才，仅仅用了两个月的时间，就使“泰康在线”网站顺利开通。“泰康在线”网站的开通，表明泰康人寿由传统保险业务向新经济时代下保险业务的过渡，成为金融保险领域新经济形象的代表，它以电子保单、网上保险服务等功能为特点，实现了保险的网络化，进而朝“网上保险公司”进军。

“‘泰康在线’网站的开通，表明泰康人寿由传统保险业务向新经济时代下保险业务的过渡，成为金融保险领域新经济形象的代表。”

在此要特别指出的是，我们在国内的保险行业中率先使用了CA技术，保证了网络交易的安全性和可靠性，其所建立的信用机制给我们未来的网络业务拓展提供了巨大的发展空间。同时，“泰康在线”不仅仅为客户提供了一个便利的服务手段，也为公司的业务代表提供了个人业务的网络化管理平台，提高了效率，降低了经营成本。

为了提升业务管理水平，我们成功地引进了CSC业务管理系统，并基本按计划进行了系统的测试、中文转换和人员的培训，目前正紧张地进行本地化程序的开发工作，预计今年4月份有望全面启用，届时将使我们的业务管理工作上一个新的台阶，从长远规划来看，公司的这项投入是值得的，必将为我们的管理工作带来巨大的效益。

为加强总分公司的业务联系，真正提高办公效率，并适应信息时代的管理要求，公司成立了虚拟办公室，建立了强大的全国性的专线广域网，此外，公司还引进了办公自动化系统，这些都标志着公司在信息技术、办公自动化方面的飞跃。

财务投资工程

2000年是公司财务工作面临着巨大压力的一年，在这一年里，由于上海等三家新分公司开业，南京和天津等五家分公司以及东莞和宜昌等三级机构的开始筹建等诸多因素，使公司的经营成本进一步上升，投入和产出未能走向良性循环轨道。为了配合公司的长期发展战略，公司统筹规划，全力做好增收节支工作，基本上全面完成了预算控制计划。

2000年的财务管理工作以公司发展战略为核心，进一步完善了财务核算体系。以责权利为基础，明确了总公司和各级分支机构的财务核算职能，提高成本控制效果。在费用分摊的基础上，进行了团险、个险等业务系列的独立核算的探索，建立了分红保单分账核算的基础制度，并在实际工作中不断地摸索和完善。对业务费用使用效果进行了跟踪调查，通过建立监督管理机制，有效地提高了业务费用的使用效果。

组织创新工程

按照“三级管理，两极强大”的总体目标，建立具有泰康特色的扁平化、学习型、开放式的组织结构体系，是公司控制经营成本、提高核心竞争力的重要手段。公司要建立总公司、分公司、营销员管理处三级经营体制，在保证总体目标和风险控制的同时，发挥各层级节约成本、创造价值的积极性，建设完善的公司价值链条。要对建立强大的管理处提出明确的管理规则和激励方案，在今后的业务推动和管理中逐渐显示出其强大的功能。

（2000年）

【注】五大基础工程是陈东升最早提出的比较系统的公司建设纲要，涵盖了寿险公司最核心的五大竞争能力。陈东升后来将跨世纪的五大基础工程称为“打地基”。

三级管理 两极强大

要进一步提高对加强总公司建设重要性的认识。继续加强三级管理、两极强大的管理模式，健全强化科学高效、政令通畅、协调有力的管理机制，进一步落实优胜劣汰、能上能下的用人政策，采取切实措施，努力建设一个功能强大、管理有序、指挥有力的总公司。

“总公司是重要的一极，也必须成为强大的一极，强大的总公司和强大的业务一线，是确保公司快速发展的基本前提，是提高组织效率的根本保证。”

在公司“三级管理、两极强大”的管理模式中，总公司是重要的一极，也必须成为强大的一极，强大的总公司和强大的业务一线，是确保公司快速发展的基本前提，是提高组织效率的根本保证。目前，公司强一线、弱二线的格局还未得到彻底改变，总公司管理部门的指导权威还不够，部分干部的素质还远不能达到公司的要求，人才储备数量还远远不足，这些均严重制约着公司的加速发展，必须引起我们的高度重视。

要理顺管理机制，抓紧建章立制，构建完整的管理体系。必须进一步明晰各职能部门的权责关系，完善层级指挥体制，优化工作流程，明确负责对象，真正做到规范化管理、责权利相统一，以避免部门间职责混乱，相互扯皮，造成工作效率低下。公司各层级负责人要有明确和充分的对下管辖权，同时应对所属部门或环节负主要责任。

（1999 年）

【注】“三级管理、两极强大”是早期泰康人寿组织体系建设的基本框架。陈东升在广泛学习和借鉴国外保险公司管理经验的基础上，结合中国寿险市场的实际提出。三级管理是指建立总公司、分公司和营销员管理处的三级管理架构，两极强大是指建设强大的总公司和营销员管理处。

学会做老板

我们每一个人都是经营者，我们在经营我们的部门，我们在经营我们的分公司，我们在经营我们的营销，我们在经营我们的团险。

做好三个经营，即战略思想、品牌和人才的经营

“经营企业就是把各种资源进行最佳组合和配置。我们可用的资源是人力资源、财务资源、市场资源，组织和战略资源。”

经营企业就是把各种资源进行最佳组合和配置，我们的可用资源是什么？我们可用的资源是人力资源、财务资源、市场资源，组织和战略资源。学会当老板，首先要求我们的管理者要具备经营的头脑，所谓经营，从大的方面讲就是企业文化的经营，具体讲就是要做好战略思想的经营、品牌的经营、人才的经营。这才是最高层次的经营，是大企业的经营。

我记得联想集团柳传志有句话：大生意竞争是战略思想的竞争。战略决定的是方向问题，是全局性的、企业存亡攸关的，战术决定的是技术操作问题，具有局部性特点。战略性决策是由企业经营层作出的，但在战略决策程序中各层级管理干部都将扮演重要角色，各层级管理干部都在本岗

位贡献于公司战略，各层级的部分管理活动也具有战略性特点，因此需要大家以战略的眼光从事管理。

品牌经营和管理是比较先进的一种思想，我们强调品牌经营，因为品牌代表着公司的服务品质，是顾客对公司的服务预期，它外化为公司的声望、信誉、形象；品牌是一种手段，是赢得竞争的利器，同时也是一种结果，是通过公司员工风貌、组织运转效率、职场建设等诸多方面体现的。要求大家进行品牌经营就是要让大家以企业家的胸怀，按照专业化、规范化、国际化的思路规划、设计、维护公司品牌，从大处着眼，从小处入手，将公司的品牌优势保持并进一步扩大。

泰康的未来品牌有赖于出色的决策和管理能力，比方我们现在和几家银行签定了代理协议，我们说我们是AA，是最有信誉的公司，但是我们一个合同拖了15天，产品、电脑需求我们讲不出来，这样你的品牌怎么能保护？所以我们每一个部门和每一级干部的经营管理水准和我们效率的意识极其重要。

“在这个新的市场最大有人保，最先锋有平安，泰康是什么呢，是一个服务最好、最专业化的公司。”

客户服务是维护品牌的关键环节，在这个新的市场最大有人保，最先锋有平安，泰康是什么呢，是一个服务最好、最专业化的公司。专业化和服务最好的公司最终的体现在哪里？就是要体现在客户服务和员工培训方面，为此我们一定要力争在客户服务方面领先一步，在员工培训上下大力气，加大投入。

人才的经营也是非常重要的，人力资源处于企业可用资源的中心地位，就新公司而言，人力资源的短缺已经影响到公司的发展，因此以经营的头脑来进行人力资源的开发、维护、再生产对公司意义重大。人力资源的经营是由人员招募、人员发展、绩效评估等构成的一个完整流程，人力资源经营是建立具有泰康特色、充满生机活力和强大生命力的企业文化的重要手段，只有唯才是举、奖优罚劣、“公平、公正、公开”，才有可能实现以人为本的经营理念，才有可能建筑我们中产阶级的梦想。

具备两项能力，即危机处理能力、财务管理能力

我们的高级管理者要具有危机处理能力、财务管理能力。危机处理很重要，“危机”并不单纯意味着消极，在韦氏词典中它的含义是“变好或变坏的转折点”，危机既可以成为企业衰落的起点，也能够作为强盛的转折点成就一个企业。我们这一次为什么能在市场的发展中取得新的优势，那是因为我们善于总结我们前两次调息的经验教训，能够做出快速的敏感的反应，这就是危机处理能力。所以在这种社会急剧变化的时期，我们每一个组织每一层领导的危机处理能力极其重要。危机处理能力包括对危机的预见能力、控制消极影响的能力、推动事件向有利于我方发展的能力，下半年我们还可能会面临很多突发事件，例如，如果再一次调息的时候我们应该怎么处理？如果保险资金可以进入证券市场的时候，我们的投资部是不是准备好了？如果开征利息税，我们会怎么利用这样一个新的机会来拓展我们的市场？我们现在处在社会转折的时期，会出现非常多意想不到的问题，所以在当前这样一种情况下，一个企业，一个国家，甚至一个家庭处理危机的能力都是极其重要的，我们一定要加强这样一种能力。

“一个企业，一个国家，甚至一个家庭处理危机的能力都是极其重要的，我们一定要加强这样一种能力。”

第二个是财务管理能力。财务管理能力分为几个层次，位于基础层次的是费用的管理，这一层次要求寻求成本控制体制上、制度上的约束方式，将费用管紧管好；高层次的财务管理要求通过利源分析等现代手段，

进行盈亏预测，为公司决策提供财务支持。在发展的过程中，如何把有限的资金运用到关键的地方去？每一个管理者都要有现代商业头脑。

（1999年）

【注】陈东升后来说，现在对如何做老板认识更清楚了：对内经营团队，对外经营客户。

按自己的牌理出牌

从学者、官员到企业家，
陈东升一步一步接近现实，一步一步离梦想更近。

2001 年中国加入 WTO，一直在喊的“狼”终于来了。
作为本土企业家，陈东升做好了“与狼共舞”的准备：
2000 年泰康引进外资，公司治理结构与国际接轨；
之后一鼓作气开了 21 家分公司，完成快速扩张。

陈东升说，一个企业“三年决定生死、五年打下基础，八年站稳脚跟，十年小有品牌……”。
从 2002 年开始，他给自己一个新定位——“首席推销员”，
在各种场合他热衷于“推销”他的“新生活理念”“新三大件”“一张保单保全家”，泰康历史上第一次系统性自主创新浪潮就此启动。
泰康也从此有了自己的品牌底色——橙黄色，为稳重的金融业注入青春、活力、时尚的品牌内涵。

从率先模仿到自主创新，
泰康人寿开始按自己的牌理出牌了。

2001－2006　快速发展 自主创新

泰康人寿实施“一线巩固、二线崛起、三线决胜”战略取得了显著成效：以实施沿海发展战略为出发点，三线决胜战略为突破口，迅速完成全国机构网络布局；泰康人寿由小变大、由弱变强，实现了从一个中小型保险公司向一个中大型保险公司的过渡。泰康人寿从率先模仿走向自主创新，此阶段的自主创新从理念、产品、服务，到品牌，已经基本形成一个体系。

泰康辞典

【WTO】

加入 WTO 的核心，是迎接经济全球化。在加入 WTO 的谈判中，受到最大挑战的是保险行业，特别是人寿保险行业。

【专业化快速发展】

快速发展，建立在机构快速布局的基础上，也必须建立在专业化的基础上，不能为了快速发展，牺牲质量、内含价值和战略目标。

【沿海发展战略】

沿海发展战略使我们完成从区域总部到沿海经济发达地区的布局，完成从小型保险公司向中大型保险公司的历史性飞跃。

【三线决胜】

是泰康快速接近甚至在局部市场超越同业的关键所在。

【执行】

执行，不等于核心竞争力，但绝对是泰康成败的关键。

【公司治理结构】

是建立现代公司框架性法制化的结构，关系泰康人寿长久持续经营的重大问题。它是抽象的问题，也是一个具体的制度建设问题。

【新生活】

我们的品牌代表是“新生活”，这一概念的提出，是泰康从模仿走向创新，按自己的逻辑走路的开始。泰康人寿以家庭保障为核心，提出一整套创新方案，包括产品、服务、品牌、推广方式等全方位的创新。

【一张保单保全家】

泰康走到今天，所有的变革都凝聚在产品创新上。公司未来的个人营销就是推广家庭保障计划，使公司的产品人格化、唯美化，让“一张保单保全家”成为泰康人寿的代名词。

【增长与效率】

增长从何而来？利润从何而来？品牌如何建设？是我们面临的三大挑战。三大挑战归根结底就是提高效率、实现增长的问题。增长与效率是我们未来三年的指导方针。

【零点精神】

2005 年上半年，泰康人寿 9 年发展历程中第一次遇到业务全面负增长的挑战。面对困境，7 月 1 日零点 26 分，全体泰康人发出振奋人心的“零点宣言”：

弘扬泰康以人为本的企业文化；

发扬泰康人敢打敢拼不畏艰辛的创业精神；

发扬泰康人爱司敬业的职业经理人精神；

发扬泰康人战无不胜的团队精神！

应对 WTO 已不是想象中的理论探讨

2001 年，是国家实施“十五”规划的第一年，中国年内加入 WTO 已成定局。

今年，如何应对 WTO 的挑战，如何应对中国保险市场准入的放开、价格的放开和金融融合化的趋势，已不再是想象中的理论探讨。

加入 WTO 后，保险的变化来自于三点：一是全球经济一体化问题；二是因特网和新技术的广泛应用；三是新经济的兴起带来的竞争。

全球经济一体化的核心就是全球资源配置。在过去世界经济的格局中，李嘉图最早提出资源的最优配置是通过贸易方式，获取资源采用“血与火”的方式，就是要殖民。后来在机器大工业时代，采取的是一种资本、技术输出的方式。我们今天已经到了全球经济一体化时代，全球经济一体化的核心就是一个企业在全球范围内进行资源的配置，然后同时在全球范围内通过产品和服务来获取它的利益。

“加入 WTO 后，保险的变化来自于三点：一是全球经济一体化问题；二是因特网和新技术的广泛应用；三是新经济的兴起带来的竞争。”

第二是因特网经济的兴起。基于人们想象不到的因特网技术，过去人们需要的服务在一夜之间变成了现实。信息技术的发展给因特网带来三个最本质的特点：一个是虚拟，就是不需要人亲自去做，时空凝聚在一个点上，虚拟是存在的，不是渺茫的。第二个是个性化，把一个人所有的需求信息集中，并通过因特网满足他的这些需要，个性化发展的后果是使很多行业界限模糊。第三个特点是互动。正是由于虚拟、个性和互动，带来整个世界发生深刻变化。

第三，未来怎样看待行业的竞争？行业竞争的核心就是产品的竞争、服务的竞争。客户将成为所有行业最珍贵的财富！未来所有行业都是对客户负责，只有对客户负责才能获得你的利益。只有客户的细分，才有市场、产品和服务的细分，才有行业的细分。未来所有的金融服务业和保险业，不是所谓的“三差”带来的利润，而是通过服务收取服务费用。这是未来发展的方向，其收益将逐渐转向服务。

“行业竞争的核心就是产品的竞争、服务的竞争。客户将成为所有行业最珍贵的财富！未来所有行业都是对客户负责，只有对客户负责才能获得你的利益。”

作为泰康的决策人，我对中国加入 WTO 后对国内市场的影响进行了非常深入的思考。一是市场准入放开后，市场主体大量增加，相互挖角，造成行业人力成本迅速增加，各公司人才质量下降；二是产品定价机制放开后，价格战带来的恶性竞争，保险经营的边际利润变薄；三是金融融合化趋势将进一步显著增强。我们若要在今后激烈的竞争中获得相对优势，保证公司实现持续快速的发展，一定要先把这些问题分析清楚，并据此制定相应的措施。

（2001 年）

【注】2001 年，中国加入 WTO 之前，有的说中国入世是狼来了，有的说是下棋，有的说是蛋糕理论。不管怎么讲，当时整个中国，从政府到个人到企业都面临一个新的条件或者环境。入世前的陈东升早已经开始思索泰康人寿未来三年的发展战略，并针对中国入世后保险业面临的挑战做出判断：外资进来后有两个趋势，一是本土企业国际化的趋势；二是跨国公司本土化的趋势，但本土企业国际化的进程会快于跨国企业本土化的进程，这基本是一个大的趋势。正因为这个趋势，泰康人对未来的发展充满信心，并为迎接和抓住这个机遇实现公司快速发展做好了积极准备。

专业化快速发展是当务之急

泰康人寿保险公司从 1996 年成立，到今年基本完成创业的过程。这个过程我多次讲过，在去年董事会和股东大会上我提出一个概念，泰康人寿保险公司百年基业初步奠定。初步奠定是什么概念？一是通过四年努力，获得市场准入；二是近四年在发展战略、企业文化、市场策略、企业管理等方面形成了自己的风格，拥有了一支管理、技术、业务队伍；三是完成了市场的战略布局，获得吸引外资，增资扩股的机会，并拥有了自己独立形象的办公大楼。虽然我们的公司还处在扩充的阶段，但是其主体框架已建立起来。

从 2001 年开始，泰康人寿保险公司将进入专业化快速发展时期。这个时期的核心表现在四个方面：第一方面是从创业期向专业化发展时期过渡；第二方面是从粗放式经营向集约化经营转变，这个转变不以个人意志为转移；第三方面是从外延发展向内含发展过渡；第四方面是从保费偏好型向市场价值型转变，这个市场价值型转变的核心是把大、好、赚钱以及企业文化归纳在一起，就是追求公司的最大市场价值，严格讲就是未来上市后股票的价值。没有利润就不会有好的股票，只有利润，没有清晰的发展方向，也没有好的股票。

我认为，公司未来的行政管理、技术管理以及整个业务，都应该逐步转型到追求价值、追求利润这样一个方向。没有对这些重大问题进行深入讨论和形成共识，未来我们就无法保证统一协调的步调。

要集总裁室的智慧，集在座的智慧，形成一个我们未来二到三年内，具有指导性的纲领文件，现在提出的三到五年奋斗目标，也是吸收大家好的思想，明确公司的发展方向。

第一，我们要建设一个最具亲和力、最受青睐的专业化的中大型寿险公司。

第二，用三年左右时间，使公司成为保险业服务最好的公司，五年左右时间使公司成为金融行业服务最好的公司，八年左右时间成为整个行业最好的公司。这也是和我们整个价值观相配套，但是要达到这样的目标，要付出巨大代价、巨大投入，要进行认真的研究和部署。

第三，要用三到五年时间，把公司真正建设成为一个中大型保险公司。

（2000 年）

专业化快速发展的含义

业务快速发展以外延发展为核心，建立在机构快速发展的基础上。在股东大会上我们非常认真地研究过上市问题与业务快速发展、尽快完成机构布局之间存在的矛盾，结合中国资本市场现状和公司发展的迫切需要，最终认为快速发展、抢占市场对泰康人寿更为重要。

“实现公司业务专业化、快速发展，不能纠缠‘要快速发展就牺牲质量，要快速发展就牺牲战略目标，就牺牲我们内含价值’之间的矛盾，快速发展必须建立在专业化的基础上。”

实现公司业务专业化、快速发展，不能纠缠“要快速发展就牺牲质量，要快速发展就牺牲战略目标，就牺牲我们内含价值”之间的矛盾，快速发展必须建立在专业化的基础上。未来公司上市，公司股票成为中国股票市场上真正具有潜质的蓝筹股，没有良好的企业文化，没有未来一定时期高速、稳定发展，没有高的利润回报，是肯定不行的。

中国即将加入WTO，中国对保险业保护的承诺只有三年时间。我们与国际跨国公司竞争，要体现在市场占有率和销售网络的优势上，再就是体现在成本的优势上。我们需要做的就是在未来三到五年内，从资产管理、精算技术、风险控制，以及整个管理技术和后援保证上实现一个国际化的提升，逐步提升我们的竞争能力。中资保险公司国际化过程和跨国保险公司本土化过程，是未来两个相互靠拢的过程，大约需要五到八年，这就留给我们一个空间和时间。实现业务快速发展不仅是应对WTO的要求，也是整个国内、国际市场竞争的要求。

（2001年）

【注】2000年年初，泰康人寿高管参加了保监会关于WTO的培训班。6月3日，陈东升在上海参加了中国金融界一次高层次的会议，银行、保险、证券的监管部门和上海市政府，以及大型金融企业云集上海，讨论应对WTO的挑战。此次会议预示着中国金融体制进入质的改革阶段，步入一个全球化、信息网络化竞争的阶段，未来三个行业的融合也将成为中国金融业发展的主流。

2000年上半年，泰康人寿总裁室成员做了大量的工作，包括召开民主生活会、与总公司部门进行交谈、倾听公司年轻骨干人员的意见，对公司重大的发展策略进行交流讨论并形成共识。在此基础上，陈东升在2000年上半年经营分析会上拿出一个提纲《关于公司当前改革中的几个重大理论和实践问题》，在此文件中提出，公司即将进入专业化快速发展期。

2001年4月23日，泰康人寿加快业务发展工作会议召开，会议作出了《关于加快业务发展的十条决定》，这成为指导公司业务快速发展的纲领性文件，此次会议标志着泰康人寿进入专业化快速发展时期。

构建公司发展战略框架

四年来的实践，泰康总结了成功与失败正反两方面的经验和教训，有一种从必然王国向自由王国转变的感觉。务虚和务实，其实在企业里二者互为有之，互为作用，缺一不可。好像是很虚的东西，实际上是实实在在的问题，是公司发展的重大举措和方向性的大问题。

要构造公司大厦的框架，不仅是业务的框架，不仅是技术的框架，也是一个思想和经营战略的框架。要形成战略的共识，这个战略的共识才是巨大的生产力。

“要构造公司大厦的框架，不仅是业务的框架，不仅是技术的框架，也是一个思想和经营战略的框架。要形成战略的共识，这个战略的共识才是巨大的生产力。”

营销发展战略：这是一个方向性问题。首先，公司的业务战略核心还是以营销为主，公司的目标是要建立一个专业化、最具亲和力、最受市场青睐的公司，我们目标市场的定位，是融入大众生活，面向日益增长的中产人群；第二，市场是以产品指标为导向，还是以高素质营销服务为导向，我认为市场主要是以营销员为导向的市场，高素质营销员的引入和培训是重点；第三，不能以产品市场最低价为竞争手段来占领市场，价格竞争是最蠢的办法；第四，营销一定要按照规律办事，要杜绝行政干预、干扰营销，杜绝用行政管理的方式来管理营销，一定要以基本法为核心，尊重营销规律，以血缘为基础，发展组织，把经营机制下放到处或业务部，让他们自己做老板，培养大批的营销高手和业务既得利益阶层；最后，要建立与此原则相配套的营销管理、业务推动、培训和新的 KPI 考核体系和机制。

团险发展战略：公司怎么能做最大？我多次讲过，团险的核心是未来日益发展的养老金市场、年金市场。当前和未来整个金融界竞争的核心是什么？保险、投资、基金，背后都是资产管理，实际上整个金融业的竞争，逐步过渡到金融服务的竞争。

大家知道，中国保险业未来一定朝这个方向发展。现在，我把在上海开会的最大收获与大家做个交流。中国老百姓目前只有一个账户：银行储蓄账户。为什么中国金融资产 95%都在银行里呢？实际上是银行把保险生意做了，把基金生意也做了。我们要帮老百姓再建一个账户：长期投资账户。这个长期投资账户是什么？就是以养老金为核心的、稳定的、真正的投资账户。

因此，团险战略核心思想就是资产管理。要下决心引进和培养员工福利和做养老金的人才。养老金市场巨大，在组织结构、人力配备和调查研究几个方面，要加大投入。这关系到公司团险发展的方向，关系到员工福利计划的成败，关系到公司未来的经营模式。

产品创新战略：产品创新的重点，就是适应未来金融混业经营方向，适应未来金融超市的发展方向。构建产品创新体系，首先要建立市场调研的渠道；其次产品创新要考虑全国差异性；第三要预见到产品创新正向家庭理财方向发展。精算部和产品开发部门要逐步统筹完成金融套餐，适应未来的金融超市时代。

渠道战略：一般分销渠道无非就是四个方面：一个就是经纪人、代理人和经纪公司销售；第二是银行保险；第三是直接代理人队伍；第四是直销，包括电话直销、信件直销、因特网直销。我们是全方位的综合发展的寿险公司，是讲品牌和服务的专业化寿险公司。所以对多种分销渠道都要探讨，多种分销渠道我们都要去尝试，一个也不能漏掉。

“管理要过渡到精算主导型管理，让精算技术渗透到财务、投资、公司管理层。”

专业化的经营方向：技术含量在业务经营中不断增加，因此要加大公司技术化的程度。公司现在有信息技术部，明年 3 月份完成我们信息系统的改造，同时建立网络保险部，按照新经济的规律、新经济的思想，来改造传统的保险公司，而不是一个传统的保险公司去使用一个新工具。未来公司有很深层次的思想，如果用这样一种概念来改造公司，泰康一定会领先一步。另外，管理要过渡到精算主导型管理，让精算技术渗透到财务、投资、公司管理层。

（2000 年）

历史性的飞跃：沿海发展战略

公司从1996年开业到1998年两家分公司设立，标志着我们全国性公司开始形成。2000年，是泰康发展的真正转折点，上半年三家新的分公司开业，下半年五家新分公司又获准筹备，我们不仅完成了走向全国，不仅完成区域的战略布局，同时即将完成从区域总部到沿海经济发达地区的布局。11家分公司覆盖的人口将近6亿，占国家国民经济总值的70%。今天5家新公司的筹备，完成了我们作为一个小型保险公司向中型、未来向大型转变的历史性飞跃，意义极其重大。

处在当前一个重大的战略转变时期，我们也不能脱离当前的社会经济背景。在此背景下，如何勾画我们下一段的发展，非常重要。第一个背景是我们国家在21世纪来临之际，在世纪之交之时，国家推出了“十五计划”。“十五计划”对泰康在未来的5年发展中也是具有重要指导意义的一个纲领性文件。“十五计划”的核心是一个主题、两个关键，一个主题是发展是硬道理，以发展为核心。两个关键，一是要完成我国社会主义市场经济体系的建立，在继续发展生产力的前提下，改革完善我们的生产关系；第二就是专门对应整个世界经济全球化，要全方位地适应对外开放。我们的国民经济体系，一是完成向市场的全面过渡；二是要与国际接轨，用5年的时间，使中国未来的整个经济体系纳入世界，其意义更加深刻。“十五规划”对我们未来发展具有重大的指导意义。第二个重大的背景是我国即将加入 WTO。加入 WTO 的核心，是迎接经济全球化。在加入 WTO 的谈判过程中，受到最大挑战的是保险行业，特别是人寿保险业。

世界上所有跨国人寿保险公司都希望得到中国的开业牌照，我们这次拿到的 5 个开业牌照，相当于 5 个跨国公司的 5 张牌照。加入 WTO 对中国保险业的核心影响就是加快中国寿险业市场的发展，在发展处于初级阶段的情况下，要加快对外开放的力度。

对新分公司筹备的要求，核心有四点：

第一，对于企业经营来讲，关键是班子，班子首先是一把手。不管一个国家，一个企业，甚至一个家庭，有一个能干的人，最终就能兴旺。这次分公司的筹备，实际上始于去年。自今年年初开始在全国范围，在各种媒体，利用各种方式进行广泛的招聘；在 600 多人中，挑选了近 30 人，又经过一个半月的封闭培训，然后再到上海观摩，在武汉和成都调研。新加盟泰康的同志，通过了解你们过去的历史，结合这两个月的表现以及和我们的沟通，在此基础上，我们才做了这样一个关于班子牵头人和班子搭配的决定。

“对于企业经营来讲，关键是班子，班子首先是一把手。不管一个国家，一个企业，甚至一个家庭，有一个能干的人，最终就能兴旺。”

第二，要有完善、完整的规章制度，特别是要建立完善的监控机制和防范风险的机制。

第三，要有先进的电脑体系。分公司筹备就绪和开业的时候，保监会验收，首先看电脑体系，是不是所有业务都上电脑。我们现在个人系统没有问题，团险系统到今天为止还没有开发出来。因此，整个信息技术部还要加快人才引进和工作的力度。公司虽然在进行新系统的引进和汉化、培训，但同时也要加快对团险、对未来整个市场需求的准备。客观地讲，公司目前的信息技术水平不适应我们的发展。

第四，配备好各方面的管理人才、技术人才、业务人才。

新机构要不折不扣地传承泰康的企业文化和理念，坚决执行公司的战略方针和政策。泰康几年来，逐步形成了一整套的看法和做法，我们有自己的战略、市场定位和口号。要依靠大家一块来共同建设、传承和发扬泰康的企业文化，特别是以大规模为特色的寿险，没有一个共同的价值观，没有一个共同的理想和目标，没有一个共同遵守的行为准则，想办成一个一流的保险公司是不可能的。通过将近两个月封闭型的培训和调研，特别是到武汉、成都两家做得比较好的分公司进行调研，大家觉得能够领会到泰康基本的理念、基本的思想，我认为非常重要。

“没有一个共同的价值观，没有一个共同的理想和目标，没有一个共同遵守的行为准则，想办成一个一流的保险公司是不可能的。”

要永远记着我们是一个快速增长的新型的企业，需要大量的优秀干部，所以培养人才，培养干部也是当务之急，也是各项工作的重中之重。我多次讲过，内勤一定要大学本科，对于业务部门的业务人才，是重他的经验，重他过去的成就，但是我们的内勤部门，特别是技术部门和管理部门，还是要求一定的素质，我们绝对不是唯学历论，但是绝对要求高素质，而且尽量做到本专业。精算、计算机、财务、保险、金融、MBA 管理、法律，这些专业的人才都是有很强的通用性，对于这些专业人才，要大量地储备和引进。

（2001 年）

一线巩固 二线崛起 三线决胜

在泰康人寿专业化、快速发展阶段，我们要坚持以机构的增长带动业务发展，实现差异化崛起的战略目标。

机构发展重点：在资源配置最优、经济效益最大的前提下，优先发展目前的 11 家分公司和相应的三级机构。一方面，根据中国寿险同业的发展经验，未来公司 70%–80% 的业务来源将集中在目前已有 11 家分公司，这些分公司的建设将直接决定着泰康人寿未来的发展前途；另一方面，以低成本运营，销售同样价格产品的三级机构将为公司贡献巨大的费差益，是公司利润的重要来源。

机构发展目标：在 2–3 年完成现有 11 家分公司三级机构的建设，2001 年公司计划在现有湖北省襄樊、宜昌，广东省东莞、佛山基础上，选择经济发达，寿险潜力较大的地市筹建、设立 20 家地市级三级机构。

坚持“一线巩固、二线崛起、三线取胜”的机构发展策略：一线巩固是指在上海、北京、广州等中心城市短期内无法超越同业的情况下，继续投入力量，积累经验，巩固基础，缩短与竞争对手的差距，等待新的历史机遇的来临；二线崛起是指公司经过四年的发展在武汉、成都等二线城市已经取得很好的成绩，南京、郑州、济南、天津等地也是蓄势待发，这将是泰康人寿业务规模取得质的突破、同时也是与同业正面交锋的主要战场；三线取胜指泰康人寿已经具备了在三级机构市场竞争中超越同业的能力。泰康人寿完全有能力在1–2年内，依托总、分公司完整的教育训练体系，建立一支高效率的营销队伍，在营销新契约保费规模上形成局部领先优势。

三级机构建设总的目标是两年滚动打平，两年内要进入前三名，甚至能够成为市场的领先者。为什么强调三级机构发展，有五点原因：

第一，三级机构市场的关注度高，视觉冲击力强，吸引人才快，能够迅速达到家喻户晓。这是北京、上海、广州等中心城市无法比拟的。第二，运营成本低，可为公司创造巨大的费差益，是未来公司利润的重要来源。第三，市场规模和竞争的程度相对中心城市薄弱，市场进入难度较小，能够迅速起步，在人力规模、士气、影响力达到和同业相同水准。第四，泰康人寿具有广阔的发展空间，有效的激励机制，我们会按照市场定价原则，吸引市场旗帜性人才加盟公司。第五，对三级机构提出，两年滚动打平，进入前三名，甚至超越同业，这是泰康快速接近甚至在局部市场超越同业的关键所在。

以前我们提"三线取胜"，力度还不够，我吸收沈阳分公司张顾问的一个词——三线决胜。三线决胜的核心就是进入市场前三位，即期成功，开业就要达到这个目标和要求。三级机构发展的基本原则是成熟一家，开设一家，成功一家，没有做好准备、负责人没有选好、市场重组条件没有成熟的必须慎重。

"三线决胜一定要达到重组市场的目标，人力规模、市场气势和品牌效应达到三足鼎立的目标，达不到这个目标就不要干。"

三线决胜这步棋下了，我们一定会胜利，只是胜多少的问题。三线决胜一定要达到重组市场的目标，人力规模、市场气势和品牌效应达到三足鼎立的目标，达不到这个目标就不要干。

在机构发展方面，我们一直奉行“差异化经营，一线巩固，二线崛起，三线决胜”的基本策略，目前，三线决胜取得明显的成果，这是有目共睹的。当然，我们还需要从训练、管理、人才储备等各个方面加强力量，进一步巩固我们三线决胜的成果。

从公司总体分析，机构需要均衡发展。泰康人寿目前的23家分公司已经开始出现第一梯队——成都、武汉、广东、辽宁、北京、河南、山东、浙江、江苏等九家今年的平均个人营销新契约标准保费应该在一亿元左右，这对我们长期、持续、健康发展至关重要。同时，需要再次强调的是广州、沈阳、天津必须把城区营销市场做好，否则就谈不上二线崛起，没有强大的区域总部，也就谈不上三线决胜。

按照城市排列个人新契约标准保费，前十位城市里有三四家是三线机构，整体的保费贡献也有一半来自于三线机构，三线机构在开业之初一定要建立每月最低标准保费50万的发展平台，分公司在开业之初一定要建立每月最低标准保费100万的发展平台。不到50万，三级机构养不活，两年打平做不到。

我们未来还要筹备六家分公司，还有几十家中心支公司，成败的关键一是要选好人，二要做好规划，三是制定好经营策略。我们一定要借鉴外资进入市场严谨的做法，吸取他们的成功经验，确保我们一开业就能在品牌、口碑、气势上不亚于同业，超过我们的主要竞争对手。

“成败的关键一是要选好人，二要做好规划，三是制定好经营策略。”

要确保二线一定要崛起，三线一定要决胜，每个分公司要有自己的经营逻辑和思路，奉行差异化经营原则，确保自身发展优势；确保我们已经取得的竞争优势不能丧失，绝对不允许出现外资到一处，我们沦陷一处的现象发生。

（2002年）

【注】战略决定成败。在专业化快速发展阶段，“三线决胜”战略的推进，使得泰康人寿在短短三年时间内基本完成了全国机构网络布局，业务规模连续三年实现了三位数以上的增长，从而完成了由小变大、由弱变强的蜕变。

执行是成败的关键

我们有比较明确的战略文化和战略目标，就是我经常说的客户定位、产品定位、服务定位、品牌定位，再到公司整体定位。战略目标的分解是按一整套的会议体系进行的，然后通过我们会议体系的反馈机制，来进行跟踪，进行考核，我们公司的执行文化是这样一个流程。

做企业的实践中，其实每个人都有自己闪光的思想，我相信你们每个人都有。我的座右铭就是：大事要敢想，小事要一点点地做。过去毛主席他老人家经常批评知识分子：大事做不来，小事又不做，所以知识分子一事无成。就是因为这两句话，所以我把他改过来：大事要敢想，小事要一点点地做。嘉德并不是中国第一个拍卖行，我做成功后，在一个老干部家里，认识了一个中国社会科学院社会研究所的人，小伙子见到我后很不服气，拿了一叠复印的文件说，我们比你想的更早，我们 1988 年就跟赵紫阳打了这个文件，赵紫阳还有批示，就要建艺术品拍卖行。我说：“你想了你没有做，我想了我做了。”知识分子里面夸夸其谈，充满幻想的太多，但是就不去一件小事一件小事地去做，其实不管是做嘉德还是做泰康，我的体会里面就是这两句：大事要敢想，小事要一点点地做，要把

“我的体会里面就是这两句：大事要敢想，小事要一点点地做，要把伟大理想和扎扎实实的实践结合起来。”

伟大理想和扎扎实实的实践结合起来。

如何把战略文化有效地实施下去，会议不是绝对的，不是完全的。在我这个战略层面，我现在讲的是公司的核心执行文化，其实应该有团险执行文化、营销执行文化、业管执行文化、健康险执行文化，应该有分公司自己的子系统、支系统。公司最核心的执行文化，就是把这分解成执行面，最终分出好坏，有奖有罚，这就是我们公司的执行文化战略。执行文化的载体是管委会、分公司班子、三级机构的领导。

“会议体系就是将管委会、分公司、中支公司三个层面，有机衔接起来而形成的相互推动的集体。”

未来我们还要花很大气力，完善我们的会议文化，所谓会议体系就是将管委会、分公司、中支公司三个层面，有机衔接起来而形成的相互推动的集体。如何建立泰康强大的执行文化？就取决于我们核心的管委会、分公司班子、三级机构领导形成的强大的执行文化，才能实现我们的高利润、高价值，实现我们的理想和目标。

我们在建立强大的执行文化过程中，还有一个很重要的任务就是干部队伍的建设。过去我对大家个人批评、要求少一些，鼓励多一些，我觉得批评、要求在未来的过程中是会越来越强，大家越来越好，公司的执行就越来越好。目前有些分公司存在，或者说严重地存在管理风格、管理方法、管理作风的问题，如决策不公开、决策的随意性强等。

决策不公开，决策随意性强。这个问题不仅分公司要反省，总公司各部门都要反省，是否做到了授权、授信，是不是建立了我们科学的决策体系。我们知道有的分公司，总公司开了计划工作会议，既没有班子的会议，甚至不传达公司重要精神和重要决定，这都绝对不允许。

决策经营封闭和保守。有些机构在决策中，不尊重公司专业开放的学习文化，完全是一个人说了算。当然作为一把手，他全权负责，最后可以说了算，但是决定的过程有没有一个民主的过程？有没有班子协商的过程？有没有大家讨论研究的过程？还有业务领导之间的关系，不能说他分管，跟我没关系，做得不好，该打他的板子，不该打我的板子，不是这样的，要更多地发挥团队管理，更多地发挥团队优势。

财务安排不合理，费用严重超支。我现在特别强调成本控制，要求第一责任人一定要完成收支平衡，实际上这是一个战略问题。关于收支平衡我讲了三点：一是收支平衡不是一个简单的战术行为，是一个大战略；二是今年压费用可能会矫枉过正，有些可能会走得过火一些，甚至会对发展有影响，但这是公司目前战略所要求的；三是成本控制不仅仅是财务管理，而是整个公司的运营管理问题，财务经理要成为一把手的好帮手。

我们对成本控制、费用控制有节余奖，节余奖主要奖励总经理、奖励财务经理。

忽视公司的权威性。比如总公司还没有批准公布班子成员，分公司就擅自宣布。一些大问题一定按照程序进行，例如营销的，一定要通过营销部，营销部再到总裁，总裁再到 CEO。这些和执行文化息息相关的制度、流程要逐步建立起来，各部门、各分公司更要严格遵守。

我讲的公司的权威性，一个是下面要尊重权威，另一个是总公司未来坚决不能有这种文化，我跟你关系好，就疏通，我跟你不熟悉，就打官腔，我们绝不会容忍这种文化存在。分公司对总公司有些部门意见很大——推诿，不负责任，这既有体制上的问题，也有专业上的问题。

今天在泰康，每个人都应该履行我们应尽的责任，你们都是管理者，都是千军万马的统帅，所以要充分认识和理解公司的执行文化，建立自上而下强大的执行文化。我认为今天泰康已进入一个建立强大的执行文化体系的时候了，这也是泰康未来成为强大的公司的保证。

执行并不等于核心竞争力，但绝对是泰康成败的关键。

（2003 年）

把决策中心建立在董事会

法人治理结构，实际上是建立现代公司框架性法制化的结构，它是关系一个公司长久永续经营的重大问题。它是一个抽象的问题，也是一个具体的制度建设问题。现在强调法人治理结构，强调法人代表，法人代表为董事长，因此，公司法人治理结构的核心是要把决策权力的中心建立在董事会基础上，这个董事会应是一个真正高效率、专家型的董事会。同时，要引进独立董事制度，聘请一两位社会上著名的企业管理专家、经济学家，或者跨国公司著名的高层管理者为独立董事。独立董事既不代表股东，也不代表经营者，他就是代表公司的利益，敢于直言，敢于对公司进行公正的评判。第三点，要全面实行CEO制度，建立一个行政管理委员会。第四点，与大家都有切身的影响，就是要全面实行高层管理者持股计划、期权计划。第五点，用市场定价人才，用市场价格吸引人才。

“法人治理结构，实际上是建立现代公司框架性法制化的结构，它是关系一个公司长久永续经营的重大问题。”

建立具有国际标准的现代意义上法人治理结构，强化董事会功能，明确董事会在管理、人事、投资、财务等方面的重大决策的权力是法人治理结构改革的关键。

设立董事会领导下的专业委员会

根据2000年9月29日，股东大会确定《泰康人寿保险股份有限公司章程》确立公司法人治理结构，在董事会领导下设立执行、审计、薪酬三个专业委员会，各专业委员会在董事会的授权下，行使监督公司管理层经营活动的权力，保障公司管理层行为有利于公司整体战略目标的实现。

执行委员会：执行委员会由包括董事长和至少一名执行董事在内五名成员组成，由董事长担任主席。行使董事会赋予的相关权力，监督公司总体经营情况，可以就重大人事事项、评估政策和战略原则等影响公司总体发展方向等问题向董事长提出建议并制订公司投资战略及经营计划和预算，提交董事会做出最终决策。

审计委员会：审计委员会由四名成员组成，辅助董事会建立公司内部财务控制制度。有权在确认公司任何董事、高级职员或雇员与违反中国法律、章程或公司规章制度的活动有牵连或知情时，要求公司审计师协助公司对上述人员进行质询。

薪酬委员会：薪酬委员会由包括至少一名执行董事在内四名成员组成，根据董事会决定的薪酬政策确定公司董事以及由董事会任命的高级管理人员等各级职工的薪酬和福利，以及就员工股票期权的设立和结构及股权管理计划提出建议。

建立以首席执行官为核心的公司管理体制

建立首席执行官制度，确定现代企业理论设定的管理层各层级的委托与代理关系，建立充分授权、严格管理、相互制约的管理体系，完善授权经营与监督管理的规章制度是公司国际化、专业化发展的必然要求。

公司将设立由首席执行官、首席运营官、首席财务官以及由首席执行官提名和董事会任命的三至五名成员组成的“管理委员会”，全面负责公司日常管理工作，实施公司主要的营业战略和总政策以及提交董事会各种预算。经营管理委员会由首席执行官主持，首席执行官对董事会负责，在董事会的领导和监督下，主持公司日常行政工作，全面负责公司全面工作；首席运营官、首席财务官分别直接对首席执行官负责，行使相应权力。

改善董事会、管理委员会人员结构

增加董事会独立董事的比例，在5年内使公司的独立董事名额由现在的1名增加到3-4名，独立董事人选须为公司所需要的专家型人士，使董事会朝着专业化、多元化方向发展。

健全董事会领导下各专业委员会设置，在现有三个专业委员会的基础上，设立投资委员会、信息技术委员会等相关专业管理委员会。

改造管理委员会成员结构，在管理委员会中引进精算、信息技术等方面的专业人才，同时加快现有管理委员会成员知识结构、管理意识更新，建立具有鲜明国际化、专业化思路的专家型管理层。

（2001年）

【注】公司治理是公司价值的核心，是公司长治久安、稳健发展的制度基础。泰康人寿国际化战略最重要的体现就是公司治理结构与国际接轨，泰康是整个金融领域率先引进独立董事、首家设立CEO的公司。2006年5月，保监会组织公司治理结构培训班，共有93家保险公司参会，人保、国寿和平安作为上市公司介绍了各自做法，泰康作为非上市公司代表也作了专题发言，陈东升在发言中进一步阐明了公司治理的核心目的，可以归结为两个最大化一个最小化：即股东利益最大化、效率最大化、风险最小化。

由小变大 由弱变强

经历了1996-2000年百年基业的奠基阶段，2001年公司进入专业化快速增长阶段，既实现了规模的快速增长，也提高了内在的价值。

由小变大是我们五年的核心目标。由小变大强调的是量的增加，主要体现在以下三个方面：

机构布局：我们已经建立了23家分公司和100家中心支公司，今年上半年预计还要建立20多家机构。上半年公司将拥有接近150家机构，全国服务网络布局初步完成。

保费规模：2002年成功实现规模保费65亿，2003年底总资产突破200亿。保费规模进入了一个大保险公司的行列，这也是我们跨入大保险公司关键的一年。

市场占有：2003年我们有信心突破3%的市场占有率。未来的目标市场占有率是5%—8%。在美国拥有这样高市场占有率的是像纽约人寿和大都会人寿这样的著名保险公司。

由弱变强用6个字可以概括：价值、服务、品牌。

价值：价值的建立是以利润和内含价值为核心的价值体系。整个公司的经营体系要建立在内含价值基础上。

服务：服务是寿险业的生命，这是泰康人寿的名言，也是我们对寿险服务的认识。去年公司以服务创新、品牌创新和产品创新融为一体的创新为重点，以四位一体的新生活广场服务体系为亮点，2003 年上半年我们又完成了全国范围的全员服务学习和考试的推广工作，目的是要把一种全新的服务观念、服务方式、服务手段和服务意识渗透到每个员工心中，融化在每个员工的行动中。

品牌：我们通过 6 年的实践逐步找到了公司品牌定位，逐步找到了泰康人寿富有特色的品牌形象和行为规范。泰康人寿的定位就是服务日益增长的工薪白领阶层，融入 21 世纪大众生活。服务工薪白领阶层不仅仅意味着服务中产人群，我们要满足大众的需求，在这个基础上倾向和侧重工薪白领阶层。我所讲的工薪白领阶层就是主流社会，每个县城每个中心城市都有它的主流社会。我们就是要服务每个地区的主流社会，把当地的主流社会当成服务对象来开拓。有了客户定位就有了产品定位，我们在业内率先推出的家庭保障计划，一张保单保全家以及第二代产品爱家之约销售势头良好，到现在已经占我们保费收入的 30% 以上，件均保费超过传统保费的一倍，在为公司创造了巨大的内含价值的同时，也为千万个家庭提供了全新的保险服务。泰康人寿家庭保障计划在市场上应该说是一枝独秀。

“服务是寿险业的生命，泰康人寿的定位就是服务日益增长的工薪白领阶层，融入 21 世纪大众生活。”

产品是品牌核心的载体，脱离了产品的抽象品牌是不存在的。品牌把我们客户定位、产品定位、服务定位浓缩地叠加再加上感官渲染和强化，最后形成一种概念即企业品牌。从客户定位——产品定位——服务定位——品牌定位，这是一个逻辑链，是有很深刻内涵和价值的。

（2003 年）

走进新生活，迈向新未来

新的世纪、新的生活、新的泰康，在世纪之交，随着全球经济一体化的加剧，我们迎来了世界新的变革。地球村、网络化、新潮流、新价值观已经成为世界主题。

20 世纪 80 年代，石油危机、高通胀、日本的崛起是世界三大主题，而也是在这一年代，中国一代伟人掀起了中国改革的浪潮，使中国融入了世界。80 年代的世界，没有一个人能预测 20 年后世界的变化——日本变成一只沉沦的航母，深陷经济低迷的深谭，而中国正在以前所未有的速度崛起，伟大的中华民族正走向复兴！

20 世纪 90 年代，新经济的出现，新技术的应用，给美国带来了一片生机，苏联的解体更使美国一枝独秀，称霸世界。

今天，新科技、新经济已经成为世界发展的主流，中国正以崭新的姿态迎接开放，拥抱世界，迎来了民族伟大的复兴！人寿保险业是中国最具发展潜力的朝阳产业，随着时代的变革、新中国的崛起，这一切都成为泰康向前发展的无穷动力。

新技术的出现，网络经济的兴起，使我们不能再用过去 300 年的传统经验作为寿险发展的源泉和动力，无限商机正召唤着我们，抓住机遇、引领潮流是我们的责任，更是我们的使命。

新世界、新中国，我们对寿险的理解必须有新的认识，人寿保险作为经济发达国家三大消费主体——汽车、住房、保险，是生活不可或缺的基本消费。

人寿保险给个人、家庭带来的不仅仅是保险保障、投资理财、生命与健康、养老与晚年幸福安排、子女教育金安排，更是为个人与家庭安排未来健康、幸福美满的生活，使所有人都享受可预见、可安排的幸福生活，这是所有中产阶级的最渴望的生活，是人生梦想。

在五年的发展历程中，我们在探索、学习、实践，逐渐形成了自己的思想、产生了新的冲动和新的价值观，寿险行业是一个对未来充满憧憬、充满希望的行业，她象征未来幸福、美满的新生活。

我们深深地体会到寿险不仅仅是对风险的安排，不仅仅是“爱”的体现，更重要的是体现对未来新生活美好的憧憬。对寿险业外延和内涵的扩充是对寿险定义的重新改写，这将彻底改变对寿险的认识，产生的革命性变化将影响整个保险业的价值观，对公司与员工、员工与客户伦理关系产生深刻影响。

今天的金融业是以正统、实力、保守为象征，我们引领的金融文化变革将朝着平民化、大众化方向发展：

改变管理，在公司营造一种充满青春、充满热情、充满人性的新型上下级伦理关系；

改变产品，突破单张保单的概念，首创家庭保障，量体裁衣；

改变销售，把青春、活力、亲和贯穿到我们整个销售体系；

改变服务，创造更加贴近大众的 AAA 级服务，满足客户无论何时、何地、何种的需求。我们将用虚拟和现实的新生活广场彻底满足客户对 AAA 级服务的需求，完善我们整体的服务平台。

改变品牌，使泰康人寿的形象更加生动。当人们喝着可口可乐时，想到的是力量和欢乐；当人们穿着耐克鞋时，想到的是运动和生命；当人们提及泰康人寿时，联想到的就是健康、幸福、美满的新生活，这就是我们泰康人寿的象征。

我们要在行业内树立最优的服务品牌，建立中国金融业最具创新服务的优良品牌，成为行业创新的倡导者、开拓者、领导者。

“当人们喝着可口可乐时，想到的是力量和欢乐；当人们穿着耐克鞋时，想到的是运动和生命；当人们提及泰康人寿时，联想到的就是健康、幸福、美满的新生活。”

新的革命，新的变革就发生在我们身边，我们要学习 IT、电信业的变革，不断创新进取，真正地融入现代金融生活。

让我们大家一起尊重生命，热爱生活，开创新未来。

（2001 年）

【注】“走进新生活，迈向新未来”，是泰康“自己出牌了”的标志性口号，表明泰康开始了从模仿到自主创新的历史性跨越，“新生活”理念由此提出，并成为泰康的品牌标签。

一张保单保全家和新生活广场

大家提到华尔街就想到古板，想到高楼大厦，想到西装革履，想到严肃、正统，我们泰康人寿要把这种文化的内涵继承下来，把它的形象改成亲和、清新，色彩跳跃，具有生命力和活力。我们希望，客户到了客户服务部就好像到了沙滩上，就像到了夏威夷一样，能感到一种舒服和放松的感觉。我们要在这方面革新，我们不仅要在中国寿险业引领潮流，而且要在世界金融业引领潮流。

我们今天对世界并不陌生。我这些年踏遍欧洲、北美、亚洲的各大保险公司，明白一个道理，因特网的泡沫，不等于新经济的泡沫，因特网泡沫经济的失败不等于新的价值观、生活观从此衰退，因特网泡沫破灭实际上给传统产业带来一次史无前例的新生力量，我们就是要把这种精髓和思想引领到我们的传统产业里，让我们的产业发生一种革命性变化，像凤凰涅槃，是一种新生的感觉。

面对变革的时代、全新的市场，泰康应该做些什么？五年来，我们搭建了泰康未来几年的起飞平台，最终落脚是三件事：产品、营销和品牌。

泰康走到今天，我们所有的变革都凝聚在产品创新上，希望产品不是僵化的，是有生命，是很酷的。我经常讲一个例子，过去手机是大砖头，象征财富，今天手机象征着美，象征时尚，手机已经不仅仅是一个通话的工具，而变成了一种象征。我一直在思考我们的产品，一张保单保全家，家庭保障、家庭理财，由您挑选，充分满足小家庭个性化的需求，我们未来的个人营销就是家庭保障，倡导家庭概念，家庭概念就是中产阶级的概念。实际上我们正在使产品人格化、唯美化。人格化、唯美化就是使这个产品、这张保单有活力，拿着保单你就激动，拿着保单你就兴奋，拿着保单你就处在一个幻想之中，这就是我们所追求的目标。

泰康怎么来塑造品牌呢？众所周知，可口可乐代表的是力量和活力，索尼代表的是创新，迪斯尼代表的是欢乐，泰康代表的是什么？泰康将代表的是新生活。经过 5 年的发展，泰康已经有了一个非常好的物质基础，就是在我们全国的分公司和支公司都有一个门店式的客户服务中心。我们要把这个门店式的客户服务中心改成“新生活广场”。我们要把新技术革命带来的生活价值观的变革、要把一种全新的思想和全新的价值观和消费观带到我们的保单里，带到我们的市场营销里来，带到我们的社会形象里面来。

我提出一个方案，把体检中心、客户中心和业管三位一体，实行门店化。“新生活广场”，就是未来的金融超市。举个例子，汇丰银行今天不叫汇丰银行，而是汇丰金融集团，在汇丰金融集团客户服务中心，可以存款，可以取钱，可以买保险和基金，还可以提供法律咨询、税务咨询，还帮助你请家政，所以，泰康新生活广场要变成理财金融中心、服务中心、咨询中心，最终形成金融超市，这就是我们泰康要塑造的新品牌。我们要用全新的概念设计新生活广场，让客户进入泰康新生活广场就有到了家的感觉，包括颜色、色彩都是崭新的。

“泰康新生活广场要变成理财金融中心、服务中心、咨询中心，最终形成金融超市。”

（2002 年）

培养公司的品牌精神

我在3月1日“泰康新生活广场”建设研讨电话会议上已经比较精辟、概念化地把新生活广场，或者叫浪潮，或者叫运动给大家做了一个概述，今天想借用公司年轻人自发倡导建立的青年论坛继续讨论这一话题。应该说青年论坛这种非正式的交流、座谈方式已经进行过很多次，取得了比较好的效果，所以我一直是支持的。这种论坛是一种平等交流、沙龙性质的，主要是活跃公司员工的思想，并在活跃思想的过程中探索我们国家特别是人寿保险业以及泰康人寿的发展之路，同时也能够相互启发、启迪我们的思维、智慧，增强专业化的水平、知识和能力。这样，最后也能形成公司的强势竞争力。

实际上我们公司对品牌，对服务的深刻认识由来已久。不是突然把它上升到一个高度，而是5年一贯的一种思想探索发展到今天的。我今天演讲的主题是培养公司的品牌精神。就是在这样一个新世纪、新生活、新中国的过程中，泰康人寿能不能抓住历史的机会，成就我们的梦想，建立我们的泰康帝国？因此我们提出来，要进行寿险市场重组，成为变革时代的引导者，成为行业的领袖。这是所有保险公司都在思考的一个重大战略问题。那么我们泰康是如何思考的，如何使我们成为这样一个变革和重组时代的引导者和革新者。所以我们现在提出来实施新生活浪潮的宗旨与目标。

重新定位寿险行业 引领一场价值观的革命

过去对寿险业的定位，我们的认识都来自于台湾顾问。今天我们所有的保险经营体系，主体是学习台湾的。台湾顾问经常讲，寿险不是人做的，是人才做的。也有学者讲，寿险是一个爱的事业。但是真正从学术上来定义寿险，人寿保险实际上就是安排、控制人们未来的风险，为人们提供保障。同时人寿保险也有储蓄投资的功能，为人们提供投资理财的服务，这就是人寿保险的两大功能。这两大功能实际上是在安排人们未来新的生活，这种新生活的核心就是幸福、健康、美满。

我们泰康人寿重新定位寿险行业，将会展现一种崭新的完全不同的结果。这种新的定位，将会变革泰康人寿的企业文化，主导我们整个行为，将引领一场价值观的革命。

中国经济正从一个封闭的农业经济向现代经济过渡。我们社会的结构也正在由哑铃形向橄榄形变化，工薪白领、中产人群会成为社会的主流。中产人群主要靠提供专业技能和知识来获取报酬，这个人群正好是保险消费的阶层。我多次讲过在美国一个家庭最大的三项支出，一是住房，一是汽车，一是保险。中国未来也会出现这种消费结构，也一定会重复这样一条发达国家所走的道路。

白领家庭的价值观是什么？实际上就是我们泰康人寿一直倡导的中产人群的生活价值观：有稳定、丰厚的收入，有稳定和体面的职业，有健康的体魄和幸福的家庭，也有充足的闲暇来实现人生的梦想。这种中产人群的生活观、家庭观和家庭价值观，会成为未来中国重要的价值基石和伦理基石，是一个社会根本的道德指南和社会稳定的价值基石。

白领家庭的价值观实际上就是我们泰康人寿一直倡导的中产人群的生活价值观：有稳定、丰厚的收入，有稳定和体面的职业，有健康的体魄和幸福的家庭，也有充足的闲暇来实现人生的梦想。

泰康人寿对于寿险业的深刻理解，使我们明确定位我们的品牌，就是倡导一种中产、工薪白领人群的现代生活观、家庭价值观。这种新的生活观和家庭价值观的核心，就是我们倡导的新生活浪潮。我们的宗旨，就是泰康人寿保险代表未来幸福、健康、美满的新生活、新的价值观、新的形象。我们要提倡这种新的品牌价值的核心的目标，是要增强核心营销能力，提高公司市场占有率，改变泰康人寿保险的地位，实现公司既定的战略目标的转型。

服务创新：四位一体的服务体系

在行动上，我们如何倡导这样一种新价值观，从而转化为一种强大的社会生产力呢?

我们建立以客户为中心的广场，不仅仅是时下平安提出来3A，即不管什么时间，什么地方，什么方式都能向客户提供服务。我们是在3A的基础上，建立一个开放的、互动的、人性化的服务体系。

我们拥有四位一体的服务体系。第一，新生活广场电话，95522。这不仅是一个电话号码，95522就是一个品牌，就是一个虚拟的电话新生活广场，一定要把它人性化、人格化。当你们把这个完成后，你们告诉所有的客户和员工，当你们接通95522的时候，就进入了一个虚拟的客户服务，客户服务还不准确，是进入了一个虚拟的金融超市。这个虚拟的金融超市是有人陪伴的，我们的接线小姐将欢迎您来到我们的电话新生活广场，我将陪伴您到某某服务台，我将帮您办什么业务，总是感觉到有一个人陪着你。这就是一个新的思想，带来了强大的生产力。

第二，就是新生活广场网络：泰康在线。泰康在线也是一个品牌。它通过网络完成所有的服务。

第三，新生活广场门店。这是现实的金融超市和服务中心、咨询中心。

如果您来到我们的新生活广场，将进入我们的健康测试中心，过去叫体检中心，现在它有资讯、有护理，可以帮助人们增加身体健康的机能、提高健康的常识、降低疾病的风险。在这里，就是要完全使客户感受到一个全新的生活的空间和领域。为什么我们称之为新生活广场，它不是一个简单的金融超市，而是一种新的生活的体验、是一种新的生活观的体验、是一种新的家庭价值观的体验。

我讲的四位一体还有一个是新生活广场理财顾问，或者叫保险顾问，就是我们的营销员。新生活广场重要的主体就是营销员。所以我们一定要把新生活广场保险顾问也要系列化。实际上不是营销部的事情，在包装上，我们客户服务部就是要把它做成这样。我们的新生活广场四位一体，而且是主动的，形成我们这样一个核心竞争能力。这就是我们以客户为中心的新的服务系统，实际上就是新的生活广场。

产品创新：一张保单保全家

大家都知道，寿险公司的核心就是要有好的产品、好的服务，客户最有体会的就是这两点。要有好的产品、好的服务，公司内部就必须有强大的产品开发能力、推销能力、包装能力和服务能力。所以我们新生活广场的核心，就是今年要推出的家庭保障计划。我们的产品叫家庭保障计划，我们的推广计划叫爱家行动。今年4月份我们将在全国进行爱家行动。

寿险公司的核心就是要有好的产品、好的服务，客户最有体会的就是这两点。

一张保单保全家，这就是一个新的概念。我们不是卖的单一的产品，我们卖的是套餐，一家人可以投保。以前一想到保单，要么就是重疾，要么就是分红，要么就是投连，应该是三张保单，现在也有很多别的保险公司，他们也给客户做计划，做计划是要买四张保单，手续繁琐，不能够组合。

我们就是一张保单，把全家都包括进去，就是一张保单保全家。

我们还把客户细分，VIP、白领和大众。不同的价格享受不同的服务。世界上不存在最好的服务，最低的价格，共产主义社会也没有。你要最好的服务，你就要对价格不敏感，你要最低的价格，你就要对服务不敏感，就这么简单。如果您是成功人士，您就应该维护生命的尊严，您就应该得到一流的服务，您就不应该吝啬金钱——应该这样告诉客户。实际上我们现在的保险市场，还是很初级，很混沌。很多保险公司的产品战略、服务战略、市场定位都不清楚。我们泰康非常清楚我们的市场定位、我们的产品战略、我们的服务。

刚才讲的那些，如果没有 CSC 寿险 400 这个新的电脑系统，今天我们这些创新都将是无米之炊。为什么？大家知道，我们这个新系统目前在国内，在全国保险公司之中，是具有领先地位的。实际这个先进并不在于新，它有 20 年的运转，非常稳定、成熟。这个系统的两个特点，一个就是我们的电脑系统不是以保单为导向的，是以客户为导向的。什么意思？它是以客户的名字决定它的标识。第二个，我们这个系统信息是高度集中管理的。所以我们会成为寿险业第一个通存通兑的公司，也就是说，只要在泰康人寿投保的，只要在有泰康人寿网点的地方，都会得到保全、理赔等配套服务。因为我们只有一个电脑系统，集中管理，不会出现差错，而且每个人终身是一个号码，就是你的名字加你的身份证。

我的另一个头衔“泰康人寿首席推销员”

这次以新生活广场和新生活浪潮为起点，我们的家庭保障计划，爱家行动的推广，将会产生巨大的影响力。在这次活动中 CEO 将作为公司的首席推销员，组成宣讲团。与此同时，公司的文化也发生变化。刚才强调非正式，只要不是在正式的场合见到董事长，你们可以把我当一个普通人对待，大家可以平等交流。还有一点，我们更重要的认识就是人寿保险公司的核心，就是要建立强大的市场营销推广能力。

我经常讲微软的成功，比尔·盖茨的成功，其实微软最核心的技术不是比尔·盖茨发明的。我昨天还在看文件，上面写的，这个发明人已经去世了。比尔·盖茨的成功，在于他实际上是世界上最伟大的推销师。比尔·盖茨等于微软，微软就等于比尔·盖茨，它是一个强大的品牌。与其说，比尔·盖茨是一个高科技企业家，不如说是一个高科技的首席推销家。我们也借鉴他们成功的经验，我也郑重地告诉大家，我不仅仅是泰康的董事长兼 CEO，我在未来将更多地用我另外一个头衔"泰康人寿的首席推销员"。

你们也是泰康人寿的推销员，每个人都是泰康人寿的推销员。所以我们的新生活浪潮，除了对人寿保险重新定位，更重要的是整个泰康人寿都充满活力，每天都是幸福的一天，每天都是新生活的一天，每个人都是阳光灿烂的推销员，这就是我们讲的爱家行动。

高举"爱家行动"的大旗

不同的价值观会产生不同的企业文化，我们的企业文化就是开放、专业、学习。关于现代社会和现代企业，最响亮的是六个字：开放、透明、共赢。开放和透明这个概念很深刻的。举例说，我们的客户服务专刊，我拿在手上都是浓缩化的小《人民日报》，你说多难受。

不同的价值观会产生不同的企业文化，我们的企业文化就是开放、专业、学习。

客户服务的透明是什么呢？是透明公司的经营状况，透明公司的财务状况，让客户买你的保险是放心的。我们要对股东透明，对监管部门透明，对客户透明。

企业内部的文化也有六个字：开放、沟通、融合。为什么要讲这个呢？网通的 CEO 田溯宁先生，是一个著名的海归派，他做企业的时间比我还短，他就讲在高速成长条件下的企业陷阱。高速成长陷阱的核心是什么呢？相差四个月参加工作的人，四个月的时间就会有文化的代沟，你是老人，我是新人。其实泰康也是一样的。我讲这种沟通和融合，今天对泰康一个新型、高速成长的公司更重要。为什么？因为差四个月就会形成文化断层，文化断层就形成冲突和矛盾，何况现在是同业过来的，有平安的，中国人寿的，太平洋的，不管从哪儿来的，我都强调把他们优秀的东西带过来，并要迅速地认识泰康，了解泰康，融入泰康。我们泰康有非常优秀的文化，我们泰康唯一自信的就是我们有强大的文化，我们有强大的市场战略。正因为这种自信，胸怀才更加开放，所以我们的管理会改变，产品会改变。

我们这次推广，学的是比尔·盖茨推广 Windows2000，WindowsXP。我们也会把中国奥运会成熟的方式学回来，这次我们会兵分两路，组成一个梦幻团队。严格讲我们不仅仅是新产品推广，而是公司、产品、服务、理念四位一体的推销，这就是我们这次爱家行动的核心。

我们所有的一切都是为了什么？建立一个品牌。《财富》论坛的年会是全世界知名品牌、知名企业聚集的地方，但是非常遗憾我们没有世界品牌。今天世界上只知道一个品牌就是 MADE IN CHINA，这个品牌代表什么呢？就是物美价廉，我们还没有真正进入世界品牌的行列。所以我们泰康人寿的使命就是未来在变革、创新、发展的浪潮中，在跨国公司还没有进入到中国所有的城市，没有形成新的网络的时候，我们一定要抓住这样一个历史的机会，建立中国金融服务业的第一服务品牌。第一服务品牌的核心就是我们倡导的新型的家庭价值观。

当大家认同我们品牌价值核心的时候，我们所有的个人的行为，我们所有公司的行为，我们所有分公司、支公司的行为，都应该遵循这样一种价值，来进行演绎，都应该遵循这样一种思想，开展我们的工作。这样就会形成一个很有意思的氛围，我并不是在执行董事长的指令，我并不是在执行总经理的指令，我是在执行我们大家共同遵守的准则，这就叫企业文化。我们要把这样一种崇高的价值定位，要把它转化成巨大的生产力。

融入互联网大潮 融入现代服务业发展趋势

我们泰康人寿必须适应未来市场变革，我跟大家讲讲我思想的演变。去年我也去参加亚布力首届中国企业家论坛的年会，段永基讲了一个概念，他讲因特网最伟大之处是消灭中介。消灭中介的概念是什么？就是流通领域的一场革命。因为因特网的作用是在流通领域里，它主要是方便，大家可以直接通过虚拟的网上商店、网上服务中心，通过鼠标满足需求。所以我说，现在世界上最了不起的东西就是鼠标，鼠标一点，时空都融为一点。

什么叫虚拟？很多人不理解虚拟，虚拟不是抽象，不是空洞，虚拟不是我们过去所理解的，虚拟就是不存在，不是的，虚拟就是存在，虚拟就是现实。我们通过网上点击纽约第五大道百货公司，在网上也都展现柜台，你也能看到物品，你点击以后，你用信用卡一付，他也给你寄过来，你说这是虚拟的吗？

段永基讲的因特网是消灭中介。但是我也讲正因为它消灭中介，所以未来服务直接对客户了。这就使个性化服务成为现实。个性化服务的核心是什么？就是对客户资料的掌握。我又讲回来，人最重要的资料是什么？无非是你的收入，你的财务状况。第二个最值钱的是什么？你的健康。第三个就是你生活的隐私、朋友、法律问题、社会交际的圈子，无非是这三块资料。银行拥有财务资料，保险公司也拥有。但是银行不拥有健康资料，医院拥有健康资料，保险公司也拥有健康资料，所以人寿保险公司是拥有客户资料最齐全的。那么人寿保险公司未来是最值钱的公司。

人寿保险公司是拥有客户资料最齐全的。那么人寿保险公司未来是最值钱的公司。

今天主要掌握客户信息的是服务产业，当它扩展到别的行业的时候，甚至会消灭别的服务业。就这一场信息技术的革命，带来的变化是很多还没想到的。我坚信，因特网会改变整个人类。

未来网上销售极其重要，我多次讲，一定要推广泰康在线，让凡是爱上网的人，只要知道保险公司就是泰康，不是别人，这就是我们的战略。未来网上销售一定会成长起来的。你不要看我们不买，因为我们是过去的一代，成为历史的一代，未来一代在成长，他们的消费方式就是网络。

我讲回来大家明白了，为什么要推“新生活”，就是未来人寿保险越来越模糊，会成为金融服务业。金融服务业又会越来越模糊，成为生活服务业。所以，未来的金融服务业也有也没有。未来人寿保险可能会通吃其他的服务业，一定要记住这是一个巨大的战略。

泰康人寿大概 5~10 年，形成这样一个组织结构。这是一个专业化的寿险集团，个人业务、团体业务、健康保险、银行保险、电子商务、资产管理六位一体，事业部逐步可以过渡到专业化的子公司，形成一个泰康保险集团。我们这个保险集团不像平安，平安有寿险、财险、证券投资，我们就是一个专业化的寿险集团。下面就是你们的分支机构，分支机构将来就是一个销售的板块，所有的产品跟它都是一个代理关系。我们的分公司、支公司，它的收入是来自于销售产品的代理费分成。

未来人寿保险越来越模糊，会成为金融服务业。金融服务业又会越来越模糊，成为生活服务业。

再下面就应该是客户接触层，我们叫新生活广场。这个新生活广场是虚拟加现实结合的，就是我讲的四位一体的新生活广场。为什么用新生活广场这个词，就是适应未来的发展，仅仅是金融超市还不够，我们还要过渡到生活服务超市。现在汇丰银行改叫汇丰金融集团，而且它们在全世界银行的分店不叫汇丰银行了，叫汇丰理财服务中心。汇丰金融理财中心存贷款，卖保险，卖基金，同时还可以提供家政服务、法律咨询、税务咨询，所以，我们的新生活广场未来是建立在一个金融超市的基础上，扩展生活服务内容。未来可以卖手机，也可以卖信用卡，我们的想法是通吃未来服务业。

实现三大转变 塑造公司的“品牌精神”

为实现这个目标，我们有三大转变。第一个就是由小变大。公司由小变大的核心就是尽快在两年内，完成我们158家中心支公司、29家分公司的筹建，也就是说，明年年底，158家中心支公司和29家分公司全部开业。所以，我们这样一个巨大的网络，应该跟平安、太保、中国人寿没有什么区别了。

第二个是由弱变强。由小变大是规模，而由弱变强是公司核心资产状况，比如偿付能力、盈利能力、人才水准、整个管理平台、信息化的水准、客户服务等等一切，实际上一个外一个内，一个是粗放，一个是内涵。由弱变强就是我们内涵的变化，其核心就是要大力提高我们市场的营销拓展能力，塑造国内一流的金融服务品牌，这是我们最重要的。当然大家要达到这个目标，我们要培养泰康的品牌精神，提升泰康人寿发展的支撑点和经营的舞台，拓展经营的视野，突破传统金融服务业的概念，全方位地进入服务业。不仅仅是金融服务的品牌，而是一流的服务品牌。

我们要培养泰康的品牌精神，提升泰康人寿发展的支撑点和经营的舞台，拓展经营的视野，突破传统金融服务业的概念，全方位地进入服务业。不仅仅是金融服务的品牌，而是一流的服务品牌。

第三大转变，塑造品牌精神。《公司精神》，这个书名用的是宗教概念，这本书对我启发很大，它给我们很多概念和一种高度概括的工具。我们刚才讲到，我们的新生活浪潮或者叫新生活运动的核心，就是要建立一种新型的生活和家庭价值观，核心的主题就是健康的，充满生活激情的，有时尚和品位的，我们每一个人都要成为我们的首席推销员。所以，我们每一天都是幸福的一天，每天都是健康的一天。所以每个人都应该有饱满的精神，他会全方位地来改造我们，来营造我们的环境。这里面就是讲品牌给公司带来的价值。产品品牌的概念比较低，它最后形成了品牌精神。品牌概念、公司理念化的品牌、品牌文化，最后到品牌精神。所以，其实这本书里面有一个很好的图，一个坐标系，一边是理性、一边是感性，一边是高参与度、一边是低参与度，把世界上很多品牌的产品归纳进来。参与度最低的是什么？土豆、卫生纸，它不需要品牌，这个太简单了；最具有理性，参与度最高的就是人寿保险，放在最高。北京大学著名教授张维迎有一个著名论断，最容易骗人的最不应该骗人，最容易骗人的最需要品牌。他是用信息不对称来解释的。这次诺贝尔经济学奖的获得者，就是因为研究信息不对称理论。保险这个行业信息不对称，所以保险是最易骗人的，所以最不能骗人。保险是最复杂的，说不清楚的一个产品，所以参与度也是最高的，也是最高境界的品牌。

一个作家的一本书就叫《品牌的天堂》。泰康人寿不仅仅是应该进入公司品牌理念阶段，也不仅仅是品牌文化，应该上升到最高品牌精神，进入一个品牌天堂阶段。他有一句名言，进入品牌天堂是什么概念？就是有点像宗教了，不信这个宗教的人，你就不要跨进这个教堂，信宗教的人就应该神圣地站在这个教堂里，不信这个宗教的人，就应该淘汰出局。他有一个著名的论断，那里面写的，当进入品牌天堂的时候，一种共同的价值观，就是这些人神圣的使命，而且不奉行这样一种价值观的人，就自动地淘汰出局。

新生活浪潮推动的核心，就是要使泰康人寿成为品牌。我觉得泰康人寿今天的阶段，四分之一进入天堂。我希望通过大家努力，进入更高的天堂——品牌精神。品牌精神是什么？泰康人寿销售的是寿险，代表的是新型的健康的家庭价值观和生活观，这就是我们的根本。

你们会想到我们产品的定位，包括我们产品的取名，过去产品取名字叫福禄寿、金元宝，全是这些很低端的名字，也不能说是低级，当我们公司的概念价值确定后，产品的名称就能体现公司的品位。大家都知道应该怎么做，因为你知道这样做是符合公司精神的。也不是说要从董事长的好恶来决定你们的行为，这就叫进入天堂。

但是怎么样使这样一种品牌的天堂得以实现？ 真正强大品牌的核心，就是外部和内部的统一。内部应该是产品、公司，外部是市场和客户、消费者。以产品延伸出来理念、形象、组织、沟通，内外相互交叉，形成这样一个强大的企业文化和品牌精神。

品牌精神的实现，需要公司各方面的共同努力，我们所有的部门都与之有关。严格讲我们提倡的建立泰康新生活、新浪潮品牌，实际上是公司的一个运动，或者叫全民运动。每个部门都逃脱不了这个干系，每个部门都是这个大循环里面的一分子。

今天虽然是一个青年论坛，是平等交流，实际上也是告诉大家，大家都要参与进来，各个部门都要参与进来，在这样一个运动中扮演一个积极的角色。泰康新生活广场是一个品牌，泰康在线是一个品牌，家庭保障计划是我们的一个产品计划，也是一个品牌，新生活广场是一个品牌，包括我们的推广叫“爱家行动”，也会有一个品牌。所以它会显示强大的一种形象的视觉的冲击力，来冲击我们的市场，冲击我们的每一个人。

当一种产品、一个品牌成为目标消费群的品牌精神时，就是我刚才讲的品牌天堂。泰康人寿未来销售的不仅仅是寿险产品，而是一种服务，一种理念，一种中产阶级家庭价值观，一种以家庭价值观为核

泰康人寿未来销售的不仅仅是寿险产品，而是一种服务，一种理念，一种中产阶级家庭价值观，一种以家庭价值观为核心的品牌精神。

心的品牌精神。对于消费者来说，泰康品牌将成为一种必然选择，一个值得信赖、依赖的服务品牌。新的世纪、新的生活，这就是我们的主题。希望我们在座的每一位，响应公司的号召，一块儿参与到这场伟大的革命之中。希望我们在座的每一位，都成为泰康一流的公司精神的捍卫者、执行者，成为泰康一流的市场推销员。祝大家成功，谢谢。

【注】青年论坛是泰康人寿特有的一个组织，它由公司年轻人自发倡导成立，通过讲坛、论坛等形式，对社会热点趋势，以及公司发展等方面，进行平等的非正式交流。自 2001 年成立以来，经济学家夏斌、神州数码郭为、新东方集团俞敏洪、中国宽带资本田溯宁等知名人士都曾登上过青年论坛的讲台。陈东升作为创始人和公司董事长，也时常在这个平台上，和年轻的员工们进行沟通。

2002 年，陈东升董事长在青年论坛的平台上，第一次系统地谈泰康人寿的创新，由此，拉开了理念、服务、产品、营销、管理等一系列创新活动的大幕。正式这次创新运动，奠定了泰康因势而变、不断变革的企业特质。在当时，演讲中的许多观点还非常新鲜，但几年后，他所讲的一一应验，成为现实。

我们对品牌建设的理解

品牌在影响消费者和投资者的决策时起着重要作用，品牌是靠知名度、业绩、个性、美誉度等方面来创立的，品牌经营从根本上来讲，是建立能为公司和消费者创造价值的长期关系。

品牌建设包括创立品牌、经营品牌、维护品牌三个阶段。品牌是公司的无形资产，可以为公司创造更高的效益。

品牌是公司核心竞争能力的重要组成部分，是公司五大工程的两翼辅助工程之一。品牌建设将使公司充分发挥各项资源的综合优势，整体提升公司核心竞争能力。

品牌建设作为公司的一项重要工作，关系到公司整体形象的提升和长远的发展，它不是公司其他工作的附庸，它有独立的、神圣的责任——全面包装公司，使公司形成独特鲜明的整体特征。

“品牌在影响消费者和投资者的决策时起着重要作用，品牌是靠知名度、业绩、个性、美誉度等方面来创立的，品牌经营从根本上来讲，是建立能为公司和消费者创造价值的长期关系。”

2000 年，公司完成沿海发展战略、增资扩股、入驻长安街新大楼等三件具有里程碑意义的大事。泰康人寿已有 11 个分公司，成为真正意义上的全国性保险公司，一次直接覆盖为 8750 万人，所在省份二次覆盖 57,898 万人，如果其中 50% 的人知晓泰康，就有三亿人成为我们的潜在客户。现在已经到了全面启动公司品牌建设的关键时刻。

公司把 2001 年定为泰康品牌建设的启动年。从公司面临的市场形势和自身内在发展要求而言，是非常重要和及时的。要把品牌宣传工作提到一个新的认识高度，它不仅仅是简单的宣传工作，实际上是公司核心竞争能力的重要组成部分，是公司重要的战略资源，也是公司生产力的一部分。今年是品牌建设启动年，要制订统一的宣传规划，在全国提高公司的知名度，树立泰康特色的企业形象。要努力配合公司整体发展战略、产品推出计划和分公司业务推动计划，贴近市场，贴近业务，探索泰康品牌推广与公司业务紧密联系的有效途径。

经过四年多的创业历程，公司已树立了管理严格、稳健经营、资产优良、专业规范的良好企业口碑。

公司成立的时候，中国保险市场处在粗放的市场阶段，整个保险业面临很大的争论和战略选择，一是追求人海战略、快速扩张，另一是走精兵战略、专业化道路。两种道路，两种选择发生激烈的碰撞，当时公司进行了反复的研究，最终选择了“专业化、规范化、国际化”的发展战略。从 1996 年到 1998 年，公司接待了很多国际保险公司，也受到很多启发：人寿保险是个百年事业，要注重品牌、注重服务、注重培训，没有高素质的业务销售队伍，快速增长后，就会受到市场和自身规律的制约。泰康从一开始就引进了国际保险顾问和专家，对销售队伍进行高素质的培养和要求。事实证明，泰康奉行的”精兵战略”与急剧扩张的寿险公司相比，市场份额并不少，甚至是旗鼓相当，并且公司还赢得了市场的口碑和声誉，所以这几年，

“人寿保险是个百年事业，要注重品牌、注重服务、注重培训。”

公司在北京、在业内树立了高品质的形象，也树立了泰康的优秀品牌。

四年来，公司拥有多项业内第一：国内第一家也是唯一一家获得AAA信用评级的寿险公司，没有呆账、坏账；国内第一家完成增资扩股的保险公司，我们的价格高于国内同期增资扩股的企业，这说明公司具有较高的内在价值和国际市场的认可度；国内保险业第一家获得ISO9001国际质量认证的寿险公司；获准入市投资比例最高的保险公司之一；《保险法》颁布后成立的首批保险公司中，率先获准在全国设立分支机构的保险公司之一；在北京保险协会的记录中，唯一一家连续三年保持零投诉的寿险公司；第一家将总部设立在首都长安街的保险公司；第一家设立国际寿险管理师（LOMA）考试中心、第一家注册寿险服务商标的寿险公司等。

实践证明，泰康通过坚持规范经营，在监管部门树立了良好形象，品牌资源为公司的快速发展创造了有利条件。

品牌是公司的系统工程，是公司的百年大计。今年正式启动品牌工程，必须引起公司上下全员关注。全公司要统一思想、转变观念、全员行动、共建品牌。应该认识到脱离产品的品牌是空洞的，仅有知名度而无美誉度的品牌是苍白的。应积极探索保险企业品牌推广与公司业务紧密联系的有效途径，为一线业务服务，为公司发展服务。

品牌建设需要全公司精诚协作。品牌建设与管理不仅是品牌传播部一个部门的事，它是一项系统工程，应渗透到公司各项工作中，促进公司的长期发展。产品、销售、服务是公司品牌的基础，内外勤员工是公司品牌的形象化、人格化的载体，广告宣传是公司品牌传播的手段。只有公司上下同心、部门协作、总分联动，才能共同建设好公司品牌。

泰康人寿品牌建设的目标是：

（一）品牌建设的长期目标：品牌建设的目标关键是使公司形成独特、鲜明的整体特征，树立公司最专业化、最受市场青睐的、信息化的新型保

“泰康是极具企图心的公司，我们有伟大的抱负；但同时我们也是一个成熟的公司，不表现在外表咄咄逼人。所以公司一定要以亲和、诚信的形象取信于市场。”

险金融服务企业形象，融入21世纪大众生活的一个新经济企业的形象。

（二）品牌建设的初期目标可设定为：客户投诉率最低、客户满意度最高、公司信誉度最强、公众形象最好。

1. 客户投诉率最低，表现为公司理赔速度最快、理赔品质最高、在行业内保持投诉率最低。

2. 客户满意度最高，表现在对业务代表的满意度、对公司客户服务的满意度、对公司产品的满意度；公司推行的客户服务工程，也是品牌建设的一部分。公司在11家分公司和支公司推行了规范的门店式的客户服务中心，在全国实行电话回访制度。客户的满意度还有赖于我们的分公司，有赖于营销体系、团险体系的完善。

3. 公司信誉度最强，表现为公司良好的资产状况，保持AAA信用等级、具有稳定的投资回报。

4. 公众形象最好，表现为公司美誉度在业内最高，市场知名度随业务发展逐年提升。

泰康是极具企图心的公司，我们有伟大的抱负；但同时我们也是一个成熟的公司，不表现在外表咄咄逼人。所以公司一定要以亲和、诚信的形象取信于市场。

（2003年）

我们面临高速成长的压力

我们迅速地成立了100家中心支公司，前年只成立20家中心支公司。100家中心支公司，这是在2002年一年完成的。营销员去年年底是两万多，到现在七万人，整整增长了两倍。所以今年我们由于快速发展带来的一系列的压力和问题，会在明年表现出来。

网通总裁田溯宁讲高速增长企业容易出现的陷阱，他说中国的企业比较年轻，都是处在快速发展阶段，这句话把中国企业的特性基本概括进去了，年轻、不够成熟、规模不够、竞争能力不够，但是高速增长，每个人都充满自信，每个人都觉得未来自己是中国的比尔·盖茨，雄心很大，这就是现在中国所有企业的特点和心态。

“对于泰康人寿来说，高速增长带来的风险主要是财务风险、管理风险、监管风险、品牌风险，其实品牌风险对我们的挑战最大。”

当然有很多的陷阱，一个是现金流的陷阱，我们公司目前当然不存在这个问题，但也一样存在资本的压力；另一个就是人才、管理、技术不成熟造成企业发展的陷阱。对于泰康人寿来说，高速增长带来的风险主要是财务风险、管理风险、监管风险、品牌风险，其实品牌风险对我们的挑战最大。

我认为中国的经济还有十年高速增长。为什么？中国是只解决了温饱，现在像我们在座的要成为中产阶级甚至富有阶级，要买好房子，要买汽车，中国的经济还要到来新一轮高速增长，这才真正进入一个成熟社会和发达社会。因为中国经济高速增长，我们的高速增长不是问题。但是高速增长带来的一系列风险，大家一定要意识到。

我们面临的挑战是由于高速增长带来偿付能力的压力。我们现在虽然偿付能力很充足，到明年年底还可以，到后年、大后年，我们的五年规划算出来，我们偿付能力不够。为什么要压低成本？就是要尽量来减小这样一个概率。如果没有上亿元的外资引进，我们 6 个亿的资本走不到今天。

2002–2004 年是公司快速发展也是爬坡最吃力的三年，成本给我们造成了压力，过去成本并不是我们的重点，现在我们逐步地把公司从保费规模型转变为以内含价值为核心的管理模式。2003 年，我们的目标是实现财务平衡，如果说稍微牺牲一点能够平衡下来，我们也必须达到目标，这对我们的战略意义很大。

（2003 年）

华尔街的启示：建立资本节约型公司

我这段时间读了很多写华尔街的书，《高盛文化》、《华尔街投资银行的兴衰史》、《资本的力量》、《伟大的博弈》，这些书大量研究资本市场是如何崛起的，资本市场和金融市场崛起如何支持经济发展，如何进行资本有效配置的。中国正在面临这个问题。

我们的银行改革是非常成功的，非常符合国际潮流。我刚看到一则消息，建行要在香港上市，据说要拿到60亿美元，中国银行的改革道路是非常正确的；资本市场的改革，解决股权分置是有重大意义的。我判断，人民币汇率的改革和股权分置改革，意味着中国资本市场未来三到五年会健康稳定地崛起。人民币持续升值，就会使企业不愿意到国外上市，而愿意在国内上市，这是一个很重要的条件。股权全流通后就会使资本市场的淘汰机制全面建立起来，收购兼并高潮就会到来。如果认为人民币升值和股权分置全流通只是解决流通股和法人股利益的问题，这是近视眼。股权全流通和人民币升值将掀起未来10年中国经济出现收购兼并的高潮，劣质公司将被淘汰，这是伟大的资本力量。当我们拥有雄厚的资本，经营很好的时候，那些经营不好的公司将是我们弱肉强食的对象，反过来，我们做不到，我们就是别人弱肉强食的对象，这就是资本，这就是市场的力量，因此，我们要致力于控制成本，注重投入产出，建立资本节约型公司。

“伟大的高盛历经五次死亡的危险，但最终都挺了过来。没有在死亡边缘挣扎过的公司很难成为伟大的公司。”

伟大的高盛历经五次死亡的危险，但最终都挺了过来。没有在死亡边缘挣扎过的公司很难成为伟大的公司。今天的泰康谈不上是伟大的公司，但我们有伟大的理想；我们没有受过挫折，没有受过阵痛，没有吃过大亏，但我们可以吸收前人的经验教训，同样可以造就一家伟大的公司。

（2005 年）

【注】资本短缺是每个金融家心中永远的痛，这是陈东升的精辟论断。当市场同业在被偿付能力困扰的时候，陈东升通过大量阅读华尔街的书籍，敏锐地指出资本约束在金融企业中的刚性作用，并结合公司实际，切实提出了“增长与效率”的战略指导方针和建立资本节约型公司的发展目标。高盛是陈东升心目中的伟大公司，后来高盛成为泰康的第二大股东。

增长与效率

商业蕴含着伟大的商业思想，蕴含着伟大的商业哲学，蕴含着伟大的商业文化。这里所说的商业不是普通意义上的商业，而是和政治、文化、军事并列的范畴。西方近现代商业发展的历史集中体现为一部华尔街的历史，华尔街的两百年就是欺诈、赌博的两百年；是自由竞争和持续竞争的两百年；是资本崛起和资本短缺的两百年，这过程中充满了智慧，充满了思想。华尔街的历史充分证明了：资本是金融企业发展的关键，增长与效率是资本的根本要求。

中国经济 25 年，经济崛起是一个不争的事实。中国真正的全面崛起包括两个方面的概念：一个方面是经济的崛起、技术与品牌的崛起、资本与金融的崛起；另一个方面是政治的崛起、军事的崛起、文化的崛起。而和平崛起意味着东方的儒家文明和西方的基督教文明交相辉映、互相欣赏，最终融为一体的大同世界。

中国的崛起赶上了世界经济结构调整的快车，成为世界工厂。但我们不甘于永远作世界工厂。产业结构要升级，就会加大科技研发的投入，会有越来越多的专利，也就逐渐掌握了自主知识产权，从而也就有了自有品牌。这是一个逻辑的过程。

中国下一步就是资本与金融的崛起，以效率为特征，包括微观和宏观两个体系。微观体系：一个是家庭，效率由教育投入决定；一个是企业，其效率由市场价格决定。宏观体系：一个是社会国家体系，效率由财政决定；一个是经济体系，效率由银行、证券决定，银行是为企业间接融资，证券是为企业直接融资，其作用就是让好企业更快更容易地得到所需资金，让不好的企业更快地死掉。资本不发展起来，中国未来的发展就没有持续动力。

资本、金融的崛起必然要求金融企业加快增长速度，提高经营效率。金融企业和其他企业都不一样，其核心就是增长与效率。整个金融行业的上游产业是银行和保险，因为只有这两个行业把毛细血管深入到了每个家庭的口袋里。这两个行业同时也面临着监管的刚性约束，银行是资本充足率，保险是偿付能力。过去无限制扩张导致今后的监管必然加强，而资本与偿付能力的匹配是被动的，所以只有提高资本效率，实现持续增长，才能解决资本充足率或偿付能力不足的问题。增长与效率是金融企业的根本，更是保险公司的生命。

公司发展到今天，不严肃组织和纪律，不建立健康的制度文化，我们就不会有未来。我们要诚信经营、合规经营、防范风险，要加强诚信文化建设、绩效文化建设、执行文化建设、会议文化建设。我始终强调诚信文化建设和合规经营，从来没有变过。任何由于不合规经营给公司造成损失的行为都是不允许的。

我们要清醒地认识到：泰康还是一个成长型公司，是一个学习型公司，我们必然会遇到很多问题。这就需要大家沟通、学习，强调学习文化。公司现在正在转型，必然会带来价值观的转型、工作方法的转型、管理模式的转型，所以更需要大家加强学习。

我们现在面临的问题就是增长与效率的问题。

增长从何而来？利润从何而来？品牌如何建设？这是我们面临的三大挑战，归根结底就是如何提高效率、实现增长的问题。为此，我们必须把人才建设、团队建设作为我们的根本，调整业务结构，提高业务质量，增强成本意识、风险意识、市场意识，加强成本控制和风险控制，提升市场竞争能力，实现业务正增长，提高经营效率。

资本是有成本的，资本的效率最终要由经营来决定。我们银行保险、团险、个险拓展业务都要考虑资本成本和资本回报。如果经营带来的资本回报增长的速度低于准备金负债增长的速度，就会导致偿付能力越来越不足，会陷入恶性循环；反之就会出现良性循环。这也是一个逻辑的过程。

"效率就是生命，而资本是刚性约束。我们必须提高效率，才能解决困扰我们的长期资本问题。"

所以效率就是生命，而资本是刚性约束。我们必须提高效率，才能解决困扰我们的长期资本问题。如果不提高效率，就不能吸引资本和优秀的人才，问题就算短期得到缓解也会一直存在。

未来一两年，中支公司要逐步过渡到协调机构，总公司和分公司是管理机构，做到三级架构两极强大。总公司的管理就是要实行银保、团险、营销事业部制；分公司管理就是要落实每条业务线的第一责任人，一把手要么是营销第一责任人，要么是后援第一责任人。实际上一个成熟的分公司总经理室就是四个人，三个分管业务，一把手总管后援和品牌。我们在此基础上建立公司的三大委员会：核保核赔委员会总管死差和风险控制；投资委员会管理公司的利差；预算委员会解决公司的费差。三大委员会正好协调统筹公司三大利润来源。这样就避免了风险管控不利、领导责任不清的状况，从而把整个公司的架构建立起来。

增长和效率是实现我们任务的保证。核心就是三个任务：坚定地以偿付能力充足率为核心，财务预算、年度计划等等都要围绕这个核心；要加强合规经营建设、加强风险管控，要经得起人家用显微镜来看我们；一定要把公司发展调整到持续、健康、稳定的增长轨道上来。

公司 2006 年将以增长和效率为指导方针，继续深化转型；坚定地回归核心城市和核心市场，坚定地做大做强营销服务部；不断提高管理效率，实现业务的正增长；为股东创造价值，为公司未来上市奠定坚实的基础。

（2005 年）

【注】2005 年 4、5 月份的时候市场形势很严峻，这个大背景下，陈东升和分公司一把手们进行了谈话，起到了警示作用；到了 6 月底，零点精神的出台，通俗地讲叫“提神”，让大家看到了精神在特定的环境下所发挥的巨大作用；随后，在“员工长期激励计划”大会上，陈东升又掏心窝子地给大家讲为什么要在泰康实行员工长期激励计划。从警示，到提神，到掏心窝，再到和大家讲增长与效率，用两个字讲就是统合。所谓统合就是泰康人寿九年来在战略思想、价值观上是不是做到了统一，每位员工是不是做到了行动与思想的合一。

建设五大文化和五大利润中心

建设五大文化

五大文化建设的核心是制度文化，制度文化建设是公司最重要的一个管理要求，若不重视，公司未来一定会受到很严峻的挑战，因此，优化流程，健全制度，减少人治，加强法治十分重要。

第二个是风险文化建设。在金融企业里，风险要成为一种文化，并且要把这种文化渗透到我们每个管理者的大脑中去。我们现在讲的风险文化已经有了更加深刻而广泛的内涵，不要以为风险就是拿了钱没有，风险就是贪污了没有。我举一个例子，一个人的离开给这个组织带来伤害，这也是一种风险。再比如，媒体的曝光，监管部门的谈话，这些都是风险。换句话说，风险无处不在，我们要时时注意防范。

第三是诚信文化建设。过去那种单纯的保费考核模式的副作用，就是带来不诚信文化，就是一层蒙一层。关于诚信的重要性，大家应该非常清楚。前不久保监会有一篇关于诚信问题的文章是非常好的，我建议大家再找出来认真学习。

最后是执行文化和绩效文化。公司一方面要加强会议体系和督办体系建设，提高工作效率；另一方面要强化价值导向，建立公正、透明的激励机制和淘汰机制。

建设五大利润中心

五大利润中心包括个险业务、团险业务、银行保险、健康险和资产管理中心，也就是五大成本中心。营销就是坚持走传统的、高绩效的、高素质的代理人模式，坚持以家庭保障计划为品牌特征，坚持以营销服务部建设为重点，坚持以基本法为依据建设我们的标准化团队。这其中，我认为营销服务部建设是公司营销转型的一个核心战略重点。

团险业务的发展方向也很清楚，就是建立专业化的团队，积累优质客户，创造利润。团险的品牌就是做中国最好的员工福利计划的供应商。今年的交叉销售试点非常成功，应该讲这给我们公司又开创了一个新的销售和盈利渠道，也是公司未来一个重要的利润增长点，所以明年各分公司把交叉销售要重点抓好。此外，公司正在加强企业年金的研究工作，准备申报养老金公司。

银行保险就是加深我们和银行的战略联盟关系，从传统的代理销售模式转向与银行战略联盟模式。目前公司已经拥有将近 100 万优质银行保险客户，这些客户都是我们潜在的寿险客户，要加大开发力度，让银行保险真正成为寿险重要高端客户的一个来源。

健康险就是要建立以产品为核心、以风险管理为保障的利润中心，特别是要加强健康险的风险管理。

资产管理中心已经成为公司整个经营过程的重要环节，所以风险管控，人才引进，资产负债匹配管理都十分重要。资产负债匹配管理，简单地说就是我们的存量资产一定要配合一个和这个存量资产期限接近和相当的投资工具。

（2005 年）

零点精神

泰康到今年已经整整九年了，九年来我们经历过多少风风雨雨，经历过多少欢乐的不眠之夜，但是九年的历史中，像今天这样，在子夜时分，董事长率管委会全体领导和总公司全体 B 级以上干部，为战斗在一线的将帅们守夜助威，这是前所未有的。

从沿海战略到三线决胜战略，我们一路高歌，一路领先，一路在市场上打造泰康这块金字招牌。进入 2005 年，我们遇到了前所未有的挑战，我们的业务在高速发展后遭遇了瓶颈，出现了负增长。我们泰康人受到了严峻的挑战，我们在反省，我们在寻找办法，我们在思考如何走出困境，如何面对这样严峻的挑战，如何战胜自己。从 5 月到 6 月，公司先后召开了一系列会议，包括营销、团险、银行保险、长三角、大机构、小机构等会议。六月是公司完成半年任务的冲刺月，泰康 13 万将士战洪水、抗酷暑，不畏困难，坚持战斗在工作岗位，涌现了许多标兵和好人好事。在这里，我要强调，不管是完成任务还是没有完成任务的分公司，只要我们努力战斗到最后一分钟，只要我们尽了最后一份责任，都是英雄，都值得我们尊敬，这就是我们泰康人的精神。

市场瞬息万变，每一个分公司所处的环境不一样，有的困难大一些，有的困难小一些，但不管外部环境如何，只要我们能秉承泰康人的精神，秉承职业经理人的天职，我们就会一步一步地逼近我们的目标，就会迈向成功。今天我们在午夜召开这样一个会议，不是董事长在标新立异，也不是管委会心血来潮，确实是我们遇到了严峻的挑战，我们要向自己挑战，不断超越自我。

在此，我郑重提出《零点宣言》：

弘扬泰康以人为本的企业文化

发扬泰康人敢打敢拼不畏艰辛的创业精神

发扬泰康人爱司敬业的职业经理人精神

发扬泰康人战无不胜的团队精神

完成任务是职业经理人的天职。我们要捍卫泰康人的尊严，捍卫每一个人的荣誉。我们奋斗不息不仅是为了公司，也为了我们崇高的职业，为了我们身边可亲可爱的家人，为了我们十几万内外勤员工和我们自己。

经公司管委会反复研究决定，今年公司坚决不动摇既定的基本战略方针：一定是以内含价值和利润为核心，一定要完成董事会今年给我们下达的内含价值和利润目标。同时，公司业务一定不能出现负增长，一定要保持正增长。

“我们要坚持把发展和增长的红线贯穿于公司转型战略中，夯实基础，扎实转型。”

为了达到这样一个神圣的战略目标，在这样一个非常的时点上，2005 年 7 月 1 日凌晨，董事长向全体泰康人发出总动员令：号召我们的个险、银保、团险、续期、投资部和全体后援，从现在起立即行动起来，精诚团结，全力打拼，竭尽全力，完成任务。同时，我们要坚持把发展和增长的红线贯穿于公司转型战略中，夯实基础，扎实转型。我们一定要对社会负责，对股东负责，对客户负责，对自己和家庭负责，用杰出的成绩为公司的十周年庆典献礼，让我们携手同心，共同迈向十年泰康的辉煌。

（2005 年）

【注】2005 年上半年，就在泰康人寿公司业务连续三年高歌猛进而兴奋和陶醉的时候，泰康遇到了前所未有的挑战，在九年辉煌发展历程中第一次遇到业务全面负增长。面对困境与挑战，7 月 1 日零点 26 分，陈东升正式向全体泰康人发出了振奋人心的“零点宣言”。

特定的时间，特定的背景，特别的宣言，唤起了全体泰康人无穷的斗志和志在必得的求胜欲望。在零点精神的鼓舞下，全体泰康人众志成城，同心同德，下半年公司业务顺势而起，成功地完成了当年任务目标。

零点精神是泰康人精神力量的一次总爆发，它在关键时刻激发了全体泰康人的激情和斗志，推动着泰康人在困境中崛起，在挑战中超越，这正是泰康人的本色。

再造一个泰康

50 岁而知天命的陈东升，对宏观经济和市场大势洞若观火。

2006 年，我国“十一五”规划纲举目张，保险业“国十条”应运而生，国内资本市场回暖。这为保险业的发展提供了难得的历史机遇。陈东升敏锐提出超常规跨越式发展战略，树立“再造一个泰康”的新目标。

2006 至 2009 年间，泰康适时推出县域保险战略，促进业务快速增长；先后成立资产管理和养老两家子公司，成立各事业部，一个中大型保险金融服务集团初现端倪。陈东升也在此时，开始构想养老社区建设的蓝图。

2009 年，再造一个泰康的跨越式发展目标全面实现。泰康也获得中国保险业第一个养老社区投资试点资格。

快速发展不失稳健，稳健经营不乏创新。泰康昂首迈向新的十年。

2006－2009　超常规跨越式发展

泰康人寿牢牢抓住资本市场回暖、全民理财时代到来、农村市场兴起的历史机遇，三年超常规发展，泰康发展为业务多元、持续盈利，具有综合竞争能力的新兴寿险集团。同时，实现了规模、效益和风险的三者相平衡，不但实现公司规模保费与营销标保快速增长，而且保费增长与内含价值、利润增长相匹配，持续保持良好的偿付能力。

泰康辞典

【超常规跨越式发展】

印证了实事求是、抢抓机遇、乘势而为、勇于创新的发展观。是一个做大做强，以“大”为宗旨的战略。从 2006 年到 2009 年，泰康人寿三年时间总保费收入从 203 亿元增长到 670 亿元，总资产从 950 亿元增长至 1995 亿元，净利润从 7 亿元增长至 33 亿元，核心经营指标全部翻番，大幅领先行业平均水平，实现超常规跨越式发展，再造了一个泰康。

【快速发展不失稳健，稳健经营不乏创新】

十年发展中，泰康形成“快速发展不失稳健，稳健经营不乏创新”的经营理念。十年来无一笔呆坏账，偿付能力始终保持充足，内含价值稳步上升，面对市场出现的种种浮躁现象没有盲目跟风。

泰康从最初提出“创新就是率先模仿”到走出一条自主创新之路，都是公司对客户、产品、服务、品牌、公司五大定位做出准确判断的结果。如今，泰康的自主创新从理念、产品、服务到品牌，已经形成一个体系。

【组织发展】

组织就是生产力。人寿保险公司的生产力就是招募、培训一批专业化的销售人员。组织发展的实质就是扩大生产力，提高生产效率，建立伟大的战无不胜的销售队伍。泰康人寿将组织发展和组织建设提升到最高战略，公司所有的资源政策都是围绕这样的战略和思想来配套的，在机构配置、新人政策、训练体系、品牌宣传、产品开发和推动上加大资源投入。

【银保就是个险】

银行保险是21世纪中国保险业一道亮丽的风景线，泰康人寿的超常规跨越式发展得益于银保渠道的快速崛起。银行保险不仅带来业务规模，同样能够积累客户、增加价值、创造利润。银保渠道销售传统产品、复杂产品、期缴产品预示着整个寿险的格局发生改变，一个新的时代到来了。

【县域保险】

县域保险是新农村建设的重要推手。新农民的形象就是骑着摩托车、打着手机、拿着人寿保单。泰康的县域保险就是让农村人过上城里人的生活，改变乡村的生活方式。

【中国梦】

中国人的梦想就是让城里人过上中产阶层的生活，让农村人过上城里人的生活。中国梦正在敲击每一个中国人的心扉，唤起每个人对未来生活的憧憬。没有保险的呵护，中国梦是不能实现的，保险正在成为中国梦的一个重要组成部分。泰康致力于让保险成为人们生活的一部分，让保险助力新时代中国梦的实现。

迈向未来新的十年

今天是一个特别激动人心的日子，一个令人难忘的日子，一个值得我们全体泰康人欢庆大喜的日子。因为十年前的今天，我们泰康诞生了；而十年后的今天，年轻而富有朝气的泰康人，欢聚在这神圣而庄严的人民大会堂，共同庆祝我们十周年的华诞，共同分享我们十年成长的快乐，共同描绘我们美好的未来。

十年泰康成就辉煌

十年磨一剑，今朝露辉煌。泰康的横空出世、厚积薄发，一切都源于一个梦想，一个振兴中国寿险的梦想，一个振兴民族的梦想，一个振兴中国的梦想。十年前的今天，经国务院同意、中国人民银行批准，泰康人寿保险股份有限公司应运而生，从此，中国寿险业又增添了一支新军。过去十年，泰康在“专业化、规范化、国际化”战略的指引下，在市场上赢得了良好的业绩和口碑，在高速发展和稳健经营之间保持了很好的平衡。

十年来，泰康经营业绩快速增长。公司保费年年攀升，规模不断扩大，今年的保费将突破 200 亿元；公司资产优良，预计到今年底，总资产将突破 700 亿元，净资产将超过 20 亿元；公司客户规模日益壮大，截止今年六月底，累计客户总量超过 1200 万，其中，累计个人客户突破 1000 万；累计企业客户 6 万家，覆盖团体被保险人 200 万。

十年来，泰康塑造了“快速发展不失稳健，稳健经营不乏创新”的特色品牌形象。公司始终坚持“稳健是本，创新是源”的经营理念，从无到有，由小变大，迅速发展成为一家全国性的中大型保险公司，成为中国保险业快速发展的典范之一。公司在实现快速发展的同时不失稳健。十年来无一笔呆坏账；偿付能力始终保持充足；客户投诉率始终保持市场最低；内含价值稳步上升；面对市场出现的种种浮躁现象没有盲目跟风。十年来的发展历程，既是一个不断学习和模仿的过程，也是一个不断创新和超越的过程。公司从最初提出的创新就是率先模仿，到有选择地自主创新，都是在国家政治稳定、经济发展、行业进步以及公司发展理念基础上实现的，也是公司对客户、产品、服务、品牌、公司五大定位做出准确判断的结果。如今，泰康的自主创新从理念、产品、服务到品牌，已经基本形成一个体系。

十年来，泰康饮水思源，积极回馈社会。公司为社会创造了 13 万个就业机会；十年累计上缴税款近 8 亿元；十年有效保单累计风险保额超过 2 万亿元，累计支付赔款近 20 亿元，累计赔偿人次突破 500 万；洪水泛滥，泰康人慰问英雄家属和新闻工作者；SARS 肆虐，泰康向社会特别是医护人员捐赠了 1.5 亿元保额的保险；海啸侵袭，矿难来临，泰康人慷慨解囊；情系教育，资助办学，设立教育基金，泰康人先后向国内著名高校累计捐款近 1000 万元。这些都体现了泰康人强烈的爱心和社会责任感。

泰康的成就得益于时代好、机会好、命运好。我们身处一个伟大的时代，一个急遽变革的时代，一个不断创新的时代，一个飞速发展的时代，一个创造奇迹的时代；更为幸运的是，我们身处一个充满活力的朝阳行业，我们面临着千载难逢的发展机遇。泰康就是这个伟大时代的产物，也是中国经济和金融崛起的见证。泰康在由小变大、由弱变强的发展过程中，把握住了时代给予我们的机遇，分享了中国经济高速成长的成果。

泰康的成就得益于我们崇尚的专业精神。十年经历了国际、国内经济环境的巨大变化，但我们始终坚持“专业化、规范化、国际化”的战略思想，像崇尚宗教一样崇尚专业精神，并学习、借鉴西方的现代商业方式，与国际接轨，融入世界。

“坚持‘专业化、规范化、国际化’的战略思想，像崇尚宗教一样崇尚专业精神，并学习、借鉴西方的现代商业方式，与国际接轨，融入世界。”

泰康的成就得益于我们坚持的勤劳品格。我们继承和发扬了中华民族勤劳的优良传统，我们勤于思考，勇于创新，坚定执着，矢志不渝，我们用汗水和智慧创造了财富，也赢得了市场的尊重。十年来，泰康人寿紧扣时代的旋律，随着中华民族的伟大复兴和中国政治、经济的全面崛起，在市场经济的大潮中劈波斩浪，以专业稳健的理念、敢为人先的气魄、锐意进取的勇气和干事创业的精神，在寿险市场激烈的竞争中厚积薄发，赢得了自己的一席之地，并显示出蓬勃的生机和活力。

迈向未来新的十年

十年风雨兼程，打造了泰康品牌；十年开拓进取，铸造了泰康辉煌。面对新的十年，泰康人又迎来了第三次千载难逢的发展机遇。

1996 年，泰康人寿获准批筹，获得发展良机，泰康从无到有，抓住了第一次发展机遇；

2001 年，中国加入 WTO，泰康进入快速发展期，三年迅速完成全国机构网络布局，泰康从小到大，经历了第二次发展机遇；

2006 年，是国家“十一五”规划开局之年，“十一五”规划的核心思想就是启动内需，让消费真正成为经济的发动机，“买车、买房、买保险”

将成为新的消费潮流。今年又恰逢国务院颁布《关于保险业改革发展的若干意见》（又称“国十条”），此文件的下发具有划时代的意义，加上保险资金运用的放开，中国保险业迎来了又一个发展的春天。今年更恰逢泰康十周年，我们处在一个承上启下的历史关头，泰康人寿借着“十一五规划”和“国十条”颁布的东风，又迎来了第三次发展的大好机遇。

如果没有抓住这样的历史机遇，我们会成为历史罪人，因此，新的十年，新的开始，新的十年，新的梦想，我们将重新调整公司未来十年发展的愿景、目标和战略，重新制定新的五年规划和十年纲要。

未来十年，我们的愿景是：将泰康建设成最具亲和力、最受市场青睐的大型保险金融服务集团。第一个十年，公司的愿景是：成为最具亲和力、最受市场青睐的专业化保险公司；在迈向第二个十年之际，我们有信心也有实力向市场宣布：我们在未来五到十年，将公司建设成最具亲和力、最受市场青睐的大型保险金融服务集团。什么是大型保险金融服务集团，也就是专业化的寿险加上专业化的资产管理。专业化的寿险包括个险事业部、员工福利计划事业部、养老金公司、银行保险事业部、健康险事业部、网络和创新渠道和大后援中心；专业化的资产管理是指以国际一流资产管理机构为参照标杆，以管理泰康集团资产为主，稳步发展其他方委托管理业务，大力开发以固定收益类资产为主体的战略投资，切实推进投资市场国际布局，逐步实现人才、业务管理的国际化，致力于成为国内一流、国际先进的投资管理机构，为企业和个人提供全面的投资理财和资产管理的服务。

未来十年，泰康就是要做创新的领导者，做专业化的领导者。引领保险行业的发展方向，倡导建立行业的规则，致力于营造规范的市场环境，探索新的销售模式。我们将继续为客户提供专业化的产品和服务，为业务员提供专业化的训练和销售支持，为员工提供专业化的培训和训练；我们将继续倡导保险就是安排人们未来健康、幸福、美满的新生活，继续倡导现代新三大件—“买车、买房、买保险”的消费理念，继续倡导保险就是一种新的生活方式。我们坚信，在未来十年，通过全体泰康人的努力奋斗，我们一定能够更多地掌握市场话语权，真正成为市场的领导者。

未来十年，我们立志打造一个响当当的泰康金字招牌。一个企业的成长，三年决定生死，五年打下基础，八年站稳脚跟，十年小有品牌，二十年才能成长为参天大树。泰康十年的发展历程，一次又一次地证明，我们从来不自命不凡，我们从来不好高骛远。泰康人寿新的愿景、目标、战略和规划，是在对中国保险业发展形势进行深入分析后做出的清晰判断和历史选择。因此，所有泰康人都要把思想统一到这个宏伟蓝图上来，以“国十条”的出台为契机，抓住这一难得的历史机遇，鼓足干劲、群策群力、加快发展，当仁不让地成为市场领导者，真正把泰康人寿建设成为最具亲和力、最受市场青睐的大型保险金融服务集团；我们立志再用十年时间，让泰康真正成长为一棵参天大树，让泰康真正成为中国保险市场一块响当当的金字招牌。

“一个企业的成长，三年决定生死，五年打下基础，八年站稳脚跟，十年小有品牌，二十年才能成长为参天大树。”

肩负时代新的使命

十年泰康，已经小有品牌，小有成就，这是全体泰康人勤劳和智慧的结晶，也是我们全体泰康人的骄傲和自豪。十年后的泰康，有机遇，也有挑战。随着中国保险市场完全放开，未来的竞争将更加激烈。我们有着过去十年的辉煌，同时也肩负着时代赋予我们的新的使命，肩负着1000多万个家庭对我们的关注和期盼，要想成长为参天大树，要想实现我们新的愿景和目标，任重而道远，我们必须耐住寂寞，苦练内功。

十年的发展过程中，泰康人积累了丰富的经验和财富，其中最为珍贵的是，有一种精神，一直在给予我们力量，有一种精神，一直在激励我们前进。那就是：坚持稳健经营的理念，坚持专业化的战略，坚持干事创业的精神，坚持学习创新的态度，坚持以人为本的企业文化。这五个“坚持”，就是我们伟大的“泰康精神”。在泰康十年发展历程中，每一个发展阶段，每一个历史关头，无论我们面临多大的困难与挑战，都是在这种“泰康精神”的凝聚和感召下，把握住了市场给予我们的每个机遇。因此，在未来十年，我们要承上启下、继往开来，让“泰康精神”永远鼓舞我们从一个辉煌走向另一个辉煌。

第一，我们要继续坚持稳健经营的理念。稳健经营是国际金融业成功立足和永续发展的核心原则，也是泰康人的一贯作风。未来十年，我们必须坚持这项原则，做到财务稳健、信守诺言、优质服务。财务稳健就是建立资本节约型公司，看好客户的每一分钱；信守诺言就是以诚信为本，合规经营；优质服务就是以一贯的服务品质赢得客户和市场的尊重。

第二，我们要继续坚持专业化的战略。专业化是公司始终坚持的核心战略，公司强调寿险运作的专、精、深，注重提升专业化经营能力、管理能力和销售能力，塑造专业品牌，提供专业服务。因此，未来十年，我们要更加注重市场细分，加强机构分类管理，加强区域市场开拓；我们要更加注重培养专业化人才；我们要更加注重提升专业化管理水平；我们要更加注重提升专业化服务水平；我们要更加注重以家庭保障计划为核心的产品创新。

第三，我们要继续坚持干事创业的精神。这是泰康人成就十年辉煌的法宝，也是泰康人实践中形成的共同价值观和续写未来十年新篇章的宝贵精神财富。未来十年，我们提倡：发扬爱司敬业的职业经理人精神；发扬敢打敢拼不畏艰辛的创业精神；发扬众志成城战无不胜的团队精神。

第四，我们要继续坚持学习创新的态度。创新可以使公司永远保持强大的发展活力，泰康人对创新有自己的独到见解，我们认为，创新就是率先模仿。十年来，泰康人跳出陈旧的思想观念，找国内外最好的企业进行学习和模仿，走出了一条从率先模仿到自主创新的发展道路。在新的十年，我们仍然要坚持学习创新的态度，没有创新，就没有活力；没有创新，就没有发展；没有创新，就不可能做大做强。

第五，我们要继续坚持以人为本的企业文化。泰康以人为本的企业文化主要体现在“舞台理论”和“同志加哥们”的团队关系。泰康人寿是一个舞台，这个舞台是巨大的、无限的。泰康的舞台理论是最人性化的概念，她不会制约人的积极性和创造性，她会给每一位渴望成功的人提供一个展示自我、提升自我、成就自我的广阔舞台。公司舞台的扩大，就意味着个人舞台的延伸，在泰康，你无法预测你的事业有多大，泰康会让你实现梦想，成就事业，塑造你的辉煌人生。

“同志加哥们”是泰康的团队关系原则，融合中西管理之长。泰康员工与领导的关系就是“同志加哥们”，同志之间要讲规矩、讲制度、讲原则；哥们之间则是讲情讲义，具有共同的价值观和梦想，为人亲和，互敬互爱。同志在前，哥们在后，这就是东西方文化的优良组合。

十年泰康，风雨十年，艰辛十年，奋进十年，辉煌十年。十年，一个时代的跨度，留下了泰康人辛勤的汗水和坚实的足迹，这是中国保险业快速发展的真实记录，也是中国经济和金融崛起的真实写照，同时也是一代中国人追求和实现中国梦的历史见证。

我们坚信，中国人的梦想就是让城里人过上中产阶层的生活，让农村人过上城里人的生活。中国梦正在敲击着每一个中国人的心扉，中国梦正在唤起每个人对未来生活的憧憬，而没有保险的呵护，中国梦是不能实现的，保险正在成为中国梦的一个重要组成部分，这是我们泰康人对现今社会的理解、对保险的理解。我们致力于让保险成为人们未来一种新的生活方式，让保险成为人们生活的一部分，让保险推动新时代中国梦的实现。

“中国梦正在敲击着每一个中国人的心扉，中国梦正在唤起每个人对未来生活的憧憬，而没有保险的呵护，中国梦是不能实现的，保险正在成为中国梦的一个重要组成部分。”

这是一个令人艳羡的时代，一个充满机遇的时代，这是一个属于我们国家和民族的时代，一个属于我们保险业和保险人的时代。所有泰康人都要承载起这个伟大时代的使命，那就是在充满机遇与挑战的全球环境里，创造出属于自己，属于这个行业，属于这个社会，属于这个国家的辉煌业绩来。让我们以更豪迈的气势和昂扬的精神，共赴征程，携手开拓，立志“走创新发展之路，铸保险特色品牌”，共同创造保险业美好的明天，共同迈向未来新的十年！

（2006 年）

【注】2006 年 8 月 22 日，泰康人寿在北京人民大会堂隆重庆祝十周年华诞，《迈向未来新的十年》是陈东升在庆典中的演讲，唱响了新十年的序曲。在这次会议上，陈东升也提炼了十年发展中形成的泰康精神，那就是：坚持稳健经营的理念，坚持专业化的战略，坚持干事创业的精神，坚持学习创新的态度，坚持以人为本的企业文化。

组织发展就是扩大生产力

我们面临的历史机遇

组织建设和组织发展是经营寿险的真谛和核心，过去我们也是这样做的，也曾提出要把人力达到10万、20万，但为什么没有始终坚持下去呢？为什么今天才提到战略高度呢？我想跟大家分享的是，今天我们面临着超常规跨越式发展的历史机遇。

县域市场将成为新的增长点。社会主义新农村建设为县域市场的开拓带来新的机遇，中国保险市场开始新一轮的重新瓜分，或者说是一个新兴市场的突起将打破过去一家垄断的格局，创造了现在可多家竞争的历史机遇。新的尝试和新的历史发展阶段，是我们提出组织建设和组织发展的一个根本要素，同时也是我们快速发展的重要历史机遇。此外，养老金市场的兴起也将推动市场格局的重新调整。

我们具备了实力和基础

首先，公司经过十年的发展，干部队伍稳定，大家思想统一，发展的意愿强烈。十年来，泰康沉淀出一批优秀干部，他们对公司忠诚，愿意在公司长期奋斗。同时，应该说整个公司上下思想是统一的。第二，三年转型战略促进公司管理水平提升。这一次我们将组织建设和组织发展提升到战略高度，一定是在专业化、有效人力、训练有素的基础上开展。第三，我们有充足的资本和偿付能力，公司已经连续五年实现利润翻番。特别是我们抓住了中国资本市场回暖的千载难逢的历史机遇，在资本积累上为公司发展奠定了坚实基础。我有一个观点，就是这一轮证券市场的牛市，实际上是中国改革开放30年送给人民的一份大礼，所以我们要抓住这个机遇。去年，我们提出今年年底把净资产累计到30亿，还有明年一年的历史机遇，我们能否把净资产上一个台阶到100个亿，没有一个巨大的资本实力，是不可能支持今天组织建设和组织发展的。今年前五个月，公司已经超额完成全年利润目标。所以我们具备了超常规跨越式发展的实力和基础。

“我有一个观点，就是这一轮证券市场的牛市，实际上是中国改革开放30年送给人民的一份大礼，所以我们要抓住这个机遇。”

我们找到了快速发展的切实途径

过去几年，公司产品带来的增长掩盖了组织发展不力的问题，如今，组织发展已经成为快速发展的瓶颈。在有效人力上还存在较大差距，个险新契约并没有实现真正超越；而泰康要想在三年内实现个险新契约进入市场第三，那么人力平台必须与竞争对手持平。这一点大家应该是很清楚，所以公司当务之急是组织发展，可以说组织发展是实现快速发展目标的有效途径，因此，公司未来三年的核心战略就是组织建设与组织发展，从而实现超常规跨越式快速发展。

组织发展规划

公司这次下定决心要做好组织发展和组织建设，我们的规划是：一个目标，三年不动摇；加大投入，三年不低于三个亿。在这里我可以跟我们所有的高级干部们保证，在未来三年里，公司一定是坚定不移地以组织建设和组织发展为核心，从而实现跨跃式发展。这一点我们要实现高度的统一，在座的一把手要清楚这个战略目标是三年坚定不动摇。要实现这样的目标，需要公司实力做基础。目前，我们有能力集中人力、财力、物力来实现这个战略目标，基本上每年投入到组织建设和组织发展上不低于一个亿，坚持三年不变。

组织发展的方式

要实现历史性快速发展，公司下定决心加大资源投入。公司非常清楚，个险业务仍然处在发展期和投入期，没有大的投入是不可能实现跨跃式发展的。首先，在机构配置上，要提升机构的资源配置标准，要根据各地市场情况差异化配置，在市场上要有竞争力。特别是营销服务部要用一个专业化的标准来配置，要服务到位，过去我们没有规范起来，这一次要统一申报，这是一个比较大的投入。第二，在新人政策上要加大投入。主要用于新人津贴、新人培训、新人招募、训练、聘才等方面，同业的“倦鸟归巢”方案也可以学习参考，争取把过去在公司工作过的优秀伙伴重新招募到我们的队伍中来。第三，在训练体系上加大投入。做好专兼职讲师队伍、组训队伍的建设，坚定地把我们的训练体系建立起来。第四，在品牌宣传上，公司要配合爱家产品和县域市场的开拓加大广告投入，特别是要利用好电视、广播等渠道。第五，在产品开发和推动上，公司也要加大投入。未来公司仍然会以爱家产品为核心，加大新产品开发力度，同时增加产品包装和推动费用。总的来说，这次我们是做好了充分的思想准备，加大投入来抓住市场的历史的机遇，实现跨跃式发展。 县域市场是组织发展战略的核心组成部分。县域市场是我们这次提出的重要机遇，它不是我们组织建设的全部，而是核心组成部分。我们不是放弃中心机构和中心城市份额，而是借助这次市场格局重新划分的历史机遇，借助县域保险市场的发展。在县域保险启动会议上我讲过，开拓县域市场要按照“低调、务实、专业”的原则做事。这不仅是县域保险市场的指导思想，更是整个业务发展的指导思想。

我们经营的最高原则

组织就是生产力。我们经营的最高的原则是什么？人寿保险公司的生产力就是招募、培训一批专业化的销售人员，这就是生产力。实际上十年走下来，我们亲身领会到维护组织的发展、维护组织的建设，培养训练一支专业化、高素质的销售队伍和投资队伍是我们工作的核心和根本。所以，要建立“组织就是生产力”的经营文化。组织发展的实质就是扩大生产力，提高生产效率。组织发展的核心就是建立伟大的战无不胜的四支销售队伍，也就是我们的营销队伍、续期队伍、团险队伍、银保队伍。而招募、选择、训练和培养有专业素质的销售人员是我们工作的核心。团队、文化、价值、服务则是我们管理的核心。

“人寿保险公司的生产力就是招募、培训一批专业化的销售人员。”

今天，我们看到井冈山精神是“坚定信念、艰苦奋斗、实事求是、敢闯新路、依靠群众、勇于胜利、实事求是、与时俱进”，其实这样的思想也是我们工作的指导原则。我们提出的超常规快速发展战略，是有一个基本目标和要求的，但是在实施的过程当中，各地市场是不一样的，所以在基本原则和框架下还是鼓励大家走自主创新之路，一定要从实际出发，鼓励大家结合自己的实际。今天，我们把组织发展和组织建设提升到公司的最高战略，可以说是把一切力量集中在组织建设、组织发展这个战略上。

顺历史潮流走，公司昌盛；逆历史潮流走，公司衰败。各个分公司的一把手一定要非常清晰，一定要抓住这千载难逢的机会，一定要实现公司新时期的伟大战略，一定要利用好一切积极因素和总公司全面配套的资源，因此，建设四支强大的销售队伍是我们至高无上的目标。我们不仅仅是要有一个庞大的销售队伍，更需要一支高素质的专业队伍。可以看出我们所有的政策都是围绕这样的战略和思想来配套的。过去我们是做到了一些，但还没有像今天这样的高度来认识建设四支伟大的销售队伍是我们至高无上的目标。过去我们经常讲销售人员是公司的衣食父母，在这硝烟弥漫的战场中谁是未来真正的胜者，就是看谁拥有一支训练有素、专业能力强的伟大的销售队伍。只有建立这样伟大的战无不胜的销售队伍，才可以成就我们的事业和梦想。所以这次战略研讨会就是要在思想和认识上高度统一，形成这个概念。

（2007 年）

【注】该文为陈东升 2007 年 6 月在泰康人寿井冈山战略研讨会上的讲话。2006 年在宽沟举办的泰康人寿首次战略研讨会上，陈东升跟公司高层管理团队交心说："（公司成立）十年了，已经形成了一种习惯的思维模式，一种习惯的做事风格与方法，要迎接新的挑战，没有改革的勇气，就不可能前进……只有改革、创新、发展，才能开创泰康人寿未来十年的新局面。"从此，抓住历史机遇，改革发展成为泰康人寿新三年、新十年的主题词。

2007 年 6 月，经过一年的思考、酝酿、研究和探索，在革命圣地井冈山，面对公司所有高层管理人员，陈东升正式提出超常规快速发展战略，明确组织建设和组织发展是战略核心。

县域保险是巨大的颠覆力量

县域保险是新农村建设的重要推手

县域保险从去年到今年上半年全面推进并取得了突破性的进展，取得了阶段性的成果。截至 5 月 31 日，个险开业乡镇服务部 1570 家，银保出单县域网点达到了 1030 个。现在个险总人力、总标保中县域占比在 30% 左右，部分做得好的分公司达到了 40%。在短短不到一年的时间，特别是今年上半年，县域保险战略已经显现出巨大的作用、巨大的实力和巨大的增长空间。

县域保险异军突起、旗开得胜，不仅数量上有了快速的提升，同时达到了我们既定的质量标准，这是我们感到比较欣慰的。我们的网均月标保、网均实动人力、网点合格率这三个指标达到了我们最初既定的标准和要求。但我们觉得还不够，网点合格率要继续提高，这是很重要的一个指标。

在县域机构发展中，不同类型的分公司中都涌现出了优秀的代表，应该提出来表扬。大分公司整体推进，潜力机构也有亮点。分公司一把手的知识基础和理论基础很重要，其实一把手最重要的特质就是能够抓住主要的矛盾，同时又能够兼顾全局。抓主要矛盾实际上需要一个长期的实践，是判断能力、洞察能力、预见能力、决策能力的综合体现，这种能力不是简单的能力，是全面综合的能力，是长期锻炼和积累形成的能力。县域保险就是目前的主要矛盾，所有干部特别是一把手一定要高度重视，抓紧抓好。

县域保险我们做得比较好的是形成了统一的模式：麦当劳式的门店、专业的员工形象和亮丽的墙体广告。特别要强调培训，我们现在是快速发展，培训可能跟不上或者培训兼顾还不够，但是一定要知道持续的发展能力、持续的增长能力是来自于我们有效的训练。在井冈山、在延安、在浦东，在每一个革命最重要的地方建立干部学院就是一种培训的创新，而且昨天大家都体会到的这种现场教学、现场点评也是一种创新。通过这种创新，大家在笑声中接受智慧，在笑声中吸纳一种精神，这种活泼生动的现场教育形式，是值得我们今天号称最朝阳性产业、最国际化产业的人寿保险行业来学习。创新真的是一种伟大力量，我们每个人的工作都应该在这里受到启发。包括我们县域保险这样亮丽的墙体广告也是大家创新的，形式也很好，但是还可以多种形式，还要兼顾成本，一定要结合实际创新。统一的标准是很重要的，所以我觉得我们这三个统一也是我们异军突起，在市场形成这样一种效应很重要的一种创新。

县域保险的发展形成了比较明确的整体规划。在整体规划里面，我们现在的方针是以营销服务部建设来带动县域保险的发展，营销服务部达到标准后可以批设支公司，之后再逐步正式确立为实体支公司，从而形成“三步走”的策略。银保也是县域保险发展的一个重要方面。

县域保险的战略经历了启动、试点、推广的发展阶段，今年我们又克服了冰冻、地震、洪涝的巨大考验，取得了比我们预想要好得多的这样一个结果，也为下一段的发展积累了丰富的经验，打下了坚实的基础，奠定了重要的基石。

县域保险是目前的主要矛盾

最近一段时间公司开了很多会，做了很多调研，大家对县域保险在战略的认识上形成了高度的统一。当然，在战术的实施上存在差异，有的快一些，有的慢一些。比如在发达地区困难要大一些，政策倾斜力度小一些，还有我们潜力机构正在进行组织建设、组织扩张的过程中，以目前干部队伍的积累和建设情况，要快速地推进县域保险还有些障碍。中心城市如何开展县域保险，也是一个具有挑战性的、创新性的课题。但是无论如何我们还是要坚定地统一我们县域保险的战略。县域保险就是要成为社会主义新农村建设的重要推手，就是要成为农村、农民生活城市化的一个重要的推动者、改革者，就是更坚定地提出来实现中国崛起、中国人新时代的梦想，就是让城里人过上中产阶级生活，让农村人过上城里人的生活，改变乡村的生活方式。所以我提出，新农民的形象就是骑着摩托车、打着手机、拿着人寿保单！其实中国社会正在发生一个很深刻的变化，麦肯锡估计到2025年中国的百万人口的城市将有110个，五百万的城市有将近20个，千万以上的城市有8个，这就是中国的经济人口布局。乡村也在发生巨大变化，城镇化是未来农村城市化的方向，所以县域保险的发展中抢占乡镇是我们最重要的策略，未来农村市场的根本集中在乡镇，抢占乡镇是我们县域保险最根本的基础。

“县域保险就是要成为社会主义新农村建设的重要推手，新农民的形象就是骑着摩托车、打着手机、拿着人寿保单！”

县域保险是巨大的颠覆力量。随着县域保险战略抢占市场先机，专业化经营对市场形成强大冲击力，四级机构建设逐步推进，我们上半年的业务发展，引起同业和监管部门高度重视。因为县域保险和银保的快速发展，在很多地方和一些保险公司展开了正面的市场较量和冲撞，大家担心投连险有风险，担心县域保险农村市场太脆弱。事实上，我们就是抓住了理财市场、县域市场这两个市场历史的契机，我们的快速发展就是充分显现了县域保险巨大的市场颠覆力量。

县域保险可持续发展是最重要的，大家关心、担心的是两个核心问题，一是县域保险会不会重复过去“一哄而上、一哄而下”的错误，二是县域保险的发展有没有足够的市场纵深。

过去我们在十年快速发展中，正反两方面的经验教训磨炼了我们，所以这次大家担心还会不会重现过去“一哄而上、一哄而下”的问题，应该讲这种担忧是历史教训给我们的。我经常讲，犯一次错误说明没有经验，我们要去探索，重犯第二次错误是不可原谅的，说明没有科学的头脑。我觉得这一次不会也不应该再犯第二次错误，在这点上我们是有信心的。今天在座的每一位，绝大部分都在泰康工作起码五年以上的时间，都是这么多年来在泰康人寿快速发展中涌现、成长并被公司重用的一批中坚骨干，大家高度认同泰康的企业文化、发展战略、价值观，我认为大家是及格的、是优秀的。同时大家在座的每一位，在寿险市场上都有十年以上从业经验，这十年中国寿险业风风雨雨的舞台上，多少英雄豪杰今天蜂拥而起，而又迅速消退。就在我们泰康这样一个舞台上，十年形成今天这支队伍也是大浪淘沙的结果。今天泰康这支队伍已经是有十二年基础的一支成熟的队伍，加上公司管理机制日趋完善，前一阶段县域保险发展情况良好，在以后的发展过程中还要不断总结经验教训。因此，总体来讲县域保险不会重蹈覆辙，不会产生“一哄而上、一哄而下”的这样一个历史悲剧，这是我的一种信心，我相信大家也是一样。

第二个问题，县域保险有没有可持续性，也就是市场的深度和广度的问题。我们的一个竞争对手有 19,000 个乡镇网点，中国有 5 万多个乡镇，我们三年发展规划基本是一个点辐射六个乡镇，保留一个足够的长期发展的纵深基础。而且我们不是今年一年就建设完毕，而是三年的逐步铺设，再加上近两千家支公司的建设，这样不管从深度还是广度上，我们都留有足够的市场纵深和可持续发展性。同时，对于乡镇网点建设要保证 90% 都成功，不能只是 70%，如果有 30% 的乡镇网点不成功，公司就有巨大的投入会白白浪费掉，给公司造成巨大的损失。

县域保险的定位，资源与考核等问题

延安会议的本质是什么？就是进一步推进县域保险的发展。我们政策的实质主要是正式推出四级机构的建设，四级机构的定位是综合销售服务平台。同业管理模式基本是按行政区划遗留下来的，支公司是一个管理机构，是一个麻雀虽小五脏俱全的机构。我们不是在重复这种经营模式，四级机构主要是以销售为核心、服务为纽带的一个平台，有管理的功能，但不是一级管理机构，这是我们要探讨和创新的。我们把我们的经营渗透到乡镇，县支公司一定要实体化，要有具体的职能：营销、银保、交叉销售、健康险，服务的前置还有我们品牌的延伸，但四级机构的建设不能模仿“小而全”的模式，这是这次会议的一个重要的要求。

干部队伍建设要放在公司战略的高度来认识。县域保险的快速发展使得干部问题成为我们面临的头号问题和瓶颈，要把干部的外部引进和自主培养相结合，要切实做好对干部的选择、培养、使用和管理，在未来一段时间内，干部队伍建设就是公司县域保险发展中的重要战略。一把手就是抓干部，这是你们的头号本职工作。四级机构建设也扩充了一个广阔的锻炼、培养年轻人和优秀干部的平台，所以我们号召新的大学生、新的员工，或者我们觉得有培养前途的年轻人都要到基层锻炼，到四级机构、三级机构去锻炼，这是最能够锻炼人、最能够促进人才成长的地方。

我们要可持续地进行资源的投入。应该说今年的投入是非常充分和到位的。特别是我们这次反复研究，县域保险的发展第一年按照 10% 提取费用，第二年是 8%，第三年是 6%。公司按模型测算下来第二年 6% 也是完全可以的，但我们第二年是 8%，第三年才是 6%，这样就保证县域保险持续的投入和持续的发展。县域保险起来了，再造一个泰康成功了，公司宁可多投三个亿，也不允许把市场的机会丢掉，公司宁可按 8% 多给两个点，也一定要保持机构建设的成功，这就是我们讲的放水养鱼。所以公司在这个战略问题上还是非常清晰，非常坚定的。

再就是政策差异化。珠三角、长三角，还有北京、上海、深圳等其他一些中心城市，这些发达地区与我们目前县域保险做得比较好的中西部地区还是有差异的，所以我们这次一定要采取差异化的政策。但这次不搞长三角、珠三角这种形式，而是根据个别分公司的具体情况，单独解决针对性的问题。我们坚决实行分级投入、分级管理，鼓励支公司和乡镇网点做大做强。总之一句话，实事求是。

县域保险的发展要加强管理和考核。管理的本质一定要严格，我们一整套 KPI 的指标要清晰、要严格，这是非常重要的。还要加强乡镇网点的负责人建设，也就是要抢占乡镇以“乡村能人”为主的人力资源。人力资源听起来很抽象，但又很具体，与其说我们抢占市场先行一步，还不如说我们抢占乡镇有限的人力资源先行一步，我们领先就领先在这一点上。持续的营销还来自于培训，要加强培训体系建设。最后就是加强品牌和服务的建设。

最后，我们讲再造一个泰康。其实今年就可以实现再造一个泰康的梦想，到六月底我们应该能够完成 350–360 亿总保费，这样用 6 个月的时间就完成了去年 340 个亿的任务，今年总保费 600 亿应该是没有悬念的。特别是营销，今年标保应该能到 50 个亿，去年我们是 28 亿，实际上营销也是再造一个泰康。过去在快速成长时期，我们一年恨不得做几件事，现在公司三年坚定地只做一件事，就是组织发展、机构建设、县域保险，所以我觉得完全可以实现和达到我们的战略目标：再造一个泰康。

（2008 年）

【注】泰康人寿的快速发展，得益于抓住了理财市场、县域市场这两个市场历史的契机。在延安战略研讨会上，陈东升用专题报告的形式，就县域保险战略，与公司的高层管理团队进行充分、系统地沟通。从宏观社会背景和微观市场竞争的角度，阐释县域市场蕴藏的巨大能量，并进一步明确县域网点定位、干部培养、队伍建设等具体问题的管理思路。

在这次会议中，陈东升第一次提出新农民的形象，就是骑着摩托车、打着手机、拿着人寿保单。与“买车买房买保险”21 世纪新三大件相呼应，摩托车、手机、人寿保单成为社会主义新农村三大件。

银行保险：21 世纪一道亮丽的风景线

21 世纪以来中国保险业发展趋势有两句话：一句话叫银行保险是一道亮丽的风景线，或者银保异军突起是一道亮丽的风景线；第二句话叫本世纪以来银保崛起和多元行销，是中国寿险业变化和发展的最重要的两个元素。这两个发展趋势，深刻地改变整个中国寿险业的发展，改变中国寿险业竞争的格局，甚至改变全球的人寿保险或者保险业的格局。

90 年代中期泰康成立的时候，寿险业学习的榜样是台湾和新加坡。当时台湾寿险的格局是以营销员来划分竞争的格局，所以国泰人寿历史上 40% 的市场占有率相当于目前的大陆中国人寿。近十年，台湾的国泰人寿、新光人寿、南山人寿的格局完全发生了变化，一个新的保险巨头崛起，就是众所周知的富邦保险。富邦保险是银行保险崛起的范例——通过银行渠道多元营销的方式。在大陆寿险市场崛起的过程中，泰康人寿坚定地看到了这样一个战略，看到这样一个发展的希望。因此在银保领域，泰康这几年发展得有声有色，在投资型产品的销售上，做了大胆的尝试。

银保起源于欧洲，发展于中国，而且全部颠覆在中国。传统观点认为银行保险只销售投资型产品、趸缴产品和简单性的产品，但近几年市场的变化和探索颠覆了这个观点。银保销售传统产品、复杂产品、期缴产品预示着整个寿险的格局发生改变，一个新的时代到来了。银行保险，通过代理渠道，开始从规模效益走向完全的价值效益，目前已经成为中国寿险业规模竞争的第一战场，未来可成为中国寿险业价值竞争的第一战场，成为中国寿险业争夺优质客户的第一战场。银保就是个险，彻头彻尾的个险时代到来了，银保大价值的时代到来了，银保作为寿险第一战场的时代到来了。

公司一直在督促精算等相关部门核算期缴价值。期缴落后 100 亿，意味着新单价值落后 17 亿。17 亿的新单价值，在上市公司的估值要乘以 20 倍。保险公司的估值有三个办法，一种办法是资产价值乘以 2 倍，第二个算法是利润，第三个办法是新单价值乘以 20 倍。在股票市场中，按照 17 亿新单价值计算相当 300 多亿的市值。

“银行保险已经成为中国寿险业规模竞争的第一战场，未来可成为中国寿险业价值竞争的第一战场，成为中国寿险业争夺优质客户的第一战场。银保就是个险。”

期缴业务源于太平成于新华，可以说银保就是个险，虽然泰康讲得最到位、最深刻，但是抓得不到位、做得不深刻。这个责任不能都归咎于银保系列的干部和员工。公司总保费进入市场第四，银保就承担了核心的责任，就是以规模取胜。公司近年来的策略，导致这样的结果，加之公司内部对期缴存在误解，精算产品部门认为不赚钱，这个长期误解影响了战略的制定，我们在这个问题上落后了一拍或者一拍半，应该讲公司受到了严峻的竞争、挑战和压力，这是事实。

对于银保的思考和学习，我们一直是有系统的看法。中国银保能够异军突起，与经济体制有关。改革开放三十年以来，中国在一点一滴地变化着。银行改革中，中间业务是利润来源，这也造就了今天的银保。另一方面，没有公有制，就没有银保。中国是一个新兴的市场，老百姓选择很少，并且信赖政府，信赖银行。在中国这种传统的计划经济中，所有金融资产用银行的储蓄来表现，也是银保发展的另外一个契机。有位经济学家说，储蓄存款是为了保险，是为了这些资产逐步转移成保险，即隐藏性保障的储蓄。中国这样一个国有化体制，金融监管的条款鼓励分业经营，银行发展中间业务获取利润，为银保发展创造机会。

银行保险在中国短短九年，方兴未艾。对泰康来说，银保未来一定能成为公司新单价值和利润的第一大户、优质客户积累的第一大户。这些年，银保的贡献是积累了大量客户，银保的客户现在大概四百万。银保和传统个险对公司的贡献巨大。

银保就是个险。银保彻底地转向个险。什么叫个险？即以期缴为核心，大力发展 FIC。FIC 和期缴要保持一定规模。FIC 就是通过银行销售个险产品。

泰康银保业务未来的发展策略就是：

第一，一定要挑选提拔一批懂专业、懂市场、忠于公司的优秀干部，一定要把优秀的人才输入到银保系列。解决干部问题，提高整个队伍素质，要求管理能力、经营能力、专业能力、市场拓展的能力同步跟进；

第二，坚定地在组织架构、财务投入上支持银行保险真正彻底地走向“银保就是个险”战略；

第三，坚定地在“银保就是个险”这个市场竞争中，取得领先的竞争优势，明年的整个工作重心，就是坚定地以期缴为核心，来开展我们的工作；

第四，一定在银保新渠道的建设上保持高度的敏感、高度的前瞻性。还有，在期缴产品、FIC 和银个中，建立合理的结构。

提高利润，提高内含价值，就要提高新单价值。发展大个险实际上就是营销和银保并重发展。公司将下大力气全面规划，全面制定政策，全面投入推动“银保就是个险”的战略。因此，公司将动员全公司力量和整个资源，倾斜政策全力支持期缴业务的发展，同时放开政策支持银保队伍的发展。当千万个银保客户转成个险客户，标志着属于我们银保的伟大时代到来了。

（2009 年）

【注】泰康人寿的超常规跨越式发展，银保承担了核心的责任。在这一过程中，整个行业对银行保险的发展多有质疑，认为其规模增长快而价值贡献低。2007 年，陈东升坚定地提出“银保就是个险”。2009 年的银保计划会上，陈东升再次系统地阐释银行保险不仅带来业务规模，同样贡献业务价值，贡献有效客户，与个人营销具有同等意义。

“银保就是个险”，不仅为银行保险“正”了名，而且也成为泰康人寿银行保险发展的指导思想。泰康开始在银行渠道推动中长期期缴业务，在行业内率先建立针对银行高端客户的保险理财顾问销售方式（FIC），通过银行销售保障性寿险产品，而非单一的理财性产品。

走创新发展之路 铸保险特色品牌

抓住历史机遇，再造一个泰康

十周年庆典后，泰康以国十条颁布为契机，在宽沟战略研讨会上提出了未来三年实现跨越式发展——“再造一个泰康”的战略目标；在巴厘岛会议上吹响了“二次创业，新的长征”的进军号角。这一年，为给业务发展提供强有力的组织保障，泰康组织管理体制变革拉开序幕。泰康资产管理公司正式挂牌营业，个险事业部、银行保险事业部、员工福利计划事业部相继成立，一个以个险为核心，团险和银行保险齐头并进，专业寿险集团和专业资产管理为框架的大型保险金融服务集团初现端倪。

2007 年，泰康抓住资本市场回暖和县域经济、新农村建设的历史机遇，在井冈山战略研讨会上确定了“组织发展、县域保险和机构建设”的核心战略，随后，县域保险在全国逐步启动推开，组织发展大大加快，泰康各项业务全面腾飞，养老保险公司挂牌成立，泰康人寿迈向大型保险金融服务集团的步伐明显提速。

2008 年是国家多事之年，也是泰康 12 年发展史上遇到的困难和挑战最多的一年，但更是泰康发展史上里程碑式的一年。6 月 18 日，泰康战略研讨会在革命圣地延安胜利召开。会上提出要弘扬“实事求是、艰苦奋斗”

的延安精神，进一步推进县域保险健康、持续、快速发展。从此，泰康县域保险专业化起步、规范化介入、差异化开拓，组织发展和机构建设取得突破性进展，业务平台屡创新高，泰康综合实力大大增强，泰康大型保险金融服务集团形象凸显。

三年来，泰康各条业务线突飞猛进，完成了再造一个泰康的跨越式发展目标：公司总保费收入从 2006 年 208 亿挺进到 2008 年 577 亿；当年新增客户数量从 2006 年的 238 万增加到 2008 年的 594 万；个险标保从 2006 年 24 亿元增加到 2008 年的 54 亿元，个险营销规模人力从 2006 年 12 万跃升到 2008 年 36 万；税后利润从 2006 年 7.43 亿元上升到 2008 年 17.26 亿元；总资产从 2006 年 949.94 亿元飙升到 2008 年 1959.92 亿元，净资产从 2006 年 30.45 亿元增长到 2008 年 63.17 亿元；新单价值从 9.99 亿元上升到 27.14 亿元；内含价值从 2006 年 69.41 亿元成长到 2008 年 212.73 亿元；偿付能力充足率从 2006 年 159% 到 2007 年 345% 再到 2008 年的 205%。

三年来，公司发展实现了规模、效益和风险的三者相平衡。主要表现在：一是公司总规模保费和营销标保均保持快速增长；二是保费增长与内含价值、利润增长相匹配；三是持续保持了良好的偿付能力；四是占据市场过半的投资型产品尚未出现大的风险。

抓抢历史机遇是泰康成绩取得的前提。泰康人寿的发展始终跟随党和国家的方针和政策，服从保监会的监管思路，想全局、干本行，干好本行、服务全局。泰康以国十条颁布为契机，抓住资本市场回暖的历史机遇，领先半步获得投资收益，领先半步投入业务发展；借助新农村建设的东风，泰康适时地推出县域保险战略；以全面建设小康社会为契机，个险、法人、银保各业务线快速增长。

战略、团队、文化三大工程建设是泰康人寿制胜的法宝和经营的核心。经营管理，战略先行。井冈山会议确定了“组织发展、县域保险和机构建设”的核心战略、延安会议坚定了“实事求是，推进县域保险健康、持续、快速发展”的方向。团队建设，着力推进。我们牢牢把握班子建设的重心，推动业务市场型干部向综合管理干部转型，打造国际化、多样化的管委会，锻造专业的子公司、事业部和职能部门，塑造团结稳定的分公司。文化建设，渐趋成熟。以“执行文化、绩效文化、团队文化、风险文化和诚信文化”为核心的五大文化建设在每一位泰康员工心中生根发芽，传承光大。

泰康前后十五年的战略

过去的十年，泰康形成了“快速发展不失稳健，稳健经营不乏创新”的经营理念，也总结了“实事求是，与时俱进，抓住历史机遇，超常规跨越式发展”的发展理论。

前十五年，泰康立志成为中国大型寿险公司之一，建立死差、费差、利差三差平衡的盈利模式，推动公司健康、持续、快速发展，视市场情况，力争成为两地上市的公众公司。

后十五年，泰康又制定了新的宏伟目标，那就是进入全球化的跨国保险金融集团。根据普林斯顿大学和香港科技大学的预测模型，2020 年，中国 GDP 将赶上或超过美国成为世界第一大经济体；未来十五年，中国将成为世界第一大保险市场。我们的股东通过几十年的发展和收购兼并形成今天在世界金融业的地位，现在上天又给了我们一次难得的历史机遇，中国的 AIG 正在诞生。纵观历史，全球化的巨无霸企业一定是由大的经济体中的顶尖企业形成，2020 年中国一定会超过美国成为世界第一大经济体。有中国这个纵深市场支撑的泰康人寿一定会成为全球前十大寿险公司。

后十五年，泰康将以事业部和子公司为框架，形成纵深发展的专业化保险金融服务集团。以个险和银保为核心，建设个险、银保、员工福利计划事业部和养老金公司、健康保险事业部、创新事业部、养老社区、资产管理公司七大利润池。

后十五年，泰康要在资产公司设立香港分公司的基础上，用五到八年的时间在香港建设泰康的第二总部，未来收购海外金融资产，在纽约、伦敦、新加坡、香港都设立分支机构，真正把泰康人寿打造成为一个全球化的跨国保险金融集团。

战略思考与建议

关于县域保险

县域保险是新农村建设的推手：县域保险能促进农村剩余劳动力的就业转移；农村小额保险贴近农民、组织形式灵活，为农村地区的中低收入者提供了基本保障；新型农村合作医疗模式更是已经成为与卫生部门管理模式、社保中心管理模式相并行的第三种新农合承办模式；县域保险的发展还悄然改变着农村和农民的生活方式。

县域保险是农村金融体系建设的重要组成部分：保险资金投资能够促进城镇化建设，小额保单贷款还能够解决中小创业者的燃眉之急。

目前的县域市场还缺乏竞争，适度地让有实力、有诚意的公司进入县域市场，对于广大农村客户和保险公司而言，皆有裨益。

关于养老社区建设

养老，长久以来被认为仅仅是家庭与政府的责任。但是社会的发展，人才的流动使得养老的产业化趋势日显。在新的时代，我们需要改变中国人的养老观念，更需要改变中国人的养老模式。

从 2001 年至 2020 年，中国进入快速老龄化阶段，平均每年将增加 596 万老年人口，到 2020 年，老龄化水平将达 7.17%；2021 年至 2050 年是加速老龄化阶段，到 2050 年，老年人口将超过 4 亿，老龄化水平达到 30%。面对如此庞大并不断增加的老年人口群体，我国养老产业的现状并不乐观。目前我国养老产业化进程缓慢，难以满足老年人剧增的服务需求。现在，我国拥有的养老床位仅 149 万多张，平均 100 个老人只拥有一张机构养老床位。

养老社区建设与寿险长期资金运用相匹配。近年来保险资金投资渠道的拓展使保险业不仅在一定程度上改善了资产结构，也抓住中国经济和资本市场历史性的机遇，大幅提升投资收益水平，但是保险业长期资产依然不足（缺口估计将达近万亿元人民币）、资产负债错配的状况（寿险公司的资产平均久期约为10年，大于负债一倍）依然没有得到有效缓解。而养老设施等投资期限往往可达几十年，物业持有期内会因给老年客户提供服务而产生持续服务收入，长期还能享受物业的升值，这正是保险资金所需要的优质长期资产。

大力支持养老社区建设是促进和谐社会建设的重要举措。老有所养、老有所学、老有所教、老有所为、老有所医、老有所乐是我国和谐社会建设的重要组成部分。大力支持养老社区建设有利于更好地满足老年人的养老需求，促进我国和谐社会建设。

养老社区建设可以成为完善社会保障体制的重要补充，充分发挥社会管理职能，参与和谐社会建设。这也真正体现了泰康人寿从“一张保单保全家”到“从摇篮到天堂”的承诺。恳切希望保监会和相关部门尽快制定鼓励、支持保险机构出资建设养老社区的具体优惠政策，促进养老社区快速发展。这既有利于扩大投资，又有利于改善民生工程，还有利于拓宽保险资金投资渠道，一举多得。

关于银行保险市场

由于目前全球性的金融危机和市场震荡，银行保险正经历着一场积极而健康的调整，银行保险产品从简单、趸交和以投资型为主向复杂、期交和传统型为主的方向发展。银行保险发展还有两个特点，首先是银行保险具有典型规模效益特征，大银行和大保险公司的合作更具优势；其次是保险公司投资、风险控制、产品、销售、服务、品牌等综合竞争力的提升能促使银保合作向纵深发展。我们认为，“银保就是个险”，银行保险能够积累客户、增加价值、创造利润，在中国市场的发展前景广阔。

关于新兴业务发展

席卷全球的金融危机，正在对中国经济和社会产生着广泛而深远的影响。中国正逐步从外向型经济向内需型经济转型，从制造型经济向服务型经济转型，从储蓄型经济向消费型经济转型。完善社会保障体系成为应对经济危机，促进经济发展的有力举措。而企业年金和健康保险正是两股强有力的新兴力量。大力发展企业年金能够提高职工退休后的生活水平，弥补基本养老保险供给的不足。而且，企业年金是一种重要的分配形式，是建立现代企业制度的需要，对调动职工积极性、吸引人才、增强企业凝聚力、促进企业长远发展有着重要的作用。

随着医疗保险制度改革的逐步深化，花钱看病、投保买健康的观念将逐渐被人们所接受，这样商业健康保险的发展将有广阔的市场。但是目前，我国健康保险的发展还很落后，并且其发展还处于“小马过河”的阶段，所以商业健康保险亟待完善。

我们建议保监会顺势而为，适时推出促进养老年金和健康保险发展的相关政策。

（2009年）

【注】2009年3月4日，时任中国保监会主席吴定富一行11人莅临泰康视察调研。在泰康人寿大厦十一层多功能厅举行了调研座谈会，陈东升主持会议并做专题汇报。汇报的题目《走创新发展之路 铸保险特色品牌》，正是2006年泰康人寿成立十周年之际，吴定富视察泰康时的题字。座谈会上，陈东升就县域保险、银行保险、投资养老社区等关键战略与监管进行沟通。同年11月，保监会批准公司提交的“养老社区股权投资计划”，泰康人寿正式获得中国保险业第一个养老社区投资试点资格。

创建一流的资产管理品牌

资产管理公司是泰康成立的第一家子公司，前身是泰康的资产管理中心，相当于是一个事业部单独分出来了，成立了法人机构。随着这几年来不断的积累和发展，目前拥有超过五千亿元的受托资产规模，已经迈入了大型机构投资者的行列。资产管理公司自 2003 年起连续十年保持了优于保险行业平均收益水平的投资业绩，可以说，这些成绩的取得，不是靠吹牛吹出来的，也不是靠冲业绩能冲出来的，应该说是我们资产管理团队战战兢兢、点点滴滴一路走出来的，是追求卓越、积极进取一路走出来的，经过这么多年的发展，可以说泰康的投资已经成为保险行业内一块亮丽的金字招牌，作为董事长，这是我尤感骄傲和自豪的。

资产管理迎合了时代的发展需要

全民理财时代的到来，实际上是我们国家改革开放三十多年来经济增长的必然成果，随着国民的富强与经济的繁荣，储蓄、养老金、保险金、基金等社会财富积累得越来越多，在很大程度上推动了金融业，尤其是泛资产管理行业的发展，因为大量的社会财富必然对金融产品等载体产生强烈的需求，大量的社会财富必然也必须要找到有收益的金融资产进行配套，以满足财富保值增值的天然需求。

而保险业与银行业，这两个金融的子业态，无疑是金融业中影响力最为广泛的、最为深远的，试想还有哪个行业是能够把产业的毛细血管延伸到千家万户每个人的口袋里的？特别是保险，人的一生总是伴随着风险，总有生老病死，对老百姓来说，保险不仅仅具有投资理财的功能，它最为核心的功能就是提供风险保障，所以说这是保险显著区别于银行、证券、信托等其他业态的特点，正是因为这一点，保险业才能够跟庞大的银行业一起构成了金融业的最上游，这两个产业的规模是最大的，得到的资金成本一般而言也是最低的，对社会的影响力也是最广泛的，这也是保险业近年来能够持续快速增长的原因，而作为专业的保险资产管理机构，也能够在保险资金持续快速积累的基础上，吸引更多的第三方资金进行投资管理，保持了做大做强的发展态势。

泰康的资产管理公司正是以泰康人寿雄厚的保费资金为后盾，这几年较为准确地把握住了发展的契机、迎合了时代的需求，我们下大力气开拓了包括企业年金、保险资产管理产品、基础设施及不动产投资计划在内的广义第三方业务，取得了受托资产规模突飞猛进的增长，从成立的2006年以来，短短七年间资产规模增长了超过六倍，未来我们还将涉足公募基金领域，在不远的将来，泰康的资产管理规模还会有更快的增长，我相信在我退休前，起码泰康是有两万亿到三万亿的资产规模的，这一点我坚信不疑。

打造和坚持清晰的、优良的企业文化

我一直讲，伟大的组织必然有伟大的文化，企业要塑造出一种良好的价值观与发展观，并且组织中的每一个人都要去遵守、去弘扬、去传承，这是非常关键的。

资产管理公司是以投资为主业的，我们的文化的核心，就是以投资为本，做任何事都要从客户的切身利益出发，可以说资产管理公司在这一点上做的很好，我们以投资为本，我们以客户利益至上，我们追求专业、追求绩效、追求简约、追求创新、追求透明与公开公正。

追求专业，就是崇尚专业。做投资的人，要对专业有宗教般的虔诚，就像对待自己的初恋情人一样，把全部的热情与精力都用在专业的钻研上，丝毫的杂念与丝毫的走神，都会导致我们走向平庸，丧失核心竞争能力的优势地位。同时，投资专业至上，还要保持一颗平常心，不能有一点点赌徒的心态，赌徒心态会带来极大的投资风险，对公司是非常危险的。

追求绩效，就是高素质、高强度、高绩效、高收入，建立正确合理的激励机制，员工通过自身的努力最大化，实现公司价值与利益的最大化，个人与组织，相互成就。

“投资专业至上，还要保持一颗平常心，不能有一点点赌徒的心态，赌徒心态会带来极大的投资风险，对公司是非常危险的。”

追求简约，就是追求简单、实效的工作作风，就是追求直接、务实的沟通成效，追求简洁、明快的报告文体，精简、优化所有的工作流程，降低冗余、化繁为简，集中全部精力在发现问题、解决问题，从而增加组织的价值。

追求创新，就是营造业务创新的氛围，建立容忍失败的文化，鼓励多层次创新，广开门路、博采众长，鼓励每一个人为组织的发展建言献策。

追求透明与公开公正，就是鼓励价值创造、公正价值评价、合理价值分配，信守我们的职业能力和职业准则，形成正派的组织风气。

爱护公司的核心资源与竞争力

团队智慧、集体智慧是资产管理公司的一个非常重要的核心竞争力，有卓越的领导人、专业高素质的团队，加上有了可以与国际上媲美的现代化治理架构，以及一种优质的企业文化，这才是我们取得成功的重要条件，是我们获得成功的力量之源泉。

企业的发展处在外部环境的不断变化中，要在巨大的挑战中生存与壮大，就一定要像爱护我们的眼睛一样爱护我们的团队、我们的资源和我们的核心竞争能力，这是非常重要的。

走出国门，推动国际化战略实施落地

改革开放三十多年来，随着经济的持续繁荣稳定，我国实质上已经开始进入一个资本输出的新的历史阶段了，这对于众多内地企业而言，无疑是一个很好的“走出去”的机遇。

资产管理公司早在2007年就在香港设立了全资子公司，这个子公司就是泰康人寿迈向国际化的先锋堡垒，走国际化的道路一直是泰康的核心战略，我们计划用未来十五年的时间，以香港为平台，辐射新加坡、东京、纽约、伦敦等全球重要的金融中心，拓展全球性保险业务，做资产的全球化配置，当然不单纯是业务的层层拓展，也可以通过收购等快捷的方式推进泰康国际化的步伐，最终的目标是把泰康建设成为一个世界级的以保险为核心的金融服务跨国集团，昂首进入世界500强，这是我本人一直以来的梦想。

“我国已经开始进入一个资本输出的新的历史阶段。”

泰康要做一个全球化的公司，首先要理念国际化、人才国际化，我们要到哈佛、耶鲁去招聘，要到牛津、剑桥去招聘，泰康国际化，资产公司先行，而资产公司国际化，香港子公司先行，未来要依托我们香港子公司这个平台，招募到更多的国际化人才，为我们的全球化战略提供最为坚实的保障。

志存高远，以战略眼光审时度势

从获得第三方理财业务资质，到可以受托管理企业年金，从拿到业内首家QDII资格和额度，到积极申请公募基金业务牌照，从业内首家运用

险资投资中国石油管线对接国家产业资本，到持续推动人社部将保险资产管理机构纳入投资管理人范围，资产管理公司的身影始终活跃在泛资产管理业务的各条战线，其资金来源从单一的母公司保费资金，逐渐发展到包含企业年金、业内外第三方在内的多渠道资金来源，未来还将会扩展到全国社保、公募基金等领域，其投资范围也从相对简单的“股票债券加存款”发展到如今广泛涉猎公开市场、金融衍生品、基础设施及不动产、非上市股权等广阔范围，可以说泰康资产的发展史，完全就是一部保险资金运用史的缩影。

“随着金融改革的深化、监管政策的放宽，‘大资管时代’已呼啸而来，但机会总是青睐那些做好准备的人。”

“快速发展不失稳健，稳健经营不乏创新”是资产管理公司发展的缩影。现阶段，资产管理公司正在积极拓展第三方业务来源，随着金融改革的深化、监管政策的放宽，“大资管时代”已呼啸而来，但机会总是青睐那些做好准备的人，在我看来，资产管理公司已经做好了准备。

（2009–2012 年）

【注】2006 年，《国务院关于保险业改革发展的若干意见》正式出台，拓宽了保险资金投资渠道，迎来了保险资产管理新的春天。就在这一年，泰康资产管理公司正式挂牌成立，成为泰康旗下第一家子公司。本文摘自陈东升在泰康资产管理公司历次会议上的讲话。

2016 年 3 月 23 日，泰康资产十周岁生日时，陈东升送给泰康资产三句话：坚持为主业服务，坚持成为最大的基金管理者，坚持走国际化的资产配置道路。他坚信十年后的泰康资产会是全球顶级资产管理公司。

养老金管理就是代客理财

金融业有四大板块：第一大板块是银行，第二大板块是证券，第三大板块是保险，第四大板块就是由保险和证券交叉产生的养老金投资基金。无论是储蓄存款，还是买保险的钱，还是投资基金，最终出口都是投资。投资的目的都是帮别人的钱增值。那么，扮演这个角色的人可以是银行、证券公司、保险公司，也可能是基金。

养老金管理就是典型的代客理财，我们的核心竞争力就是专业、服务和投资。我们的服务不好，客户就会把钱给别人；我们的投资回报低，客户也会离我们而去。

中国团险的现有销售模式是历史原因造成的：一是过去有些保险公司靠拉关系做业务，后来又有些保险公司把个险营销的模式带进来。团险为什么一直未成为公司的赢利大户？我认为是与这两种旧模式有关。我们今天一定要告别这两种旧模式，要把投资银行的模式拿来：业务员拉来客户工作就结束了，客户就成为公司的客户，由专业团队去服务。我讲投行的模式，就是主动地发展客户的模式。投行是天天研究行业、产业，对市场进行细分，哪些企业三年内可以上市，哪些企业五年内可以上市。五年内可以上市的，可能每年春节去拜会一次；三年内可以上市的，可能每季度去拜会一次；明年上市的可能每天坐在人家办公室。他们对产业有全面的研究，是理性地打市场，而不是被动的。

我经常说，团险这个名字太土，太没有专业性，太中国化，应该叫“员工福利及养老金事业部”。一定是“事业部”，要有专业的投资分析师、精算师等获得专业证书的专业人员。我们的“事业部”是一个专业分工的团队，一定要有市场部或研发部。我们要成为中国产业的专家，研究行业和行业的利润率，甚至员工的年龄组成。新兴产业可能投保率不高，老行业可能投保的包袱较重。行业中的核心是企业，每个行业的企业分三类：守望型企业像老企业，进攻型企业像泰康，小企业叫游击队。

对发展“员工福利及养老金事业部”，我讲三句话：“建立专业团队，积累优质客户，为公司创造利润和价值”。养老金公司的核心市场定位是面向外资企业和新兴股份制企业，因为泰康与他们有着共同的企业文化，共同的语言去交流，而且这些企业是未来市场增长率最高的企业。当然，不是说不要大客户，我们做交叉销售，中小企业也不能放弃。

“我们实际上是保险加咨询服务，软件硬件一起卖。把保险的专业标准和咨询服务结合起来，员工福利计划就是帮企业优化结构，留住人才。”

我们实际上是保险加咨询服务，软件硬件一起卖。有人说，麦当劳卖的是汉堡，错了。麦当劳卖的是汉堡加微笑加标准。全世界的麦当劳都是一个标准。它的服务都是一样的，口味都是一样的。在全世界的麦当劳店里，你的感受是一样的。可各地的川菜馆是不一样的。几个朋友吃饭，只去去过的餐馆，都没去过的大家都不敢去，因为不知道好不好吃。如果建立了一个标准后，就不怀疑了。标准不仅是口味，还有服务。进去后所有的感受是一样的，这种感受是刻入人的记忆里的，是毋庸置疑的。

把保险的专业标准和咨询服务结合起来，员工福利计划就是帮企业优化结构，留住人才。团险都是和老板们打交道的，一定要懂老板的心，要懂人力资源。拥有更高标准的专业知识、专业素质，才能提供更好的咨询服务。

养老保险在某种意义上就像开放式基金。开放式基金为什么发展得好呢？就是因为客户随时可以把钱拿走，去找回报高的投资。当然投资也有风险，有收益临界点，高收益一定伴随高风险。人们承受风险的能力有三类：低、中、高。相应地投资人有三种选择：一种是追求安全性，牺牲回报率，回报率差不多就行了，这就是养老金和保险的最大特色；还有就是追求高回报，风险大些，就是买基金；另一种就是选择中间的，希望风险稍低一些，回报稍高一些，于是选择组合，比如70%买债券，30%买股票。中、高风险投资由基金市场解决了，而中低风险投资则是由养老金和保险公司解决的。所以，如果泰康投资组合中股票做得最好，人们将远离我们；如果泰康投资组合中债券做得最好，这个保险公司是最好的。因为保险公司的投资核心是债券。保险公司追求长期稳定的收益，而不是短期的高收益，长期稳定的回报是以债券为核心的。

代客理财是未来金融业的趋势，养老金有巨大的发展市场前景和空间。公司是站在这样一种认识和判断上，很早就提出“员工福利及养老金事业部”的建设。把年金产品做大做强，就是要坚持专业、投资和服务三个核心。从这个角度，团险是大有可为、大有市场，也是知识含量最高、最有趣的一个业务领域。

（2007年）

让防范风险成为公司的行为准则

中国市场大、经济规模大，本土市场就可以造就50家甚至100家全球500强。但是进了500强，不等于是一个跨国公司，更不等于是一个全球化的公司。如果要说泰康有理想，就是要未来成为一个全球化的公司。全球化的公司是靠专业，是靠服务，是靠几十年、上百年的积累而成的，成就百年基业离不开有效的风险控制，离不开合规经营。合规的目的就是要打造一个能“百年而新”的公司，核心是建立各层级干部员工合规的意识、风险防范的意识、做百年企业的意识。

我们还是一个成长中、发展中的企业，很多事情我们付出了代价，才有了今天公司的制度和准则。我们的理念很好、文化很好、制度也很好。别的公司有几千万、几亿的案子，我们这些年没有大案发生，跟泰康的整体文化有关，我们的文化不是一切以保费为核心，公司从来不支持为了业绩去违规，甚至违法。

公司已走过17年，正准备成为一家公众公司，经营压力会更大，社会责任也会更大，虽然我们很多的制度、框架、文化、行为准则都已具备，但要继续进行完善，要进一步加强这方面的工作。

构建三层次的风险管理体系

保险公司经营会面临很多风险，有些风险保险人可以通过多种途径进行消除或者转移，我们需要高度重视的主要是以下三个层面的风险：第一类是偿付能力风险。任何公司的经营目标都是利润最大化，我们必须通过维持偿付能力，完全履行保险合同，才能赢得保户。否则，就会声誉受损，甚至破产。第二类是资产负债匹配和产品风险。如果资产负债管理失衡，资产变现能力较差，可能导致现金支付能力不足，引发客户大规模退保，产生资金风险。而与产品相关的风险，则涵盖了从定价不当和金融市场的波动性到合规与声誉风险等各类风险，而且越来越复杂的产品更突出了这些风险。第三类是经营风险。经营风险在业务方面表现为销售误导和代理手续费问题；在财务方面表现为非法挪用和侵占费用。在目前的大环境下，经营风险首当其冲，最应该引起高度重视。

“我们需要高度重视的主要是以下三个层面的风险：第一类是偿付能力风险，第二类是资产负债匹配和产品风险，第三类是经营风险。”

发挥合规管理体系的作用

合规工作首先要把人管起来。选拔干部要听取稽核部门的意见，这个是公司一贯的政策。只要是提拔干部，特别是一把手、关键岗位的干部，内部稽核部门一定要参与，提出稽核部门对干部任用的意见。

合规工作的根本是要从制度上进行规范。摸清公司所有的风险点是基础，其后一定要督促业务、财务、人力资源等部门把制度建立起来。只有从制度上去规范，才能彻底把风险点堵死，否则再怎么检查都没有用。

现在公司在进行集团化建设，集团化建设不是敲锣打鼓，是实质性的过程，在这个过程中我们要建立起一整套的风险合规体系，使之更符合市场，更符合一线，有利于我们的业务发展，有利于我们的创新和跟上新时代的步伐。根据保监会的要求，现在我们构建了法律部、稽核监察部、内控合规部三支力量来组成公司合规管理的工作体系。我们通过内控项目全面梳理公司各个领域的风险点，建立起一个完整的内控合规体系。总公司的体系建立起来了，分公司也要建立起完备的合规管理体系。

在发挥作用方面，合规体系不应仅起到监督、咨询的作用，还要有提高管理意识的作用。通过合规管理工作，客观地反映我们整个财务、业务的管理能力是不是在提升，各级领导的管理能力是不是在提升。

内控体系建设是一把手工程

我作为公司 CEO 有三件事：战略、团队建设、风险管理；各分公司一把手是二级 CEO，也一样要做好这三件事。风险、内控、合规是公司一个长期的重要工作，要成为一个伟大的公司，要成为老百姓生活中一部分的公司，就要做个合规的公司，就要做个服务优良的公司。要把合规体系的建设，要把风险意识的提升，作为三好公司建设的重要的一部分，所以这个项目是一把手工程。

（2008–2013 年）

【注】作为金融业三大支柱之一，保险是经营风险的行业。陈东升从创立泰康人寿之初，就将风险管理作为头等大事，亲自抓、亲自管。十几年的发展中，逐步建立三层次的风险管理体系，打造三道风险防线，并将风险文化作为公司的四大文化之一。自建立以来，泰康人寿从未发生重大风险事件，保持保险业零呆坏账的记录。

打造泰康的“苹果”

陈东升十分推崇乔布斯。像乔布斯一样，他也梦想改变世界。

乔布斯通过创新的产品改变人们的生活，陈东升则希望通过将保险与养老产业相结合的商业模式创新，改变老年人的生活方式，改变中国人对生命的态度。

2009 年，泰康得到中国保监会批准，业内第一家试点投资养老社区；2014 年,泰康已在北上广及三亚、苏州等全国一线重点城市完成战略布局。

医养融合，开启商业养老新模式，让老人富足而退，优雅一生。这就是泰康的“苹果”。

陈东升的“共产主义情怀”,将“从摇篮到天堂”的理念,化为一个独创的“四位一体”现实商业模式，将他个人的英雄主义、浪漫主义与泰康人寿的现实实践完美结合。

2009－2014　专注于价值转型 深耕寿险产业链

在深耕寿险产业链的道路上，泰康摒弃追求规模，坚定价值转型，发展大个险业务，持续发展的后劲不断增强，保险业务、创新业务、资管业务均取得丰硕成果。

此外，泰康已经开始从传统单一寿险公司走向新兴多元寿险集团：开启养老社区新战略，探索“四位一体”新商业模式的落地，致力于让保险更便捷、更实惠，让泰康成为人们生活的的一部分。

泰康辞典

【因时而生 因市而兴 因势而变】

泰康人寿成立十五周年之际提出的“因时而生，因市而兴，因势而变”十二字发展精髓，揭示了公司的成长壮大和创新变革，与中国经济社会发展进程息息相关。

【人力资源大公司】

一切事业的根本，除了思想和战略，就是人才。泰康有了良好的、清晰的定位后，起关键作用的就是我们的干部和人才。一把手是核心，班子是关键，团队是基础力量。没有核心、没有关键、没有基础，没有一把手加班子加团队，任何伟大的事业都是成功不了的。

未来，人才是企业竞争的根本。公司新 15 年的战略目标是不仅要打造专业化的寿险公司，还要打造丰富、一流的人力资源大公司。

【三好公司】

泰康一直是有理想、有责任、有特质的公司，国家和行业赋予的时代使命，让我们立志成为一个“业务好、财务好、服务好”的三好公司。销售能力提高了，才能业务好；综合经营效率提升了，才能财务好；只有客户满意了，才算服务好。只有这样，泰康人寿才能成为人民生活中不可缺少的一部分。

【养老社区】

买保险就是尊重生命。保险为客户提供“从摇篮到天堂”的保障和陪伴，是最具人文关怀属性的金融产业。2007 年，泰康人寿率先提出了在中国由保险公司来实践养老社区的构想；2009 年 11 月，泰康人寿成为保监会批准的第一家养老社区试点公司；2012 年，第一款与养老社区相结合的保险计划——“幸福有约终身养老计划”正式上市。寿险嫁接养老社区，满足人们的终极保障需求，体现保险的终极人文关怀。泰康致力于打造“活力养老、高端医疗、卓越理财、终极关怀”四位一体新商业模式。

【四位一体】

泰康人寿独创的创新型商业模式，包括“活力养老、高端医疗、卓越理财、终极关怀”四大板块。它代表整合全生命产业链的潮流趋势，是匹配品质养老消费需求的终极模式。它包含保险、资管、医养之间的复杂业务协同，构成完整的闭环服务大循环，它所提供的服务方式、盈利模式、价值链条与这些服务当前的传统模式完全不同，会带来产业价值链的重构和生态的重构。横跨多个产业的四位一体带来的是一个前所未有的巨大变革。

做中国养老社区产业的领跑者

今天很高兴，很兴奋，这又是我们泰康人寿一个历史性的时刻。我相信在座的虽然很年轻，觉得老年很遥远，但是生命就是这样，从摇篮到天堂，每个人都要完成生命的这样一个旅程。我首先想要跟大家分享养老社区是怎么来的，很有意思。当时我有一个小亲戚结婚，所以泰康也来了一帮人，婚礼上比较热闹，但董事长脑子在想问题，突然想到了泰康之家。大家知道携程网颠覆了整个旅游产业，像我们过去的股东国旅总社，泰康成立的时候我觉得他们是巨无霸的大国有企业，在长安街上有栋楼，那时候他们的利润是 1 个多亿，我觉得很了不起，14 年后他们还是 1 个亿。就是说传统的旅游行业搞不大。大家都知道我们现在和携程网有合作，携程网的创办人之一沈南鹏把携程网的股票卖掉去做了红杉基金，他还做了一件事，就是与别人一起合作建了经济连锁商务酒店，定位很好，就叫“如家连锁酒店”，这个使我有很大启发。

其实我对养老一直在想，现在很多国有的养老院或者敬老院管理服务肯定不行。我说能不能把如家的模式借鉴过来，我们泰康人寿去买、去托管这些敬老院、养老院，像如家连锁的模式一样做一个连锁的养老院。所以当时婚礼结束后我把人叫来开会，非常兴奋。这就是养老社区最早创意的由来。

后来我们走过段弯路。我们在参加婚礼之后就成立了机构，搞了个养老社区在社区搞居家养老服务，但是失败了。今天的这个概念完全跟我们最初想的收购、兼并、托管国有的低端养老院和敬老院的概念完全不一样。不同之处就在我们借鉴了国外养老社区的商业模式，这也是我的最重要的一个方法论：美国火的明天中国一定火。

我们去日本看了养老服务，我觉得特别不过瘾。日本养老服务基本上都是小房地产商、小餐饮商人搞的，为什么呢？因为日本突然公布了一个看护法，每一个人都强制要买看护保险，实际上是老了后雇保姆。大家一定要理解什么是看护，就是找一个专业的、有护士资格专业资格证的保姆，所有人都要买这个保险，所以日本的小型养老院像雨后春笋般蓬勃发展。我去看了以后觉得这生意不过瘾。

后来我去美国看，很快就把他们的商业模式弄清楚了，兴奋无比！美国养老社区颠覆了传统的养老模式。养老社区是一个开放社会，这只是说它的形式，根本的还是要看它的商业模式。它商业模式的核心就是交会费，交月租金，而后建立了这样一个新型的、开放式的一个社会，或者叫社区。今天在这里和大家共同见证我们泰康之家的成立仪式，我非常高兴。这是泰康人寿发展历史上的一件大事，也是颠覆中国传统寿险产业发展模式的一件大事。今天，我们筹划多年的养老社区投资战略迈出了实质性的一步，大家几年的辛苦劳动正在进入开花结果的时期。

大家知道，去年 11 月 19 日，中国保监会正式批准了泰康提出的中国保险行业第一个养老社区投资试点项目。这个我记得很清楚，我当时正在三亚开客户的联谊会，晚上 12 点我得知这个消息，我说赶紧把文件给我传过来，我晚上 12 点拿到这个批文，我一看，这哪是普通的纸啊，这是黄金镀的纸，我很兴奋。在保险公司投资养老社区这条跑道上，我们泰康人寿成功地抢到了第一棒，大家都付出了很大的心血，没有一家公司能像我们做到今天。

允许保险资金投资养老社区，是保监会落实国务院关于金融服务民生指示的政策创新。大家知道这次两会的核心，民生是大事，其实两会包括未来很长一段时间政府工作的重点就是抓民生问题，养老社区事关一个大的民生问题。泰康投资养老社区，将保险与养老社区相结合，可以将寿险产业链拉长 20 年到 30 年，是泰康人“从摇篮到天堂，泰康呵护您一生”理想的延伸。

> **“泰康投资养老社区，将保险与养老社区相结合，可以将寿险产业链拉长 20 年到 30 年，是泰康人‘从摇篮到天堂，泰康呵护您一生’理想的延伸。”**

老人跟小孩是一样的。我们过去对老年人没有细分，小孩有幼儿、儿童、少年、青少年、青年，老人也一样有细分：有活力老人，跟年轻人差不多，天天打高尔夫；有开始需要照顾的老人，走路有点不方便，需要有人看护搀扶；再到需要完全照顾的老人；最后还有一个是痴呆的老人。所以老人也是分 3 至 4 个阶段，每个阶段的生态是不一样的，每个阶段的商业模式是不一样的，每个阶段的服务内容和性质也是不一样的。这也是一个巨大的产业，20 年的产业，把寿险的产业拉长 20 年就是这个意思。

养老社区最大的好处，我总结有两个：一个是孩子们为什么愿意让老人去，因为老人在那里他们最放心；第二个是老人为什么愿意去，到那儿还能找到第二春。当然这个“春”不要想错了，一定是虚拟的。孩子们放心地把父母送到这里来，我在美国看养老社区后有强烈的感受，按照我们这一代的教育，我脱口而出，这不就是我们向往的“共产主义社会”吗？当然现在没人提“共产主义社会”这个话了，我们这个年龄的还能体会到。我当时真的是无法用语言表达养老社区那样地完善，那样地符合人性，那样地体贴周到。

过去我们中国穷，所以人们对生命的尊重、对生命的仪式感不够，但中国现在开始崛起了，生活开始好了。所以我一直要讲两个故事：一个老人在跑步机上面跑步、健身，一问他多大年纪，他说他 95 岁，他还觉得他的生命还要继续。我们进去今天会场这么大的一间屋子，看见一群老太太，花枝招展，穿得漂亮得很，还涂脂抹粉的，站在那里练平衡，练稳定性，我问老太太您高寿啊，老太太说 84 岁。这两件事情对我很震撼，西方人、美国人对生命是那样的尊重！我们养老社区要颠覆中国人的传统生活态度。

我们现在首先是北京，再就是三亚、上海，先把这三个弄起来。当然我们还有一个想法，我们养老社区还是走高端市场。但是我们如果获得了很大的经济收益，泰康未来会做一个巨大的、长期的善事，就是会配套建一些中低档的、完全公益性的孤老院、福利院、养老院，完全回馈社会。我都想过，我们如果用 10 年的时间把全国的连锁做起来，大概未来我们可以捐建百所孤老院、福利院、养老院，甚至到一千所，为社会造福，到处都可以看到泰康为社会捐赠的孤老院、福利院、养老院。这也是我们泰康人寿的理想。养老社区是 21 世纪的朝阳产业。作为泰康养老社区投资开发的实施主体，泰康之家投资有限公司将担负着这样一个历史的重任，建设能代表泰康品牌形象的连锁型养老社区，打造出中国养老社区的第一品牌。这一点不是口号，一定是这样一个要求，一定是这样一个目标，一定要做到！

现在我们已经上了跑道，我们的目标就是要成为中国养老社区产业的领跑者。这是泰康之家的使命，也是泰康人寿的使命！

（2010 年）

【注】2007 年，泰康人寿第一次提出由寿险公司投资养老社区的构想；2009 年，经保监会批准，泰康人寿获得中国保险行业第一个养老社区投资试点资格；2010 年 3 月 14 日，泰康之家挂牌成立，标志着养老社区启动实际运作，泰康抢得养老社区建设的第一棒。该文为陈东升在泰康之家成立大会上的讲话。

养老社区：实现寿险产业链的延伸

改革开放30多年孕育了“中国梦”，日益壮大的工薪、白领群体正在经历生活方式的巨变。当今中国，主流生活方式简单来说就是买车、买房、买保险，这就是我常说的新时代“三大件”。在衣、食、住、行问题解决了以后，人们还要面对进一步的消费需求，即安全需求。保险提供的就是这样一份保障，因此保险是最具人文关怀属性的金融产业。

当然，人还有更高层次的需求，包括感情上的需求、对尊重的需求和自我实现的需求，这些都是人们在精神层面的需求。在年轻时，人们希望能有一份足够可靠的安全保障，同时期待不会出现老无所依的境况，解除后顾之忧。退休之后，不再为了谋生而劳碌奔忙，不再依靠工作而实现自我价值。这时，人们在安全层面和精神层面的需求就越发迫切。

“与保险产品相结合的新生活田园——现代养老社区可以照顾人们的生老病死，是当今最能体现人文关怀的一个商业创新。”

与保险产品相结合的新生活田园——现代养老社区可以照顾人们的生老病死，是当今最能体现人文关怀的一个商业创新。它代表着一条完备的需求满足途径，一种“从摇篮到天堂”的保障和陪伴。从这个意义上说，养老社区代表着一种以人为本的生活方式，一个值得我们期待的新时代“中国梦”。

为了规划符合人文理念的养老社区，我考察了很多国家，在美国的感触尤其深刻。今年 4 月去一个美国社区，看到一位老先生在跑步机上运动。我们好奇地问老先生您高寿，老先生说 95 岁。95 岁还在跑步锻炼，说他还要活 50 年，可以想象他内心的激情。旁边有一群打扮得花枝招展的老太太，在学瑜伽，练平衡，像跳芭蕾一样练站姿。我问其中一位多大年纪，说 84 岁。

那次我还第一次见到了百岁高龄的老人，她戴着护士帽，我猜想她是不是当年“二战”时当过护士。老人整整一百岁，非常开朗，思维敏捷。我们跟她聊了半天，她的快乐情绪感染了周围所有人。我感慨万千，最大的体会是，有了保险，有了养老社区，人的生命更有活力、更有尊严。

这就是我们要做的养老社区。我们不仅仅是在做商业、在做养老社区，更重要的是让我们中国人重新认识生命、尊重生命。如同美国的社区一样，我们规划的养老社区要做到让子女送老人进来，安全、放心；老人生活在这儿自在、快乐。这样的生活不会影响他们与家人共享天伦之乐；这是一种全新的社区生活，是让老人们走出小屋，拥抱自然，回归自我，真正体验“生命万岁，活力万岁”。现在各地都有很多儿童乐园，儿童要欢乐，老年人也要欢乐的生活，我们要建的养老社区就是老年乐园。

知名学者、北京大学保险系教授孙祁祥在参观过美国养老社区后曾经写了一篇文章，感慨“童年的纯真，少年的狂野，中年的潇洒，老年的神闲，这是一个完整的生命构图”，因此，需要“让我们快乐地、优雅地老去”。中国人的童年、少年、青年、壮年的这些乐章正在变得越来越美好，但多数人到老年时生命就褪色了，老年这一乐章是最黯淡的。现在我们的养老社区就是要改变这一点，实现我们这一代人的美好的愿望。

泰康的养老社区提供的是一种新的生活方式，推广的是一种新的价值观、生命观。我相信，这样的养老社区会改变人们对生命的态度，让生命的每一个乐章、生命的每一个阶段都变得流光溢彩。将人寿保险和养老社区相结合，以人为本，打造“从摇篮到天堂”的服务理念和生活方式，这将是一个前所未有的寿险商业新模式。

从资金运用角度看，保险公司投资养老社区，相当于发行了一个30年、50年的长期企业债券，同时又满足了保险资金对长期、稳定收益的需求。这是解决保险公司资产负债不匹配的有效途径。在成熟的养老社区，入住率可以达到95%，远高于酒店的平均入住率。更重要的是，老人在养老社区的平均居住年限超过10年，很多人从退休开始在养老社区的生活时间达到20–30年。这么高的入住率，平均居住年限超过10年，相当于签了一份10年的酒店式公寓支票。想想看，这对于保险企业是什么概念？

从产业链来看，养老社区向上衔接医疗保险、护理保险和养老保险等产品，推动保险产品的创新，同时带动下游的老年医学、护理服务、老年科技产品等产业，能够极大地延伸和扩展寿险产业链，同时有效整合关联产业。不仅如此，保险资金进入能够通过反向抵押等方式帮助有一定经济实力的退休人员及其子女盘活存量资产，支持以房养老，提高支付能力，进而提升养老社区的服务品质和持续经营能力。同时，我们可以把未来的货币支付养老金方式，提前10、20年转化成实物养老的方式，还可以抵御未来的通货膨胀和资产增值后的成本上升，保证养老的质量和服务水平。

在中国，我们最早发现养老社区由保险公司来做最合适。这一模式由中国保险公司来实践，实现投资、产品、服务三个方面的延伸，使寿险产业链拉长20年，是养老商业模式的世界性创新。

泰康抓住中产阶级生活方式的变革，第一个将传统的养老保险与现代的养老社区相结合，将虚拟的保险理财与实体的养老消费相结合，满足人们的终极保障需求，体现保险的终极人文关怀。

就我考察所见，在美国、日本及我国台湾等地区，在养老方面，存在一条普遍规律，即经济发展过程中家庭服务的社会化、专业化趋势，以社会化服务和家庭化环境为特征的原居养老模式已成为现代养老服务业发展的总体趋势。

“泰康抓住中产阶级生活方式的变革，第一个将传统的养老保险与现代的养老社区相结合，将虚拟的保险理财与实体的养老消费相结合，满足人们的终极保障需求，体现保险的终极人文关怀。”

人的观念随着社会发展而改变，中国人传统的养儿防老，居家养老观念也会逐渐淡化。未来中国的养老服务同样也将经历一个去机构化过程，引领中国养老服务产业发展的将是以机构专业服务为支持，以人性化、家庭化的环境为特征的现代养老社区。

与发达国家和地区不同的是，养老社区在中国的发展仍面临着市场环境和体制性的障碍。研究美国等国的养老社区发展历史，有以下经验值得我们借鉴：

第一，充分发挥市场和商业机构的作用。与其他服务产业一样，养老社区的发展同样需要有效市场机制的保障。以美国为例，在早期，美国的养老社区主要是由宗教团体和慈善机构设立并运营，面向低收入群体为主；到今天，养老社区已经发展成为一个庞大产业，成为美国人生活方式的一部分，主要的驱动力量在于商业机构的参与及市场竞争带来的商业创新。

时至今日，美国养老社区运营机构中非营利性和营利性的比例大约为 1:1，但重要的是这些非营利组织仍然是按照商业规律在运作，区别只是不参与分红。只有成熟、高效的商业运作才能支持养老社区的服务品质和长期运营。

在中国，未来由政府支持的非营利性机构在解决基本养老服务需求方面仍将发挥基础作用，但一个市场化、多元化的养老服务产业发展有赖于良好的市场环境及一批具有专业投资和运营能力的商业机构参与。

第二，政府应提供完善的公共政策和监管支持。除了可靠的市场机制外，养老社区产业的发展还需要政府提供必要的公共政策及有效的市场监管支持。

在公共政策方面，养老社区作为一个新兴产业，政府需要逐步完善与养老社区投资、经营相关的法律、法规和政策，建立行业发展所必需的法律基础设施；同时，政府还应为服务人员培训、护理人员资格认证及风险管理等一系列行业标准的制定提供政策和财政支持。在行业监管方面，政府需要制定行业准入标准和监管规则，设定合理的入门门槛及风险管理标准，吸引具有实力的投资人及专业运营机构进入，保证行业长期健康发展。在制度创新方面，政府应及时引入长期护理险制度，加快养老保险制度创新，为养老服务产业升级提供空间。

第三，创新融资渠道，吸引长期资本支持。与传统服务业不同，养老社区投资规模大，回报期长，资金流动性弱，如果没有长期资本支持，很难获得规模效应并维持长期运营，养老社区产业发展需要长期资本市场的配合。

目前，在北京、上海等核心城市，人口老龄化正在加速，人均收入也已接近中等发达国家水平。随着养老观念转变，调查发现，出生于20世纪五六十年代的中、高收入人群中，退休后愿意选择养老社区生活的比例正在显著上升。可以说，现实的情况是，对于以养老社区为代表的新型养老服务，人们有需求，有购买力，但市场上缺乏有效、高品质的服务供给，也没有成功的商业模式，背后的根源除了制度性制约外，还在于缺乏长期资金支持。

人寿保险投资养老社区是保险业一大创新。借鉴国际经验，加快金融创新，吸引包括社保资金、保险资金等在内的长期资金以多种方式投资养老社区是支持中国养老服务产业发展和养老保障体系建设的必然选择。

（2010年）

【注】2010年2月，泰康人寿与《金融时报》共同主办了“新世纪的中国梦：养老社区产业发展研讨会”，这是寿险行业第一个关于养老社区的研讨会。

在研讨会上，陈东升将三年的思索——将人寿保险与养老社区相结合，打造“从摇篮到天堂”的保险产业链，与参会的政府领导、专家学者进行沟通探讨。

2012年4月，泰康推出首个衔接养老社区的保险计划——“幸福有约终身养老计划”；6月，泰康之家北京旗舰社区破土动工，标志着泰康开创的商业养老新模式正式落地。

我们关注五个核心指标

这一次我们把战略研讨会放在深圳，特别是第一天我们参观华为，很震撼。泰康也是成长在这个时代，泰康的主流文化就是开放、专业、学习。所以大家更能体会到精神层面和战略层面的东西，比如艰苦朴素、实事求是、与时俱进。

我们这一次到深圳很辛苦，大家汗流浃背，但我觉得特别有意义。我们去过创业时期的井冈山、革命胜利时期的延安，同时我们也来到改革开放的前沿阵地，我们在小平的铜像前鞠三个躬，泰康人寿的全体高管一起合影。我们再一次解放思想，再一次解放生产力，再一次来重温深圳改革开放的经验，再一次来瞻仰我们改革开放的总设计师邓小平，重新开始我们新的思维、新的航程。这样实际上是把中国六十年的思想脉络、精神脉络串起来。

在战略研讨会之前，我马不停蹄，跑了大概十几家公司，广泛地做调查研究。从目前情况来看，大家反映的这些困难和问题还是前进中的困难、前进中的问题，要在前进中解决。泰康肯定是个好企业，大家在泰康都建功立业干了这么多年，从内心都希望继续把公司做好。

今天中国保险市场的格局，一个是保险的市场集中在前五大或者前七大保险公司之中，一个是多元营销的时代到来，所以我们制定战略一定要根据市场的情况发展，同时根据公司自己的特色。像平安抓住历史机遇走一个金融宽带的道路，它的目标是成为中国的花旗或者中国的汇丰。我们泰康坚定地走专业化的道路，成为中国的 AIG 或者叫中国的 ING。

“我们泰康坚定地走专业化的道路，成为中国的 AIG 或者叫中国的 ING。”

从明年开始，公司坚定地回归到以价值为核心，公司未来关注核心的五个指标。

（一）总资产。投连险可能不算保费，但是投资是我们的优势。我们的养老金也要大发展，也是增加公司的收入和资产。我们资产管理公司未来要成为一个资产集团公司，自己销售理财产品。这些都不能增加公司的保费，但能够增加公司的管理资产和利润。所以公司管理的总资产未来是我们一个很重要的指标，这是第一次提出来。

（二）总客户数。我们这些年对客户关注不够，但是公司每个人都要知道，每个分公司老总都要知道各系列和总的客户数是多少，要积累客户，服务客户。

（三）总保费。保费现阶段还是最重要的数字，未来一段时间保险公司还是以保费来排名，当然我们不能完全唯保费。

（四）新单价值和内含价值。对于寿险公司来说，还要关心新单价值和内含价值。

（五）利润。这几年泰康利用发展机构进行外延式的扩张，但我们的投入质量不够。从明年开始要逐步引入利润、价值、投产比考核，回到经营的本质上。

回归到以价值为核心的战略就是再用三年时间，个险的实际能力进入市场第三。实现这个目标就要求实动人力、千 P 人力等关键指标都能成为市场第三。你们每个分公司都要做三年规划，就是个险真正的实力进入市场第三。要实现这个目的，我们的战略还是“组织发展、组织建设、县域保险”。

在发展中，要解决以下几个关键的问题：

机制问题：南山模式、国泰模式的扬弃

这几年公司以保费为核心，营销上不断放低考核标准。基本上我们现在的基本法是最贵的，我们的考核是最松的，甚至很多地方基本法都是有名无实，有点进入恶性循环。这样下去公司是不可能建立长期的核心竞争力，这是关系公司生死存亡的大问题。

营销的机制问题就是“南山模式”和“国泰模式”的选择问题，但是平安走出了以“南山模式”自主经营为基础，同时又与“国泰模式”组训内勤管理相结合的道路。所以我们走到今天，再不能够继续在现有道路上走下去，就是要坚定转向“大部大组、自主经营”。解决机制问题就是释放生产力，这个问题绝对不能动摇。当然解决这个问题需要循序渐进，但也绝对不能拖延不决。每个分公司自己拿方案，再由个险事业部和战略规划部评估批复，争取用三年的时间解决这个问题。

体制问题：事业部与分公司的定位

公司过去坚持搞事业部是因为事业部有利于专业化的建设，这一点的效果也在银保和团险显现出来。这几年事业部的探索和建设是公司的一个方向，不能轻易否定。但在事业部的建设过程中，两个问题现在比较突出，一个是分了分公司的权，特别是分了分公司一把手的权，分公司作为市场的主体有所削弱；二是各系列间的资源没有得到有效的整合。

解决的方向是加强分公司一把手三个功能：一是市场的功能；二是投入产出价值和效益的功能；三是控制风险的功能。分公司一把手就是泰康

人寿在当地市场的二级 CEO。总公司层面要加强协调，核心是财务资源整合和客户资源整合。解决体制的问题实际上是解放生产力。

基础管理：营销过程的专业化管理

“分公司一把手就是泰康人寿在当地市场的二级 CEO。”

基础管理是分公司自己需要解决的问题，严格管理、严格考核、严格培训，每时每刻都不能放松。个险事业部要出一些规范的框架性的要求和意见，但根本是在分公司。这一点大家以前不够重视，但是从现在开始一定要高度重视起来。特别是培训与营销绝对不能两张皮，培训一定是融在严格的营销管理过程中，要加强对整个营销过程的专业化管理。基础管理是建立公司持续竞争力的一个根本的问题。

考评问题：奖惩要分明

公司的 KPI 考核还是比较成体系，我们对干部的 360 度的考核也不错，现在搞的公开晋升也很好。一定要把干部制度建立起来，未来总分公司的招聘一定要公开招聘，保证公司的人才素质。但现在的考评体系中缺少价值过程考核，这一点需要继续完善。还要完善分公司一把手对班子成员的考核权。一个好的公司应该是严格考核，奖惩都要分明。我们这几年奖应该是分明的，特别这三年大家收入都有了很大提高。但是我们的惩不够，对不胜任的干部要坚决给予撤换。

差异化问题：对四类机构形成不同的战略和政策

这一次分组 A、B、C、D 实际上就是体现出差异化。A 组是发达地区，这是公司未来的一个战略重点。如果在经济最发达的地区我们没有竞争能力，就难以真正成为一家好寿险公司。我们要有一个整体综合的战略，进行第二次创业、第二次长征。B 组是大型机构，核心是如何继续做大做强、保持竞争能力的问题。C 组是中心城市，是中产阶级集中的地方，件均保费高，是小矿富矿，实际上是最有可能转向自主经营。D 组是发展型机构，就是加大投入，加快发展，提早进入亿元粮仓，进入两亿元粮仓，机不可失，失不再来。所以我们讲的差异化，就是根据不同市场和不同阶段分成这四类，并且形成不同的战略和政策，充分发挥每类分公司的特点和能动性，促进发展。

干部问题：以人为本，挖掘、培养和使用优秀干部

泰康 13 年大家一路走来，干部都立下汗马功劳。一个企业和国家一样，如果没有一批忠诚于公司、忠诚于事业、经验丰富、管理能力强的一批干部，是不可能成功的。所以公司还是以人为本，保护和支持干部，这是我们这几年取得成绩很重要的因素。但如何人尽其才，发挥每一个人的作用，这是公司接下来需要思考的问题。还有如何挖掘、培养和使用年轻干部的问题。

这六大问题的根本是前面三个问题，机制问题是释放生产力，体制问题是解放生产力，基础建设是为了建立持续的竞争力。

（2009 年）

【注】2009 年是泰康人寿三年超常规跨越式发展战略的收官年、决胜年，按照原定计划，这一年的战略研讨会要在上海浦东召开，全体干部饮马黄浦江庆功。但 2008 年之后，全球金融危机持续深化，陈东升判断，中国企业靠外延式增长，赚快钱、赚浮钱的时代结束了，泰康人寿在规模扩张的同时，应更注重价值经营。基于这样的考虑，这次战略研讨会毅然转向改革开放的前沿阵地深圳。

在这次会议上，陈东升提出，泰康人寿要继续高举发展大旗，坚定

回归价值核心，明确公司未来核心，关注总资产、总客户数、总保费、新单价值和内含价值、利润等五个指标。这次会议上，陈东升还提出泰康这几年成功的三个法宝：一是一定要高举一面大旗，旗帜就是方向，旗帜就是灯塔，旗帜就是目标，战略就是公司的旗帜；二是在发展过程中逐步解决发展中的问题，这是中国经济崛起的法宝，也是泰康人寿的法宝；三是在发展过程中付出尽量小的代价。

共识就是力量 坚持就是胜利

2011年亚布力计划预算会是启动公司新三年战略的誓师大会，我们会将零点精神、巴厘岛扮演红军出征的那种豪气、亚布力新三年战略启动的破冰前行，浓墨重彩地一同载入泰康人寿的光荣史册。本次会议将再次重申公司三年内坚定实现大个险新单价值市场第三的目标毫不动摇。坚定转到以价值为核心，让我们所有的泰康将士，再次从心中呼唤一个词“价值！价值！价值！”。大家一定要达成共识，真正实现综合实力市场第三的宏伟目标和梦想。我们一定要重拾以中心城市为战略要地，以中产阶级为客户诉求，回归中心城市、回归中产阶级、回归高端客户，重启二元城市战略。

六大战略共识

本次会议达成六大战略共识，每一位干部都要融化在自己的思想和行动中。一是坚定不移推进新三年的战略；二是坚定不移以价值为核心；三是坚定不移回归二元城市战略；四是坚定地开启价值、客户、队伍、产品、机构的战略重点；五是全面打造销售体系和销售能力。让泰康整个体系回归到以销售为荣，以销售为核心。无论内外勤，全体泰康人要建立以销售为荣、为销售服务的销售文化；六是坚定不移实现业务好、财务好、服务好的“三好”公司。

共识一：坚定不移推进新三年战略。2011 年启动新三年的战略：以价值为导向，以营销为核心，发展大个险，建设大分公司；以客户为中心，基础管理，基础建设，专业化经营。这八句话就是我们一切行动，一切行为，一切经营活动的最高方针，最高原则，最高诉求，最高目标。开局：2011 年是新三年战略的起始年、开局年、信心年；目标：确保三年内实现大个险新单价值市场第三；核心：做强个险、做大大个险、做大价值；定位：分公司总经理主抓个险、大个险、新单价值、投入产出比、企业文化建设、干部团队和梯队建设、风险管控；考核：法人系列不纳入分公司总经理考核。

共识二：坚定不移转向以价值为核心。首先，以新单价值为核心，发展大个险。以营销为核心，特别是银行保险期缴、FIC 业务、电话销售、网络销售、续期收展及老客户的第二次开发，这都是增加我们新单价值的重要途径；其次，在发展中转型，统筹好规模、结构、品质、成本；最后，公司将以价值为导向，部署计划预算、KPI 考核等工作，明确分公司总经理定位，并以新单价值为核心建立分公司总经理三年考评体系。

共识三：坚定不移回归二元城市战略。二元城市战略是对保险市场认识的逐步深化，核心是抓城市两极，即省会城市和新兴县乡市场，提出城市崛起、本部倍增；抓住新兴县乡市场，巩固、提高、发展。城乡一体化带来新兴县乡的崛起，县乡保险战略就是抓住新兴县乡市场，作为城市战略的一部分。所以，我们重提回归中心城市，回归中产阶级，回归中高端客户，抓住新兴的县乡市场，抓住省会城市、特大城市本部的崛起和倍增，这就是我们的二元城市战略。

共识四：开启价值、客户、队伍、产品、机构新战略。本次会议提出开启价值、客户、队伍、产品、机构的新战略，价值：以新单价值为核心，发展大个险；统筹规模、结构、品质、成本或效益。客户：迅速积累优质客户、迅速实现客户价值最大化。也就是迅速积累优质的新兴中产阶级客户，实现全面交叉销售，客户二次开发，甚至是第三次再开发，让客户价值最大化。队伍：坚定地建设五支高素质的专业化技能的职业大军。产品：坚定以理财为泰康的核心竞争优势，推动寿险、养老、健康的结合，以中产阶级为目标，建立相应的产品体系和服务体系，体现公司战略、体现公司优势、全面满足客户需求。机构：二元城市战略，就是城市崛起，本部倍增；抓住新兴的县乡市场，巩固、提高、发展。

共识五：全面打造销售体系和销售能力。公司的首要任务就是全面打造销售体系和销售能力，这是我们在新时期、新挑战下，适应整个社会转型、适应中国从新兴工业国向中等发达国家迈进的诉求；适应中产阶级崛起的潮流、适应内需和消费时代到来的历史性方向；是抓住 21 世纪寿险业三大趋势和潮流，用产品、渠道、市场全面颠覆传统寿险版图的重要基础；也是公司发展大个险，建设大分公司，迈向未来综合实力市场第三的伟大战略的重要诉求。

所以，建设个险、法人、银保、创新、收展五支伟大的专业化、职业化的销售队伍，全面建设销售体系、全面提升销售能力是我们一切工作的核心和重点。我们五条业务线、五支伟大销售队伍的建设，实际上都遵循着这样一个板块：第一层面是以销售队伍为核心的前台建设，包括销售文化、专业能力、培训体系、绩优文化、激励考核和薪酬福利体系；第二层面是我们的战略、我们的特色、我们的系统、我们的文化、我们的结构，就是要不断地打造百亿大分公司。明年一定要有百亿大分公司出现，一定要有十亿大个险大分公司出现，一定要有过亿中支的出现，一定要有 3000 万甚至 5000 万的营销服务部的诞生，没有这样一种结构，没有这样一种谋划，泰康要实现市场第三是不可能的。要实现这个目标，就是要坚定地走专业化道路，坚定地全面打造销售体系，全面提升销售能力。第三层面，就是后台的支持。产品上，一定要全面承载公司战略，全面体现公司竞争优势，全面满足和服务客户的需求。我们整个后援体系、两核体系、客户服务体系、信息技术平台，都要全面满足销售的需求，全面提升销售能力。

共识六：坚定不移实现“三好”公司。我多次讲，这个目标极其朴实，但真正做到却是极其困难的。当有一天实现业务好、财务好、服务好的持续的“三好”公司后，就实现了董事长曾提到的“泰康人寿成为人民生活中不可缺少的一部分”。我相信，只要坚定地遵循当前制定的所有战略、所有策略、所有政策、所有方法，坚定地按照董事长说的做正确的事，时间就是答案，我们一定能够成为中国第三大寿险公司，一定能够成为全球十大保险金融服务集团。但无论是中国第三大寿险公司，还是全球十大保险金融服务集团，只有我们充分体现21世纪“人文关怀”的理念，充分满足人们生老病死，从摇篮到天堂的需求和服务，真正做到中国人民生活的一部分的时候，才能够骄傲地说，我们已经接近、正在迈向一家伟大的公司，没有这一切都不能成为伟大的公司。

“当有一天实现业务好、财务好、服务好的持续的‘三好’公司后，就实现了‘泰康人寿成为人民生活中不可缺少的一部分’。”

所以，一定要告诉在座的所有干部，今天的这些思想、达成的六大战略共识，是用我们的挑战、我们的压力、我们的困惑、我们沉重的心理负担为代价的，我们探索、我们迷茫、我们不认输、我们找原因，我们一次一次地沉思和寻找，逐渐一次一次地逼近真理，也就一次一次地让自己头脑清醒，最后从内心涌出一个声音，即公司持续的核心工作：系统地打造销售体系，全面地提升销售能力。我坚信，只要看到这些问题并形成高度共识的时候，我们一定信心倍增。就像昨天报告提到，共识就是力量，共识就是行动，共识就是方向，共识就是未来。

同时，我们也在反省不良的文化，那就是喜欢议论、喜欢推诿、喜欢把所有的问题推到别人身上。我们长期形成了为完成任务不惜欺骗的文化，当做不到的时候，不敢面对现实，不敢说“董事长，我完不成任务，您宽恕一次”，而是以作假的方式欺骗董事长，也欺骗了自己。我们长期形成报喜不报忧，只说好听的，不面对现实的文化。我想说，这些都不是公司所倡导的文化，是要坚决反对和坚决摒弃的。当然，管委会、总部也会多调查、多研究、多和大家交流，重新树立实事求是的精神，作为一切工作的出发点。我们要摸清自己的家底，要知道和竞争对手究竟有多大差距。我们既不能自卑，也不能盲目乐观。今天大家清楚地看到，问题是我们自己，要突破的是我们自己，挑战的也是我们自己，需要来做事情的更是我们自己，当认识这些问题的时候，我们不用再跟市场盲目比较，而是坚定地以价值为核心，坚定地以价值为诉求，坚定地以价值为荣，坚定地以创造价值为英雄。

“共识就是力量，共识就是行动，共识就是方向，共识就是未来。”

三个绝不动摇

再次向公司各条业务线、所有将士重申：第一，新三年的战略、新三年的思想、新三年的体系、新三年的政策，三年绝不改变，绝不动摇；第二，新三年干部的稳定，考核、激励政策绝不改变、绝不动摇；第三，新三年实现新单价值市场第三的宏伟目标绝不改变、绝不动摇。

我们将以新三年战略为核心和各位分公司总经理签三年经营计划，稳定干部；制定以价值为核心的考核激励政策，三年绝不改变，绝不动摇。所以，各位分公司总经理也要和中支经理、四级机构经理、营销服务部经理，以及银保核心骨干、法人核心骨干、创新电销、网销核心骨干和收展体系核心骨干，都签署三年目标的责任状。一定要让泰康新三年战略精神，延伸到营销服务部、营业部、营业组、甚至到所有的外勤队伍。会议结束后，总公司会跟大家制定全面的、详细的三年责任状、三年的战略和任务目标、三年的激励考核体系。一定奖励为公司创造价值的人，一定惩罚不为公司创造价值，甚至损害公司价值的人。再次重申，零点精神是职业经理人的天职，完成任务、达成目标是我们每一个人、每个职业经理人的天职。新三年战略仍要以零点精神为指导，没有任何讨价还价的余地，没有任何理由，不议论、不争论，坚定统一思想、统一行动、一切行动听指挥。

（2010年）

【注】企业像生命一样，有它的轨迹，有逻辑的开始和起点；也有它的周期，有高有低。当低的时候，实际上是新一轮冲锋的开始；遇到困难的时候，实际上就是磨炼所有泰康人的意志、勇气和智慧的时候。

2010年，泰康人寿遇到了巨大的挑战。面对公司低潮，泰康人寿所有将帅寻找新的突破。将2011年计划预算会选在黑龙江小镇亚布力召开，象征着泰康人不屈不挠，破冰前行的精神。在这次会议上，陈东升提出六大战略共识和三个不动摇，这成为泰康人在逆境中的精神动力和新三年战略的重要内容。

处理好规模、结构、品质、效益的关系

昨天在分公司总经理工作会议上特别强调了规模、结构、品质、效益的关系，我们就是追逐有价值的规模，绝对不像过去为规模而规模。我们要将价值这个蛋糕不断做大，就一定要把规模做大，一定要调整好结构，一定要提升品质，一定要优化费用。从明年开始的核心价值考核，实际上就是处理好规模、结构、品质、效益的关系。没有规模就没有市场地位，我们不追求纯规模的排位，当我们的价值是市场第三的时候，我坚信规模一定会是市场第三；当我们价值是市场第二的时候，规模一定会是市场第二。所以我们现在换个角度思考，以价值为核心，追求价值必然获得规模和市场地位。

提高核心业务竞争力

个险“三年见成效，五年出结果”，一定要量化并规划好。目前分公司总经理定位为个险第一责任人，分公司营销分管总的作用发挥相对有限。为进一步释放个险营销生产力，充分调动营销分管总积极性，公司将逐步淡化个险第一责任人概念，个险责任人过渡到营销分管总，使其对个险的考核负责。相继，分公司一把手和营销分管总的责、权、利以及相关工作将有很大变化，每个分公司可根据各自的实际情况进行安排，总公司不下硬性指标和任务。同时，对分公司一把手的考核中，个险的权重仍然占到相当的水平，核心价值占50%，核心价值66%是个险贡献的，也就是说这50%的权重里面有66%是个险，另外还有费用和13个月继续率两个重要指标。公司下大决心一定要把营销做上去，明年仍然会投入，但是要坚定地考核投入产出比和费差。

为了把个险做上去，我们坚定地推行二元城市战略。二元城市战略实际上就是机构的战略，就是队伍的战略。项俊波主席在农行当董事长的时候，抓县域取得了优异的成绩，这一次来泰康视察，特别表扬了泰康的县域保险。大家总觉得我们对县域保险还不够重视，重视不在于口头，要有一系列方针政策，一系列的组织保证，以及财务、技术、服务、培训的保证。在这个问题上，我明确向个险事业部提出，县域保险怎么做要落到实处。2011年，城区抓本部崛起很有成效，特别是成都、武汉明年会有几家过亿，这是好现象，但是县域还没有翘头。

个险还有一个核心问题要解决，就是增员难、留存难、客户积累难。一定要最终所有营销外勤依靠“基本法”赚钱，不要年年等着业务激励政策才交单。昨天分公司总经理工作会上，我讲到，公司十五年的心病就是营销，采取了一切措施，总是想抓住一个机会，但目前还是受到了严峻的挑战和压力。现在以价值为核心后，我很坦然了。我们不争一时英雄，现在提出来的是三年、五年营销崛起，不是说明年崛起，现在已经走过一年了，实际上还剩两年出成效、四年出结果，所以时间是很紧的，一定要集中公司所有的资源来支援营销三年、五年突破。分公司总经理工作会最重要的成果就是理顺营销的机制和体制，让营销分管总有更大的施展才华的平台，同时分公司一把手的核心精力还是放在营销上，自主经营是一个长期的过程。

优化财务费用结构

为扭转业务费用持续恶化的势头，公司把新单价值考核改为核心价值考核，核心价值考核加了两项，一个是费差，一个是13个月继续率，同时13个月继续率一票否决依然保留，这就是从考核上解决根本问题。过去全面预算制每年也做投产比的分析，那是个软约束，没有硬约束。我们常年形成的跑马圈地、外延式的投钱产保费的习惯不是立即能改变的，分公司一把手从业务经营型转变成综合经营管理型也不是一天就能做到的。所以我们首先要在考核上、在源头上解决这个问题。明年分公司一把手其实就做两件事：第一件事情是总公司逐步把市场交给你们，分公司成为利润中心，也就是说条块结合，在市场上以块为主，分公司一把手支配资源的权力会越来越多。分公司最重要的就是进行后台、大客户、大二开、大培训的整合，大培训里面可以有银保的培训、电销的培训、个险的培训；大二开可以有个险收展、银保二开、电销二开，客户也是可以整合的。我觉得明年最大的挑战就是分公司后台的整合。我们可以不裁员，但需在发展中消化，比如明年人力资源零增长，通过业务发展来消化内勤。第二件事情是清理职场。过去我们都是计划经济，很多职场效率很低，这是可以改善的。我们不仅强调节约费用，也要看费用节约带来的新单价值增加比例有多高，不主张过多地节约成本来提高新单价值。但提醒一条，就是改善固定成本，这么多年固定成本节节攀高，很多分公司费用捉襟见肘是因为固定费用占的比例太高挤占了变动费用，其中人力成本和职场费用两项大概占了60%。我们过去对预算的使用情况跟踪不够，今年谈计划的时候我和首席财务官达成共识，分公司所有的费用需求我们照单接收，支持业务发展，但是我们削减别的成本，否则公司总成本增加太快对公司压力很大。费用结构的优化，一是通过核心价值考核，二是通过加强预算跟踪评估考核，三是通过改善组织架构，进行组织再造、流程再造、资源整合，以及缩减固定成本费用，在这点上明年分公司是可以有所作为的。

我们讲业务费用高，其实主要是营销费用偏高，营销的投产比是恶化的。电销、网销、经代刚刚开始发展，电销是费差损，今年如果要把费差损放进去实际上新单价值只有一个多亿。银保过去是费差益，现在是费差损，这些年投产比基本是一个平线，虽然银保这些年对公司的客户贡献、利润贡献和新单价值贡献是很大的，但仍有费用控制的问题。大家一定要明白，我们讲的优化是公司经营固定成本的优化，是营销费用结构的优化。营销的优化不是不花钱，而是优化投入产出比。

“营销的优化不是不花钱，而是优化投入产出比。”

加快客户资源的整合

公司新成立了市场部和客户管理部，产品管理部也由首席市场官统一负责。整合客户资源的核心是三件事，一是做好客户服务的整体规划；二是策划好交叉销售的政策，让客户交叉价值最大化；三是做好客户的第二次、第三次开发，公司将现有客户分配给各业务部门，如果现在分公司做了大二开部门，客户资源可以全部给你们，你们可以再去分配，核心是让公司的客户价值最大化。

核心业务积弱、费用恶化、客户价值没有最大化，针对这三大软肋，公司采取了一系列完善、系统的组织上的构建、考核上的改变、政策上的出台、资源投入上的支持。今天，我第一次把针对这三大软肋的一系列措施讲清楚了。所有在座的分公司一把手和各条线责任人对公司要什么，公司的问题在哪儿，解决问题采取了什么措施和方法，都清清楚楚了。

我们的目标很清楚，泰康要成为一家伟大的公司，坚持专业化经营，深耕寿险产业链，从摇篮到天堂，让保险更便捷、更实惠，让泰康人寿成为人们生活的一部分。这就是我们的愿景，这就是我们的诉求，这就是我们的战略和目标。未来十五年，真正的理财、消费时代到来，泰康提出的“从

“泰康要成为一家伟大的公司，坚持专业化经营，深耕寿险产业链，从摇篮到天堂，让保险更便捷、更实惠，让泰康人寿成为人们生活的一部分。”

摇篮到天堂”一定是一个伟大的、颠覆性的商业模式。

（2011年）

【注】2011年12月21日至22日，泰康人寿2012年度计划预算会暨分公司总经理工作会在北京召开。在这次会议上，陈东升用将近三个小时与参会代表进行深入交流，系统阐释公司改善三大软肋的政策和方法。

建设五支伟大的销售队伍

中国寿险业经历了二十个年头，1992年友邦进到中国，带来了个人营销销售方式，泰康人寿1996年成立，大批的台湾顾问涌向大陆；平安学自于国华人寿，我们学自于国泰人寿，个人营销这样一种新的展业方式风靡中国大陆。20年的时间，在大陆已经拥有将近300万保险营销代理人。一批又一批伟大的销售天才涌现，像我们的每一届会长，他们都是令人尊重的销售天才。2000年，西方的银行保险又传到中国大陆来，10年间中国的银行保险异军突起，占据了中国保险市场60%的江山。十年光景，一个新的市场又被发现——电话营销，我觉得这就是为80后、90后这些孩子们发明和创造的，这些销售方式就是他们的专利。今天上午我们的分享会上，电销的伙伴用滋润甜美的声音，用自己的毅力克服自己的恐惧、孤独和枯燥，去赢得一个一个的客户。当营销的这个大浪走过，当银保的这个大浪走过，下一轮我们又会迎来一个什么样的高潮？我坚信，养老社区的创新，养老社区产品的销售，养老社区和养老社区产品带动的健康、看护、丧葬等，这样一个保险产业链会异军突起。下一轮中国保险市场一定是属于安排养老、安排健康、安排未来生活的新一轮高潮。

今天，我们个险市场已经进入到一个精准营销、高端营销、专业营销的时代。过去人海战术那样一种增员方法已经不适应这个市场了，一定是师傅带徒弟，一定是找最优秀的人，一定是找喜欢做保险的人，一定是找天生的销售人才来做保险的销售。所以大规模人力的时代和战术，我认为基本结束，这也是我们整个营销队伍面临的压力和挑战。所以泰康人寿坚定地转型走价值道路，坚定地转型严考核、严管理、严培训的道路，坚定地走向专业营销、精准营销、高端营销的道路上来。我们过去讲，不诋毁同业，不误导客户，诚信经营。我把它改为“诚信经营，专业销售”，这八个字要成为我们新时期营销的座右铭。

银行保险十年来高歌猛进，这两年却遇到了严峻的挑战，虽然我们去年、今年一季度总保费是负增长，但是我们的价值一直在正增长，这是董事长最宽慰、最高兴的，因为我们要的就是价值。

我们十六年积累了近 7000 多万客户，但是我们客户的二次开发在同业中是很低的，我们大量的客户沉睡在那儿，我们没有让他发挥更大的价值。我们今天在激烈的市场竞争中，特别是营销，最难的就是获取客户、积累客户。我过去经常讲，当你们有 30 个客户的时候，你们就可以迈开人生的步伐；当你们有 300 个客户的时候，你们一生衣食无忧；当你们有 1000 个客户的时候，你就能过上富豪的生活。没有客户就没有你们，没有你们就没有泰康。我不断讲这句话，客户就是你们的衣食父母，你们就是公司的衣食父母。董事长反复讲，你们就是公司的那只“大母鸡”，我们一定要保护好你们，一定让你们“每天下蛋”，共同分享成功。

“客户是业务员的衣食父母，业务员是公司的衣食父母。”

建立五支伟大的销售队伍是公司的梦想也是董事长的梦想。我们的队伍有多大，我们的事业就有多大，我们的队伍有多强，我们的事业就有多强。我们所有的在座的干部，我们所有在座的精英一定要理解这一点，没有客户就没有我们的明天，没有队伍也没有我们的明天。“客户”、“队伍”，四个字是公司的魂，是你们事业的魂，是我们泰康人寿的魂，一定要抓住这样一个事业的核心，牢牢不放。所以伟大的销售队伍的建设是泰康人寿实现我们新十五年战略梦想的最重要的法宝。

这一次把每届的会长都请回来了，不管你们仍在泰康或者走向了新的工作岗位，你们都是泰康的骄傲，你们都是泰康的荣耀。我们今天也翘首以待，诞生我们三位新的会长。泰康十一年诞生了一批会长，十一年承载了我们泰康所有精英的足迹和梦想，十一年成就了我们泰康已经存在的伟业和我们泰康了不起的企业文化。董事长要说一句，未来十年、二十年、三十年，公司和董事长永远、永远会和你们在一起。

（2012 年）

【注】陈东升有一句名言：业务员是公司的衣食父母。这里的业务员，代表了公司整个销售团队。自 2000 年起，每年一届的“世纪圣典”成为泰康人寿销售体系的最高荣誉盛典，每一届陈东升都会全程参加并发表讲话，跟销售精英分享他对宏观经济的思考，解读公司战略，和业务员交心。11 年来，陈东升带着各业务系列的销售精英踏上过法国巴黎、澳大利亚悉尼、美国夏威夷、埃及开罗等五大洲的土地。

随着公司业务范围的扩大，世纪圣典的奖项也从原来的营销和法人，陆续增加了银保、资产、电销等系列。2012 年台湾世纪圣典，在大陆寿险营销制度的源头，陈东升在演讲里系统地阐释公司要努力打造五只伟大的销售队伍——营销队伍、银保队伍、法人队伍、电销队伍、网销队伍。无论对哪个销售系列，陈东升都反复讲，对专业的追求要有一种神圣的宗教崇拜感。因为只有专业才能成功，因为只有专业才能够得到市场和客户的尊重。

以变革积蓄发展正能量

2012 年是公司新三年战略承上启下的关键年，也是公司聚焦变革的一年。公司在变革体制机制、创新业务模式、加强基础管理三大方面进行了重大变革，以变革积蓄发展正能量。

变革体制机制

高层治理结构优化。公司基本形成集团管理框架，建立了业务、投资、价值、营运、合规稽核五大板块管理框架。寿险公司代行集团管理职能，寿险公司以大个险为基本框架，大个险核心就是个险、银保、电销，三大业务渠道主帅到位。

建立以 CEO 为核心的高效指挥体系。成立了 CEO 办公室，CEO 办公室是公司最高的业务决策、协调、支持的参谋部门。CEO 直接管理业务，CMO 和 CEO 办公室协助 CEO 开展各项工作。CMO 主要是业务协调、产品创新、客户深挖、市场策略等方面协助配合 CEO。分公司总经理定位二级 CEO 作为一项制度正式确立下来，二级 CEO 对业务（市场份额）、价值（成本管控）、风险管理等全面负责，个险、银保、电销分管总就是各条线第一责任人。

前中后台集中一切资源支持业务发展。公司还有一个重大变化就是运营总定位，不再分管业务，运营系列成为专业的直管体系，提升公司运营效率，对死差、业务品质、风险管理负责。

总公司形成高管周例会、业务协调会等决策机制和协调机制，五大板块分前中后台，前台就是业务板块，中台就是营运板块，后台就是价值板块、合规稽核板块，中后台集中资源全力支持前台业务发展，提高公司决策效率和指挥效率。

“公司基本形成集团管理框架，建立了业务、投资、价值、营运、合规稽核五大板块管理框架。建立以CEO为核心的高效指挥体系，二级CEO对业务（市场份额）、价值（成本管控）、风险管理等全面负责。”

启动分公司差异化分类管理。对35家分公司实行ABC三大类的差异化分类管理，匹配差异化投入、差异化考核。

创新业务模式

个险开启组织发展、专业经营新战略。以高盛个险咨询项目为变革契机，坚定“增员、选择、训练”的基础管理、基础要求，以代理人队伍建设为核心，启动“佣金、考核、费用、荣誉体系、经营节奏”等机制变革，夯实基础管理，提高基础管理。

银保价值转型初见成效。建立常规队伍、FIC、续期服务三支销售队伍，特别二开队伍建设、应对满期给付是明年的重点。价值转型、规模领先就是银保二元战略。

电销区域中心建设取得突破。电销业务走重点分公司和区域中心并举发展道路，武汉、深圳、陕西三个区域中心先后开始异地外呼业务，今年电销最重要的是成立电话销售事业部，与个险事业部、银保事业部并列，成为三大核心业务、三大客户积累、三大价值创造之一。

养老社区成为现实商业模式。保险与养老社区嫁接的“幸福有约”5月上市销售和昌平养老社区奠基，标志泰康创新商业模式正式落地。三到五年时间，把个险做上去，五到十年时间，打造养老社区第一品牌，十到十五年，把泰康建成国际化的金融服务集团。养老社区是伟大的商业模式创新，为高端客户提供全方位、便捷、实惠的养老医疗健康服务。终极的养老、终极的医疗、加上一流的理财服务，三位一体，战无不胜，实现保险与投资银行、私人银行等高端理财服务的竞争。我多次和大家分享，什么是变革，什么是创新，就是三股伟大的变革力量：产品、渠道、市场。产品有生命周期，比较容易模仿，渠道为王是银保核心战略，市场是颠覆的力量。养老社区是产品的颠覆，也是渠道的颠覆，更是市场的颠覆，三股力量成就伟大的商业模式。

加强基础管理

“回顾美国崛起一百多年的历史，就是三个时代：工业时代、消费时代、数据时代。”

深挖客户红利。公司不仅关注客户二开，满期业务转保，更关注现有客户的价值深挖，启动个险业务精准营销的试点，策划个银保额倍增、个银续期加保系统的开发与支持，诉求客户价值最大化。

营运电子化。推行电子化承保、3G理赔等便捷服务，提高运营效率，提升客户满意度，让保险服务更便捷。回顾美国崛起一百多年的历史，就是三个时代：工业时代、消费时代、数据时代，数据时代以互联网科技和云计算集中化为特征，当今世界就是地球村，迅速、敏锐的运用互联网时代的技术和工具，大大提高运营效率、服务效率、展业效率，从早期的MSS系统到今天网上交易，信息技术充满挑战，也充满机遇，互联网销售、电话销售带来多元销售革命，泰康还要走在时代的前列。

数据标准化。建立公司“规范、标准、统一”的数据平台，专业经营就是用数据说话，将预算管理精细化、科学化、系统化，财务管理工作以数据化、报表化方式呈现，支持业务发展。启动全公司的数据标准化项目，建立规范的指标体系和报表体系，统一梳理和确定指标的口径，提高公司管理和经营效率。通过加强基础管理，搭建前中后台的金融数据平台，完善中后台全力支持前台业务的强大系统。

“建立公司‘规范、标准、统一’的数据平台，专业经营就是用数据说话。”

打造寿险经营金三角

这些年我们的干部体会最深，“目标纯正，心无旁骛，坚定做正确的事，时间就是答案”。什么是正确的事？就是持续组织发展，持续专业化经营，就是要用三到五年、最多八年一定把个险做上去；未来五到十年，要让养老社区商业模式成就第一品牌；未来十到十五年，坚定成为一家国际化、全球化的保险金融服务集团。未来十五年分三步走这个战略坚定不动摇。

正确的事就是组织发展、专业化经营。专业化经营是适应今天这个竞争格局，这是最核心的大战略方向。在场的近三百名高管一定要牢记公司的发展战略理念，所有的行为、所有的工作都要围绕这个目标，才能够取得胜利。公司高管从高盛学习回来，建议董事长一定要读杨国安先生的《组织能力的杨三角》，刚才人力资源报告提出要提升组织的能力，实际上就是杨三角理论的体现。寿险的金三角就是产品、客户和队伍。产品、客户是市场，队伍是最伟大的媒介，通过队伍，把产品销售给客户。个险、银保、法人、电销、网销包括投资都要遵循这个理念。

持续组织发展、持续专业化经营就是队伍建设。在井冈山战略研讨会就提出建设五支伟大的销售队伍，但是没有把这个理念深入我们的灵魂，变成经营的核心宗旨，变成所有内外勤共同的目标和理想。有的干部把外勤队伍当作短期完成保费目标的工具，不能成功，所以十年来天天很累。

如果打造了一支伟大的销售队伍，目标达成就会很轻松。打造伟大的销售队伍，就是把资源放在新人的选择、训练上，放在销售骨干的培养和持续的提升上，打造销售组织、销售骨干。投资型的公司是找项目，销售型的公司就是要建立队伍、寻找客户、不断创新产品，后者遇到的困难、挑战比一般的经营者要多，因此保险公司能培养业务人才、涌现优秀的经营管理者。我们要坚定地要在泰康的骨髓根植这样一个理念：打造伟大销售队伍就是打造伟大公司的根本，就是要打造职业化、专业化的销售队伍。我们的外勤队伍还是兼职很多，专业化不够。打造专业化、职业化的销售队伍，就是要持续提升经营管理能力，持续提升件均保费、人均产能。一定要实现董事长讲的“客户是业务员的衣食父母，业务员是公司的衣食父母”，没有打造五支伟大的销售队伍就没有泰康的明天。

“寿险的金三角就是产品、客户和队伍。产品、客户是市场，队伍是最伟大的媒介，通过队伍，把产品销售给客户。”

打造泰康黄埔军校和党校

新的党中央提出改进工作作风八条要求，泰康也要在改进工作作风上下大工夫。一是简化会议，CEO 办公室重要工作就是进一步梳理公司的会议体系，实现少开会、开短会、开实会，谁分管谁参会；二是简化接待，总公司要出台接待管理办法，分公司谁分管谁接待，不要到机场迎接，总公司部门总经理及以下人员不搞接送，轻车简从，招待从俭，杜绝送礼；三是按市场化原则推进车改，重要会议可以租车，绝不养车。改进工作作风的总体要求就是要坚定杜绝形式主义、官僚主义，坚定实事求是、务实高效，这次会议务必要形成共识。

加强梯队建设，每年公司举办两期后备干部培训班，董事长亲自讲《战略思维》，让大家了解公司的历史、文化、战略、目标，让大家了解哪些是公司的底线、哪些是公司价值观。这些年个险坚持世纪组训班，培养两千多人，一半以上还在泰康，相信经历了这样的历练，泰康的文化已经融入到他们的骨髓。我多次要求，营销干部必须从世纪组训中选拔。明天全体参会人员去黄埔军校参观，我们要打造伟大的公司，一定要在干部培养上下大力气，一定要形成泰康自己的精神。外勤要打造自己的黄埔军校，内勤要有自己的中央党校，这是公司的百年大计，培训中心一定要在这方面下功夫。明年昌平培训基地动工，打造泰康商学院，硬件设备要向一流商学院看齐。加强总分公司交流，推行总、分公司干部轮岗机制，逐步将中支总经理纳入总公司管理体系。

“我们要打造伟大的公司，一定要在干部培养上下大力气，一定要形成泰康自己的精神。外勤要打造自己的黄埔军校，内勤要有自己的中央党校。”

对行业长期趋势充满信心

中国经济未来十年仍将保持高速增长。十八大刚刚闭幕，新任中共中央总书记习近平广东调研第一站就是邓小平铜像前敬献鲜花，向世人宣示新一届党中央将带领中国继续坚持改革开放，这是最大的信心来源和力量来源。改革开放三十年来，中国社会经济发生了深刻变化，经济结构转型、持续的城镇化进程及收入倍增计划三大因素将支持中国经济未来十年继续保持 7% 左右的高速增长。十八大提出大力发展民营金融机构，开启了新一轮体制改革；当前的国际国内经济温和复苏，将为保险业创新发展带来机遇，支持保险业快速发展。保险业正处在发展的战略机遇期，有望实现高于 GDP 增速的增长，对保险行业发展的长期趋势要有充足的信心。

正视行业发展面临的压力和挑战。一是营销增员难、留存难的问题，营销进入专业化时代，专业化就是持续提高营销人员的人均产能和件均产能，只有这样这支队伍才能有收入、才能留存；二是银行系保险公司异军突起，明年会占到银行保险市场份额 10%–15%，加上市场整体在萎缩，保险公司竞争会加剧，走规模化道路受到约束，公司坚定推进价值转型；三是明年银行满期给付高峰期到来，以及近年来银行保险的集中退保，这三点都是面临的压力和挑战。

行业发展的机遇与有利因素。12 月 13 日，保监会在广东清远召开 2012 年中国寿险业发展与监管高层研讨会，两份非常好的报告，一个是汇丰银行从世界投资者角度怎么看中国寿险市场的发展，一个是中信证券对美国、台湾、日本等发达市场寿险发展的进程和对国内寿险市场的判断和分析，很有启发和借鉴意义。一是保障型产品转型带来的机遇，特别是友邦保险在保障型产品的转型取得巨大的成功，近年来友邦新单价值取得 30%–50% 的增长，主要是来自重大疾病和癌症保险的产品转型，其次是来自于客户挖掘，友邦 50% 的新单保费是来自于老客户的再次开拓。公司提出保额倍增计划，要进一步落实到行动上。二是投资新政逐步释放利好信息，保险公司也可以申请信托牌照和基金牌照，发行个人理财产品，将大大拓展保险公司竞争力。预计未来三到五年另类投资会带动整个保险资产收益率提高一个百分点，对泰康就是增加 40 亿投资收益。三是中国经济复苏带动全球经济逐步恢复，当然复苏增长还在波动，除了出口外其他经济指标都非常健康，新一届领导集体改革力度加大，从近几年中国经济发展特点看都是政府周期带动中国经济周期。

（2012 年）

【注】2012年12月14日至16日，跟随习近平总书记“新南巡”的步伐，继“改革、创新、发展”为主题的2012年寿险发展与监管高层研讨会在广东召开，泰康人寿2013年计划预算工作会暨分公司总经理会在广东番禺隆重召开。陈东升的报告正是以“变革”为主题，强调聚焦核心问题，不断变革创新，突破发展瓶颈，为了泰康人寿新一轮崛起积蓄能量，做好思想、理论、组织、干部、财力、物力、人力的准备。以变革积蓄发展正能量。

F1 俱乐部成立了

刚才我们进行了一个短暂而简洁的颁证仪式。这是一个伟大的历史时刻，我们用七年探索实践揭开了养老社区这个面纱，今天，销售顶尖的体系、第一批 F1 俱乐部的顶级会员和会员正式诞生了。大家不要小看这样一个简短的小小的仪式，它是一个伟大的新生事物，你们就是这样一个新兴商业模式的第一批见证者，第一批拿到资格的人，你们是世界金融业的开拓者，所以一定要知道你们肩上沉甸甸的责任。

这次训练，有非常优秀的讲师，昨天讲奢侈品，今天讲理财和私人银行，刚才又有我们五位顶级高手的分享。高水玲是保险的哲学家，其他几位年轻伙伴，你们都用你们的心在做。不管过去经历了什么样的人生经历，做过什么样的工作，当我们开始走向自己职业生涯的时候，开始寻求我们人生梦想的时候，开始觉得我们寻找的这条路就是我们把一生都愿意奉献给它、坚持走下去的时候，成功、永远的成功就会伴随你。当然成功中有艰辛、有挫折、有坎坷，我觉得这些都不要紧，我经常讲不管是大老板还是我们这些顶级的销售人员，每一个成功的人都是一本厚厚的书。我创立了三个公司，用二十年的时间，让三个公司在每个领域里都成为一个优秀的公司，所以我和你们一样有很多体会。我经常讲，哪怕一个开小饭馆的个体户，我都投以敬佩的目光。只有敢于去冒险，只有敢于去探索，只有敢于去追求才会成功，成功的背后所有的都是付出、智慧和艰辛，所以大成功者和小成功者道理都是一样的。你们今天也是这样，所以我为你们骄傲，我为你们自豪。我也经常讲，顶级的销售人才，不亚于世界冠军，不亚于艺术家，不亚于歌星，都是不可多得的，都是极具特色的，也是非常稀缺的人才。所以今天我也可以很骄傲地说，我们打造了这样一支伟大的销售队伍，一支颠覆传统金融产业的队伍，一支开创崭新商业模式的销售队伍。我们要永远记住这个地方，记住今天这个舞台，你们第一批走到了这儿，我们还有一大批会跟着走上这个舞台，这就是我们泰康的成功，这就是这个伟大商业模式的成功，没有你们一切都等于零。

我经常讲一个新理论：市场的金三角。只有客户定位清楚，才会创造伟大的产品，没有明确的客户定位，就不会有伟大的产品。客户的需求产生了伟大的产品，这还是一个理念，怎样把这样一个极其抽象、谁都会讲的一句话变成现实？是时代给予了我们机会，时代给予了我们创新，时代给予了我们这些条件，我们把这句话变成现实。这个现实中最伟大的就是你们，你们就是一个媒介，客户有需求，有了产品，没有你们，客户永远不是真实的客户，产品永远不会是一个伟大的商业模式。你们这个伟大的媒介，让他们粘合在一起，就会产生巨大的社会效应，这就是我讲的金三角：客户、产品、队伍。我们的客户定位很清楚，高知、高管、高干、企业主。那么有了这个定位，我们的产品是什么？我们的产品不是养老社区，不是“幸福有约”，是一个集合，我们的产品就这四句：活力养老、高端医疗、卓越理财、终极关怀。

“我们的产品不是养老社区，不是‘幸福有约’，是一个集合，我们的产品就这四句：活力养老、高端医疗、卓越理财、终极关怀。”

高端医疗。高端医疗是什么？你有什么样的需求，我们就个性化服务，打造完全的医疗服务体系，让顶级的专家为你个人进行单独的诊断，让我们的医疗环境和水准，一定达到北京协和医院、301 解放军总医院的高端病房的条件。

卓越理财。在西方，大家一定都知道，理财、财产的传承、避税，它是一系列的，还有家庭财产的分割、财产的转移、财产的保密。历史上为什么要创造这样一个模式？这就是因为第一次和第二次世界大战时期，瑞士是一个中立国，很多达官显贵，很多帝王将相，他们为了安全，把瑞士当成了全世界财富最安全的栖息地，于是产生了顶级私人银行制度。我们今天的私人银行跟他们比差得很远，我们能做到他们那样的保密吗？所以卓越理财严格讲，他们所有可以做到的，我们都要求做到。我们未来还可以跟世界顶级的私人银行合作，全球配置我们的投资。

终极关怀。终极关怀非常清楚，你们和董事长一块，今天我们生为泰康人，未来每一个人都要走上天堂这样一个生命轨迹，我们会建家族墓地，子子孙孙，如果要说建了五十层，这是一个伟大的家族。因为在我们这里谁的塔高，这个家族就是最伟大的，要是塔低了就说明整个家族传承中断了。这是不是文化？今后你们家族的塔谁盖的高，这个家族的传承就成功，这是不是创新，是不是可以做到？可以做到的！

所以活力养老、高端医疗、卓越理财、终极关怀，这四个加起来，卖的是生活，卖的是消费。说保险业是金融业服务业，谁都听得懂，谁都能接受。但是你们董事长是第一个说保险业是消费业的，而且不是现在讲的，十年前就讲了，保险是未来的消费，就是安排您和您的家庭未来幸福美满的新生活，三个形容词，健康、幸福、美满的新生活，就是关爱、解决每一个人、每一个家庭的生、老、病、死。21 世纪节能、环保、人文关怀，三大潮流，人寿保险就是人文关怀里面的最伟大的产业。所以才有了“买保险就是尊重生命”，“一张保单保全家”，到今天的“一张保单一辈子的幸福”，“富足而退、优雅一生”，“让每一个人优雅地老去”。我们整个理念、我们整个产品都贯穿始终，所以说，泰康人寿在中国的人寿保险业，我们一直走在创新的前面，一直引领这个行业的潮流，一直抢占这个行业最具力量的话语权。同时，我们很专注，我们不受这个浮躁社会的干扰，不异想天开，不去今天做银行、明天做信托、后天做证券，在浮躁中保持我们的冷静，在快速中保持我们的稳健，在浮躁中坚守我们的信念，就是走专业化的道路，深耕寿险产业链，从摇篮到天堂，让保险更便捷、更实惠，让泰康人寿成为人们生活的一部分。

我们的客户定位和产品就讲清楚了，剩下的就是我们的队伍，就是我们的高手。我们的 F1 俱乐部诞生了，顶尖高手诞生了。我们就是这个行业的开拓者，因为我们面对的都是顶尖的客户，我们把私人银行这样一个商业模式、销售模式、训练模式、还有整个客户管理模式，借鉴过来，这不像我们去卖普通保险。在这种新的销售模式下，我要讲最核心的，还是诚信和品牌。诚信要成为我们的 DNA，成为我们骨髓里的造血机制。诚信是现代商业的基石，诚信是现代商业之母。如果这个社会很诚信，交易会很透明，社会效益、经济效益会百倍提高，但是因为人类是一个复杂的动物，每一个人的动机和利益不一样，所以诚信是那么的难。但是做伟大事业、做长期事业，没有诚信是走不过去的，是走不到今天的，是走不到未来的；投机取巧、做一锤子买卖的人不需要诚信，诚信对他们来讲是负担、是累赘、是傻帽，这就是区别。所以一定要记住诚信。

“诚信是现代商业的基石，诚信是现代商业之母，做伟大事业、做长期事业，没有诚信是走不过去的，是走不到今天的，是走不到未来的。”

做养老社区，我们是做长期事业，是看三十年、看五十年，这是个伟大的商业模式。F1 俱乐部可以进一步慢慢的发展，慢慢的探索。我不讲养老社区里面有多漂亮，我讲干货：这是您的家，这是您的大学，这是您的高端会所，这是您的高干病房，这是您的精神乐园。五句话说清楚，还得加一句，这是您的理财中心，可以帮您理财。还可以候鸟式养老，周游世界。您还可以在这儿享受民主社会，竞选楼长，竞选养老社区的居委会主任；还有，没有配偶的还可以在这里实现第二春、第三春啊！

（2013 年）

【注】为了更好地经营和服务高端客户，2013 年 7 月 6 日，泰康人寿 F1 俱乐部（F 为英文“财富”Fortune 第一个字母）成立。F1 俱乐部首批会员从泰康人寿二十多万销售大军中，经过营销能力、业务品质、执行力（幸福有约销售件数）、综合素质、忠诚度等各项指标的层层考核，最终脱颖而出。F1 俱乐部会员的未来发展方向将不仅仅是高超的保险销售人员，更是能与高端客户平等对话、有品味、有眼界的专业财富管理者和规划者。本文为陈东升在 F1 俱乐部成立仪式上的演讲摘要。

成就伟大梦想 建设美好家园

今天，我们在北京市的“人民大会堂”北京会议中心隆重庆祝我们泰康十五周年华诞。司庆之际，喜讯频传：吴定富主席和郭金龙市长来司视察，高度肯定了泰康十五年来所取得的成就，揭开了司庆序幕；中国美术馆泰康收藏展渲染了泰康厚重的文化底蕴；昨晚，北大百年讲堂的文艺汇演，泰康伙伴自编自导、载歌载舞、美轮美奂，用一颗热爱泰康的心，将司庆系列活动推向高潮。今天，在大家翘首以盼中，欢聚一堂，见证这激动人心的时刻，共同回顾历史、展望美好的未来。

十五年风雨兼程，十五年开拓创新，每一步都历历在目，犹如昨日。忘不了在电话中听到牌照获批时的激动，忘不了收到第一张保单时的兴奋；忘不了敦煌之旅无边的驼队，忘不了钓鱼台之夜悠扬的琴声；忘不了巴厘岛我们身着军装，吹响再造泰康的冲锋号角；忘不了亚龙湾我们激情释放，见证了业绩翻番的辉煌。现实比梦想更伟大、时代让理想绽放光芒！

十五年来，泰康从无到有，从小变大，由弱变强。时代赋予我们机会，泰康长大了；全体伙伴倾情奉献，泰康变强了！源于梦想和责任，泰康诞生、成长、壮大；源于热爱，所有泰康伙伴托起了我们今天美好的家园。伟大的时代付出热血才能成就辉煌，伟大的梦想付诸努力才能变为现实。

梦想和成就 —— 五年的脱胎换骨

自诞生之时，泰康人就置身于改革开放、民族振兴、行业发展的伟大梦想中，感恩时代好、命运好、机会好赋予我们的责任。因时而生、因市而兴、因势而变，有理想和抱负成为泰康人的特质。让我们一起，共同回顾和总结这十五年的梦想与成功之路。

可以说，经过十五年的蜕变，泰康已是业务多元、持续盈利、具有综合竞争能力和实力较强的大公司。“从小到大”、“由弱变强”、“从传统寿险走向新兴多元寿险集团”应该是十五年来，特别是这五年，公司脱胎换骨的变化和最辉煌的成就。

“从小到大”奠定了泰康大型寿险公司的市场地位

今天，我们管理资产超过 3500 亿，十五年复合增长达 51%，较五年前翻了 6 倍；今年总保费预计突破 900 亿，十五年复合增长达 53%，五年翻了 5 倍；市场占有率从五年前 4.9% 提升到 8.2%，有效风险保额达 3.5 万亿。

今天，我们的网络遍布大江南北，我们的服务延伸乡村街道，2000 多万家庭与泰康相连，30 万伙伴为泰康奉献。我们在全国拥有 35 家分公司、270 家中心支公司，超过 4000 家营业网点，同时旗下拥有泰康资产、泰康养老、泰康之家三家公司。

今天，我们积累了 6300 万客户，承保有效保单超过 1500 万张，电话服务累计超过 3000 万人次，累计赔付 773 万人次，累计赔款达到 79 亿元，回馈社会，捐赠和赞助公益事业款项达 1.67 亿元。

“由弱变强”打造了泰康核心竞争优势的综合实力

我们已具备持续的盈利能力。我们从创业之初 6 亿净资产增长到 150 亿，五年来，翻了近 9 倍。净利润连续五年保持 30 亿左右。五年来，新单价值增长近 6 倍；偿付能力连续十五年始终保持充足，净资产回报率一直处于行业的前列。

我们已具备全面的业务线和完善的组织构架。从传统寿险个、团、银，到电话网络销售、健康险、养老金、资产管理、养老社区等新兴业务并举的多元寿险集团。我们的组织从单一寿险迈向寿险、年金、健康险、资产管理、养老社区并重，事业部和子公司相结合的集团构架。

我们已沉淀了一批优秀人才。我们是具有国际视野的公司，40% 以上高管是来自海外的国际人才；我们是专业化公司，国际认证精算师 23 人，两核人才近千人，管理和专业干部占比 30% 以上；我们是年轻有朝气的公司，30 岁以下员工占比 50%，大学本科以上学历占比 57%；我们是具有强大竞争能力的公司，投资团队中博士和硕士占比 77%，投研团队中 80% 以上来自海内外名校。

我们已具备较强的综合服务能力。客户投诉率始终保持市场最低，公司已形成网络、电话、柜台、员工“四位一体”的客户服务体系，为客户提供全方位服务。

我们风险管控体系基本完善，行业领先。公司建立了以“经济资本”为核心，三位一体的风控体系及风险管理信息系统。在业务快速发展的同时，确保风险与收益的平衡。

我们已具备较强的品牌“软实力”。我们已签约亚洲首个网球大满贯冠军李娜；连续四年在央视进行战略性广告投放；在全国所有分公司、80% 的中心支公司所在地设立了户外广告大牌。我们在行业内、在市场中，树立了健康、时尚、亮丽的差异化品牌形象。

同时，“从传统单一寿险走向新兴多元寿险集团”，奠定了泰康以价值为核心、构建多元利润池、迈向又大又强公司的框架体系。

十五年来，公司发生了翻天覆地的变化，我们抓住了每个战略机遇期，超常规、跨越式发展；我们把握快速发展不失稳健、稳健经营不乏创新，实现了规模、效益、风险管控齐头并进。这五年是十年积累后，由量变到质变的五年；是公司面向市场、面向未来，探索新兴业务和多元架构的五年；是为新三年、新五年、新十五年奠定坚实基础的重要五年。

追溯十五年，回眸近五年，在成就取得的背后，是我们沉淀积累的经验和体会：

思想理念创新，把握保险市场话语权。从“一张保单保全家”、“买车、买房、买保险”到“买保险就是尊重生命”，再到“从摇篮到天堂”，我们深切地透视和理解了中国经济、社会的变迁，抓住中产阶级崛起和新的生活方式，使我们具有强大的市场话语权和感召力。

优异的国际化治理结构。这是公司核心竞争力的根本保证。泰康是中国金融业第一批国家正式批准引进外资，第一家治理结构全面和国际接轨，率先执行CEO、独立董事制度的公司。

以专业为核心的文化价值体系，争做市场的好学生。泰康最具特质的文化标签就是：专业、稳健、创新。对“专业”，我们一直怀着神圣的如宗教般的崇拜感；“稳健是本，创新是源”，我们做事规矩，有强烈的道德底线，我们创新求变，推动行业发展。做市场的好学生，实事求是，与时俱进，贴近市场，是我们不变的追求。

强大的投资能力。公司打造了一支市场一流的投资团队，建立了科学高效的投研管理体系；始终坚持以平台吸引人才、以文化培育留存人才、以人才创造业绩的策略，充分发挥团队精神，投资纪律严明，奉行“研究驱动投资，投资创造价值”的理念，敏锐地把握市场波动，坚持价值投资，创造了连续超过八年投资收益率名列行业前茅的优异业绩。

面向未来的利润池架构。个险、银保、资产管理已为公司提供持续、稳定的核心利润来源；公司正在构建面向未来的创新、健康险、养老金、养老社区等新兴业务板块，形成有主有次，有先有后，有纵深的利润池架构。

深耕寿险产业链，养老社区的颠覆性创新。投资是短期套利行为，养老是中长期行为，而养老社区是终身行为，保险、投资、养老与养老社区的结合带来了产业的颠覆，成为人类保险历史上天配的伟大嫁接、革命性创新。

十五年弹指一挥间，时代造就伟业，梦想成就辉煌。历史的年轮和时间的沧桑沉淀了无数珍珠般美丽的记忆，我们分享智慧和思想的光芒，感受文化的力量；我们分享成功的喜悦，感受财富的魅力。我们一起创造财富、分享财富；我们践行着服务中产阶级、带头迈入中产阶级、享受中产阶级生活的梦想，就是体面的职业、稳定的收入、健康的体魄、充足的闲暇，周游世界。我们沐浴了马来西亚的阳光、我们感受了巴黎的浪漫、我们见识了夏威夷的风情、我们领略了澳洲的狂野、我们体验了埃及的古老文明，我们用勤奋和劳动创造财富，我们用财富去享受新生活！

我们让表现卓越的员工获得荣誉，我们用股权计划和留才计划激励员工，我们用企业年金让所有员工无后顾之忧，我们用千人计划吸引优秀新人，我们也不会亏欠老员工。让每一位伙伴感受到分享。

我们分享应对挫折和挑战的经验，感受战略的力量。十五年的成就并非一帆风顺，十五年的历程布满坎坷和风霜！高歌猛进后，我们遭遇了结构转型的阵痛，但也练就了职业经理人以完成任务为天职的零点精神！井冈山的竹海里，我们重温燎原的星星之火，看到了组织建设组织发展的曙光；延安的窑洞中，我们感受了革命的艰难曲折，明确了县域保险的主张；在改革开放前沿的深圳，我们实事求是，探寻真理，坚定了价值经营和创新的方向；在冰天雪地的亚布力，我们破冰前行，乘风破浪，开启了新三年战略的宏伟篇章。

我们分享作为公民的使命感和价值观，感受责任的力量。社会上每一次重大事故，我们都感同身受，勇于担当。温州动车事故、伊春空难，甚至遥远的巴西空难，我们都在第一时间核对客户信息，及时履行赔付责任。每一次重大灾难来临时，我们都全力以赴、挺身而出。98 年洪灾、2003 年非典、汶川地震、玉树地震等等，我们用温情和绵薄之力抚慰受伤的心灵。我们积极投身公益事业，为八所著名高校提供奖学金，鼓励莘莘学子勤学奋进；为 60 周年庆典首都游行群众捐赠保险，保驾护航；设立中国经济理论创新奖，鼓励原创性学术研究；赞助丘成桐中学数学奖，培养中国未来的诺贝尔和居里夫人。

此时此刻，我们细述每一份分享，相信在场所有泰康伙伴和我一样，感受到一个强大的声音冲击着我们的心灵，从心底涌出两个字：感恩！感谢和感恩这个伟大的国家和时代，时势造英雄，泰康愿做优秀的企业公民，争当改革开放大潮的排头兵；感谢和感恩全体股东和董事，感谢你们的信任和支持，你们既是公司的一份子，也是我们最坚强的后盾；感谢和感恩所有的客户，你们的信赖和支持，是我们发展最大的动力；感谢和感恩监管部门和领导，你们的关爱和呵护，让我们健康成长；感谢和感恩新闻界朋友的支持和关怀，你们的声音让我们时刻警醒，戒骄戒躁，谦虚谨慎。

最为重要的是：在此时此刻我要感谢和感恩全体泰康伙伴们，正是你们的辛勤劳动，让我们的家园建设得更加美好！前线的伙伴，风霜雨雪，披荆斩棘，功勋卓著！后台的伙伴，默默无闻，任劳任怨，无私奉献！还有你们的家人，甘做无名英雄，让家更稳固，让爱永无忧！

展望未来——建设美好的家园

辉煌的过去已成为历史，我们憧憬更美好的未来。面对挑战与机遇并存的新时代、新形势、新市场，泰康明确了未来的方向，清晰了新三年、新五年、新十五年的新航标。

中国已是全球最大的新兴工业化国家，我们正处在工业化的中后期、城市化的巅峰期、经济结构服务化的转型期。在这个时代背景下，保险业迎来了县乡保险、多元行销和银行保险，理财时代的三大潮流，进入新的黄金发展期。整个社会都在转变增长方式，必将带来保险业经营方式、服务方式、市场拓展方式的全面转变，行业将进入多元行销、专业行销和职业化行销时代，市场呼唤“业务好、财务好、服务好”三好公司的到来。

对于未来的发展方式，我们曾经困惑和彷徨，亚布力会议，我们反复探索，追寻真理，最终达成共识：坚定转变经营方式，全面开启价值时代。国家和行业“十二五规划”的出台，更坚定了我们走价值经营之路。面对新的战略机遇期，我们重新明确了未来的使命、愿景和规划。

我们的使命是：融入 21 世纪大众生活，深耕寿险，致力于为客户提供“从摇篮到天堂”卓越的保险金融产品和服务，帮助人们安排健康、幸福、美满的新生活。

我们的愿景是：专业化、规范化、国际化经营，吸引、发展、激励和留存杰出人才，成为最具亲和力、最受市场青睐、全球领先的大型保险金融服务集团。

未来十五年，我们的规划是：立足本土、放眼全球，建立以价值为核心、市场前三的领袖型企业；从资产国际化，逐步发展到投资和保险业务国际化，力争用十五年时间，建设成全球领先的保险金融服务集团。

实现宏伟目标，我们坚定以价值为核心，转变经营方式，从价值、客户、队伍、机构、产品打造综合竞争力；我们坚定走专业化道路，深耕寿险产业链，从摇篮到天堂，成为人们生活的一部分；我们坚定奉行人才立司，打造人力资源大公司。

以客户为中心，建设“服务好”公司。什么是“服务好”？就是能够全面满足客户需求，让客户感受到公司舒适、便捷、安全、可靠的服务。以客户为中心，进行市场细分、服务细分、产品细分，提供专业化、个性化的产品和服务，实现差异化；同时满足客户全方位、多层次需求，进行综合服务。公司对客户平台进行全面整合，将客户二次开发、交叉价值最大化，实现一个客户、一个窗口、一个泰康。

全面整合中后台，打造综合盈利能力。以产品为中心，满足人们对寿险不断变化的医疗、养老、保障与理财结合的综合需求，进行渠道、价值、财务、投资、风控、市场的价值体系整合，形成成本控制中心、风险管控中心、产品开发中心、投资利润创造中心，降低成本、提高经营效率，从而全面打造公司综合盈利能力。

人才立司，打造人力资源大公司。人才是实现公司宏伟目标的立足点，是实现公司战略最根本、最关键的因素。人才立司，我们要打造职业化销售大军、建设销售体系、提升销售能力。我们要帮助销售伙伴持续积累客户、提升专业技能和销售能力、持续提高收入，成为高专业素质的职业化大军。什么是职业化？就是把销售保险作为谋生手段、作为终身职业；构建"销售文化、销售管理、销售培训、销售支持、销售人力发展和销售荣誉"的六大体系，将销售队伍建设成"高留存率、高活动率、高继续率、高收入"的四高团队，最终建立强大的市场竞争力。人才立司，我们用"千人计划"吸引优秀毕业生，让你们成为公司未来的栋梁；我们不断完善薪酬福利体系，让员工更有价值地贡献力量；我们对员工进行全方位、多层次的培训，让你们适应未来竞争的需求；我们进行团队建设，从领军人物、班子建设到核心团队，形成公司未来核心人才梯队；我们关注年轻员工的成长，让你们在泰康这个大舞台施展才华，成为未来公司最重要的中坚力量；我们要坚定关注一线销售伙伴和基层员工，你们默默无闻、辛勤付出，一同成就了泰康今天的辉煌，你们是泰康真正的脊梁、真正的价值所在、真正的希望！

泰康的未来属于年轻人，我们鼓励大家脚踏实地、用心做好每件事；我们鼓励大家刻苦钻研、提升自我；我们鼓励大家脱颖而出、实现价值；

我们也倡导年轻人走向基层，在磨炼中成长，你们的明天和泰康一样灿烂！

泰康一直是有理想、有责任、有特质的公司，国家和行业赋予的时代使命，让我们立志成为业务好、财务好、服务好的“三好”公司。销售能力提高了，才能业务好；综合经营效率提升了，才能财务好；只有客户满意了，才算服务好。

我们不满足于做一家“三好”公司。伟大的企业有两种，成为国家象征，代表一个国家；或者，成为人们生活中不可或缺的一部分。泰康立志要成为人们生活中不可或缺的一部分。什么叫“人们生活的一部分”？就是我们的保险要普及千家万户，当每十个中国人有一个是泰康客户的时候，就敢说我们是人们生活中的一部分。什么叫“不可或缺”？当千万家庭将生老病死、一辈子的幸福托付给你的时候，而且祖祖辈辈，子子孙孙不离不弃、依赖你的时候，你已经成为他们生活中不可或缺的一部分。

泰康将深耕寿险产业链，为客户提供“从摇篮到天堂”的保险金融产品和服务。高举中产阶级新生活方式，抓住理财时代，将投资、养老、养老社区相结合，将健康、医疗、保障、养老相结合，打造未来两大核心链条，拉长寿险产业链，赢得和锁定中高端客户，将养老金和养老消费融合一体，引导老年人追求有尊严、有品质的新生活，帮助人们实现一辈子的幸福。童年的纯真、少年的狂野、中年的潇洒、老年的神闲，让每一个中国人奏响人生的完美乐章！

今天，我们一同重温了昨日的成功与喜悦，共同展望了未来的目标与蓝图。过去的十五年，我们从小变大，由弱变强，建立了面向未来的核心竞争能力和综合实力；未来十五年，我们立志建设“三好”公司，成为人们生活的一部分。为实现新三年、

“我们立志成为业务好、财务好、服务好的‘三好’公司。销售能力提高了，才能业务好；综合经营效率提升了，才能财务好；只有客户满意了，才算服务好。”

新五年、新十五年的宏伟目标，让我们团结一心、携手奋进，共同建设我们美好的泰康家园！

（2011 年）

【注】2011 年 8 月 22 日，北京会议中心报告厅座无虚席，“激情中国梦荣耀泰康路”泰康人寿十五周年庆典暨授勋表彰大会隆重举行。陈东升发表了振奋人心的激情演讲，他用“因时而生、因市而兴、因势而变”概括泰康人寿过去十五年的成就，系统盘点了公司“从小到大”“由弱变强”，“从传统单一寿险走向新兴多元寿险集团”的发展历程。

对寿险市场的学习和再认识

因时而生、因市而兴、因势而变

泰康人寿具有良好的公司治理结构。泰康人寿成立于 1996 年 8 月，是《保险法》颁布后首批成立的五家全国性股份制保险公司之一，今年恰逢泰康成立十五周年。成立之初，泰康人寿就建立了以股东大会、董事会、管委会为核心的治理结构，完善的董事会结构、健全的专业委员会和一流的董事会成员。泰康高管一部分是早期创业的一批人，一部分是泰康这些年培养提拔的一批人，还有一批是海外引进的优秀人才，包括首席财务官、首席精算师、首席信息官、健康险负责人等，他们大多曾在国际大型保险公司工作 20 年以上。当年平安引进外国人，我们吸取它的经验教训，引进华人高管。泰康 15 位高管里面，将近三分之一来自于国际团队。

泰康已形成专业化的寿险集团框架。泰康人寿包括个人保险、银行保险、电话及网络业务、健康险等，下设 35 家分公司。泰康资产包括传统资产管理、另类投资、第三方理财三类业务，传统的资产管理指在资本市场进行的权益和固定收益投资，另类投资主要是房地产、PE、基础设施投资，第三方理财是利用小保险公司托管资金投资，包括泰康养老的企业年金资金，近几年资本业务部发行创新理财产品，面向社会提供资产管理服务，我们认为第三方理财在未来还应有重大发展。泰康养老实际上是由过去的法人业务独立出来成立的一个全职的养老金公司。泰康之家负责不动产投资，主要发展养老社区。泰康现在包括这四大板块，虽然现在还没有成立集团公司，但已形成了一个专业化的寿险集团的轮廓。

关于机构及销售队伍方面，到目前为止，泰康人寿有35家分公司，覆盖全国除西藏以外的全部地区，中心支公司270家，也实现了全国覆盖，县城和乡镇网点合计超过4000个，合作银行网点1.5万个，每一个网点都有泰康员工服务。泰康目前拥有内勤员工2万，代理人21万，银保销售代表1.6万，法人销售代表0.3万，电销销售代表0.8万。

经营成果方面，2010年保费收入867亿，今年由于银行保险下滑较大，预计2011年保费规模负增长3%到5%。内含价值到达309亿，实现净利润21亿，累计赔付79亿，赔付人次700多万。历经十五年发展，泰康稳居中国寿险市场前五位，连续四年盈利近30亿，没有一分钱呆账坏账，始终保持偿付能力充足，具备持续盈利能力，积累了较强的客户基础；企业经营发展的同时，勇于承担企业社会责任，积极树立良好的企业公民形象。

业务发展方面，从去年开始由追求规模保费转向考核新单价值，今年转型取得显著成果。新单价值今年增长10.5%，其中个险增长将近20%，银行保险负增长13%，创新业务增长109%，这是一个很好的势头。按照保监会披露的标准保费统计口径，泰康标准保费名列寿险市场第四位，按照规模保费排名，泰康位居市场第五。价值转型带来业务结构的持续优化，从今年前三季度的经营数字分析，泰康个险10年以上的标准期交保费占比达到82.3%，而其他几家排名靠前的公司都在60%左右。

回顾泰康十五年发展历程，可以分三个阶段。第一阶段是1996年拿到牌照，因时而生，获得了牌照，找来了市场，这是很好的先机。泰康成立的时候，前面只有人保、平安和太平洋，泰康和新华天生是一对双胞胎，反正不是老四就是老五。第二阶段是2000年我们引进外资，发行了新股25%，吸收11个亿资产，加上老股东6个亿，合计泰康人寿新老股东出资17个亿净资产，到今天净资产达到150亿，完全是经营出来的，这个可能在整个金融业、保险业里是独一无二的，而且我们一直保持偿付能力充足，当然现在我们也感到压力了，这个阶段，我们抓住中国加入WTO的机遇，一次性完成全国机构布局。第三阶段是2006年我们抓住了资本市场回暖，抓住了银行保险崛起，没有银行保险崛起，就不能分享资本市场的大牛市，没有资本市场大牛市，泰康今天就没有150亿的净资产。2007年股权分置改革这一轮股市行情，在保险公司里面泰康可能赚的钱是最多的，我们大概赚了四五百个亿，70%分给客户，30%留给股东，我们一下从19亿的净资产增加到今天的150亿净资产，另外股东分红30亿。我们把过去15年发展归纳成这三个阶段。现在我们进入新经营阶段，即价值经营阶段、商业模式创新阶段。商业模式创新，就是搞养老社区，把人寿保险跟养老社区结合，拉长寿险产业链，创造一个新的商业模式，这是泰康的创新和特色。

“泰康人寿新老股东出资17个亿净资产，到今天净资产达到150亿，完全是经营出来的，这个可能在整个金融业、保险业里是独一无二的。”

泰康15年总结归纳为三句话“因时而生、因市而兴、因势而变”，抓住每一个战略机遇期，超常规跨越式发展。我也在总结，为什么外资公司在中国比较平淡，中资公司在中国为什么发展那么好？中国是个新兴市场，用发达市场的打法来经营新兴市场，水土不服。新兴市场的打法就是快速发展，抓住战略机遇期快速发展。最重要的是在快速发展过程中抵御风险，避免出现资本不充足的情况。泰康15年将“快速发展、稳健经营、创新开拓”三者平衡得比较好。泰康经营亮点有几方面，一个是我们有自己一套理念，例如“一张保单保全家”，“买车、买房、买保险”，“从摇篮到天堂”，“买保险就是尊重生命”。还有一个是优异的治理结构，董事会中的独立董事和董事里面既有经济学家，又有法律专家，也有审计专家，例如我们现在审计委员会主席是厦门大学会计学院的院长，也是一个国内知名的财务专家和会计专家。泰康的优势是股东结构好，董事会结构好，管理委员会结构好。关于稳健创新，我们一直说一句话叫“做市场的好学生”，在治理结构、在市场形象、在保险文化建设方面率先践行保监会的思路。强大的投资能力也是我们泰康的优势。还有一个是面向未来利润池构架，包括养老社区、优质商业地产，我们大概拥有35万平米的优质写字楼，投资优质写字楼也是未来保险资产运用的一个方向。

“泰康15年总结归纳为三句话‘因时而生、因市而兴、因势而变’，抓住每一个战略机遇期，超常规跨越式发展。”

当然我们也有面临的问题与挑战。第一个，泰康最大问题是核心业务积弱，我们在营销上跟竞争对手还是有一定的差距，这也是我们未来要大力去改善的。第二个，我们大力发展乡镇网点。网点这几年还在建设之中，所以网点多，产能低，导致业务费用偏高。现在的重点是提高县域网点产能，优化费用结构。第三个，泰康拥有6千万客户，个险、银保客户不交叉，对老客户的第二次开发、第三次开发比较差，所以客户整合是我们下一步的挑战。总体来看，第一，营销作为核心业务我们要提升。第二，我们请来一个新的CFO，他的使命就是优化费用结构。第三，原CFO现在做首席市场官，主要负责解决客户整合和产品开发的问题。公司把这三个问题作为未来发展的一个重要工作来做，这是我们面对的挑战和压力。

我们也正在制定未来三年、五年、十五年的规划。简单地说就是，三年实现集团化，三年上市，五年进入世界500强，十五年成为一个全球化的公司。我们现在已经在进行国际布局，高盛和新加坡政府作为股东，分别位于纽约和新加坡，在香港我们成立了资产管理公司，现在管理接近一百亿资产，拥有一支十几个人的团队，目前我们还在和伦敦的一家公司筹建基金公司。我们正在有意地布局，在全世界金融中心，都有我们的关系网。国际化分两步走，先把投资国际化，再把保险业务国际化，未来成为一个立足中国市场的全球化保险公司。

对寿险市场的学习和再认识

结合泰康的实践，对寿险业务我们有了一些新的理解和认识。过去10年，中国高增长基本是靠投资和出口这两个发动机拉动的。中国正在经济转型，转型的核心是中产阶级崛起，靠消费拉动经济增长。未来10年，消费发动机比投资和出口更有力，规模会更大，未来10年中国经济可能比过去10年还辉煌，这是我的一个基本判断。中产阶级崛起将带动理财时代到来，所以我们认为未来10年中国金融业会比过去10年更活跃，更具创新，甚至是爆炸性的增长，未来金融业的资产规模增长还会加快。

作为一家专业化的寿险公司，寿险业务和资产管理是两个引擎。寿险业务的核心是个险，目前个险占新单价值的三分之二，银行保险占新单价值的三分之一，现在银行保险实际上是寿险公司很核心的一块业务了，创新业务占新单价值的十分之一，法人业务没有新单价值，主要是当期利润。资产管理的核心也是三块，一个是传统资产管理，包括权益投资和固定收益投资。第二个是另类投资，重点是投养老社区，投医院，投资跟我们相关的产业，投资基础设施。第三个就是第三方理财，通过创新发行理财产品，扩大对社会的服务面，通

“中产阶级的崛起将带动理财时代到来。作为一家专业化的寿险公司，寿险业务和资产管理是两个引擎。”

过投资连接产品募集资金投资，还有帮小保险公司理财，这也是未来的一个很大的增长点。

个人营销业务这几年变化比较大，2006 年我们一张保单的保费大概 1700 块钱，5 年时间翻了一倍多，现在平均一张保单是 4300 块钱。件均保费倍增是保险业增长的一个很重要的来源。还有一个是人均保费，过去是 5000 块钱，现在是到 7700 块钱，人均保费也在增长。但是我们的销售队伍，20 万人中有一半是在一年以下的，一年以上、三年以上的人很少，这说明过去的营销的模式是大进大出的模式，是一个粗放式的“拧毛巾”的模式。所以现在增员难、留存难成了营销里面的最核心问题。保监会一直在探索营销体制的改革，但是保险公司很担忧员工制改革，一搞员工制成本就增加了。我们认为，未来的发展趋势是专业的理财师和寿险师。为适应这种趋势，需要在增员模式上进行改变，坚决转向专业化的师傅带徒弟的增员模式，这是营销的一个很大变化。专业化理财、师傅带徒弟、通过互联网媒介展业等模式是营销业务的发展方向。

“专业化理财、师傅带徒弟、通过互联网媒介展业等模式是营销业务的发展方向。”

关于银行保险，银行中长期存款的占比逐步下降，中长期存款实际上是经常提到的“预防性存款”，是具有保险性质的存款，这一部分存款可以逐步地转化成养老金和保险，这是银行保险发展的基础。这几年银行保险产品的平均回报率与定期存款利率是倒挂的，五年期的短交产品实际上没有利润空间，所以这一种方式就慢慢退出了。银行和保险公司寻求新的转型，就是卖长期产品，卖个险产品，我们和银行的合作也在转型。再加上受去年保监会的 90 号文件影响，今年整个银保市场下降的幅度平均将近 40%，我们虽然稍好一点，但也下降将近 30%。

关于创新业务，电话保险是外资保险公司在大陆率先试点和经营的，现在主要有大都会、海尔纽约和招商信诺等，他们走得比较早。现在我们也开始做电话销售，在中资保险公司中我们排名第二，电销保费收入从2008年起的7000万，增加到2009年1.2亿，再增长到去年的2.9亿，今年我们已经突破了6个亿，累计的客户达到16万人，电话保险发展很迅速。网络保险我们这些年也积累了640万客户，平均每天300个人在泰康网站上买保险，每天出单300万。但是网络保险还没找到一个大规模的盈利模式。我认为创新业务是21世纪保险业的一道亮丽的风景线，寿险多元行销时代已经到来。

关于法人业务，养老金子公司的模式出现后，平安、中国人寿、太平和泰康成立了四家独立的养老金公司。我们大概用了三年时间探索商业模式，现在的模式是将员工福利和法人业务装入养老金公司，一支队伍既卖年金也卖员工福利，降低了人力成本，这样就解决了养老金公司的商业模式。今天企业年金的市场格局是银行、证券、基金、信托、保险五家来分这一尚未成熟的市场，所以这一块现在基本上是亏损的，而且我们估计5年都赚不到钱。法人业务压力很大，希望未来法人业务的创新有所提高。

关于资产管理业务。保监会倡导成立资产管理公司的这个创新，过去我对它的认识不足，后来在实践中，深深体会到资产管理公司这个模式是保险业这些年赚了这么多钱的重要原因。第一，它有利于专业化；第二，资产管理公司按照投资市场的激励方式来招人，积累了很多优秀人才，有利于人才的引进；第三，资产管理公司发展第三方理财，也有利于扩大保险公司管理的资产规模，同时这种纯粹理财管理，不占用资本，不占用偿付能力，纯粹收手续费，提高了保险公司的盈利能力。泰康的第三方资产管理业务，今年的手续费收入突破1个亿，未来要做到5个亿、10个亿，这完全是在市场上赚回来钱，变成了公司的利润，提高了公司的盈利能力，所以我们认为第三方理财应该大力发展，有利于保险业积累收益，扩大保险业影响，也是保险业跟证券、银行竞争的一个有利的法宝。

不动产投资方面，养老社区是泰康人寿最早提出来的，养老社区拉长了寿险产业链，保险资金可以买地盖房，有稳定的租金，未来土地和房子还会增值，又成为隐性收益。台湾最大的保险公司国泰人寿在台湾拥有170栋写字楼，经过了40年的经营，在账面上折旧归零以后重新计算，价值一千亿人民币，给国泰人寿积聚了巨大的财富。以养老社区、医院为平台，为保险公司储备不动产，未来会带来额外的收益。养老社区带来稳定的租金收入，相当于发行长期债，这是资金运用的延伸。还有产品的延伸，我们现在开发一个年轻人买养老产品，养老到养老社区来，可以把养老金转成养老社区的费用。开发一个新的产品，带动养老产品、医疗产品、看护产品。养老社区还带动服务的创新，服务的创新就是从摇篮到天堂，一张保单一辈子的幸福。如果能创造这样一个商业模式，一定是最成功的商业模式，泰康人寿积极开启新商业模式的探索。

思考与建议

过去20年中国保险业取得了巨大的成就，未来10年中国进入经济转型，中产阶级崛起，进入一个消费和理财的时代，我相信未来10年保险业会更辉煌，迎来新的篇章。

第一，当前国有企业是保险业的骨干力量，现在出现一批股份制的、民营的中小保险公司，所以我们也提出来，保险业应该弘扬企业家精神，培养一批有国际视野的保险企业家。

第二，探索有中国特色的偿付能力的监管体系。第一个观点，中国现在的银行、保险监管制度完全从西方引进过来的，这是正确的，但是中国还是一个新兴工业化国家，处于高成长阶段，所以对资本过度监管实际上是一种浪费。中国作为新兴经济和西方成熟经济是不一样的。第二个观点，中国的金融创新不足，中国的整个资产完全没有被证券化，没有杠杆化，中国资产的金融化程度很低，所以中国金融业的风险跟西方完全不一样，资本市场不好，整个行业偿付能力受到很大的压力，希望在参照国际监管的前提下，探索中国的路子，比如偿付能力能不能按照国际上 100% 为准；投连产品实际上是帮人理财收手续费，国际上投连产品对资本的要求只有 0.1%，而我们现在是按 1%，实际增加了 10 倍，所以能不能按照国际标准 0.1% 来提偿付能力；能否将季度监管变成年度监管，在每季度监管下，每季度股票一波动，有些战略投资就不能运作。以上建议，供项俊波主席和各位领导参考。

（2011 年）

【注】2011 年 12 月 1 日，刚刚履新保监会掌门人一个月的项俊波莅临泰康人寿调研视察。泰康人寿是项俊波上任之后，视察的第一家非国有保险公司。陈东升的汇报不仅代表泰康人寿，也代表着中国寿险市场上快速发展的股份制保险企业。陈东升在全面介绍公司各项业务的发展情况后，结合行业现状，系统阐释了泰康对当前寿险市场及发展趋势的理解，并据此提出监管建议。听取汇报后，项俊波对泰康人寿提出期望：服务到位、风险可控、发展可持续，这与泰康人寿建设业务好、财务好、服务好“三好”公司的目标不谋而合。

迈向终极商业模式：长坡宽道厚雪

陈东升的思路日渐清晰：他所追求的，并不是一个封闭式的商业帝国，而是一个具有无限张力的 O2O 大健康生态系统。

这一生态系统，以“大健康”为核心，四位一体，线上线下贯通，面向高端客户群体打造闭环，面向中低端客户群体建立开放平台。

2014 至 2016 年间，陈东升带领泰康已在全国完成医养社区“八城联动”连锁布局。同时成立健康管理公司、互联网保险公司，并通过股权投资全面布局医院、医疗设备、健康饮食、医药等，形成大健康产业生态集群。

他用“长坡理论”诠释这一商业模式——深耕全生命产业链，覆盖全生命周期。这不仅契合老龄化社会需求，更是保险业供给侧改革的前沿创新。

陈东升希望，用一辈子的时间只做一件事，那就是创造一种崭新的生活方式，让每一个中国人都能优雅地老去。

2014 – 脱胎换骨 打造创新型保险金融服务集团

经过近几年“四位一体”商业模式的探索，泰康在2015年实现近万亿资产、千亿保费、百亿利润，实现全生命产业链布局，并且找到了“长坡宽道厚雪”的终极商业模式，在国内金融业走出一条前所未有的道路。这也意味着泰康脱胎换骨，告别传统保险公司，奠定了以大健康为核心的新生态、创新型保险金融服务集团的基础。

泰康辞典

【战略定位】

为日益增长的中产人群及家庭提供全方位健康和财富的管理与服务。

【业务板块】

泰康的业务内核是新单价值、大个险、个险；中层是寿险、年金、健康险；外壳是保险、资管、医养。

【三个坚持】

坚持“新单价值、大个险、个险”，坚持“专业化经营、组织破局、紧盯对手”，坚持“客户导向、品质至上、合规经营”。

【互联网战略】

互联网战略包括“左手抱右手”、互联网保险和大数据三个部分。终极目标是全面打造泰康O2O的大健康平台。

2014 年泰康首创的全民免费航意险“飞常保”产品，成为泰康互联网保险的代表性产品。

【高客战略】

泰康的四位一体商业模式催生了高客业务体系，改变了人寿保险行业没有高端客户的历史。泰康跨界整合优势资源，为高客提供一系列个性化、高价值、稀缺服务项目。

【大资管】

中产人群崛起是一体两面，一面是消费，一面是理财。未来，谁抓住了中产人群投资理财和养老金两大市场，谁就会成为管理资产最大的公司。所以，泰康资管不仅着眼于保险资金，更大力拓展第三方业务，走出一条大资管的道路。2015 年，泰康获得公募基金牌照，成为首家获得基金业务资格的保险资管公司。

【长坡宽道厚雪的终极商业模式】

泰康探索迈向终极商业模式，“长坡理论”是核心、是根基，“从摇篮到天堂”覆盖客户全生命周期；“宽道”是协同，“四位一体”，保险、资管、医养协同发展；“厚雪”是资金和高净值人群，经营高客的家庭、家族，代际相传；“滚雪球”是经营行为，打造强大的经营和管理能力。最终实现长长的坡、宽宽的道、厚厚的雪，滚世界上最大的雪球。

销售体系是万丈高楼的基石

今年是零点精神 10 周年。零点精神是泰康精神的 DNA。团结拼搏、完成任务，发挥创业、主人翁和职业经理人敢打敢拼的精神，10 年来一直指引着我们。我们用隆重简短的纪念仪式，回顾泰康 10 年巨变：总资产增长 10 倍，净利润增长 38 倍，内含价值增长 18 倍，总规模保费增长 5 倍，个险标保增长 6 倍，销售人力增长 2.5 倍，客户数增长 5 倍。

今年最重要的工作，一是打造伟大销售体系——销售体系是我们万丈高楼的基石。二是对标新对手，用三年时间，缩小和新对手的差距。

打造伟大销售队伍是永恒主题

销售体系就是网络、渠道、队伍以及加起来配套的措施和整合。4000 个网点是我们的宝贵财富。网络建设分级、分层，重点关注“10+4”区域；渠道建设进行全渠道布局，销售渠道多元，构建未来利润池；队伍建设打造专业化、职业化的伟大销售队伍。这是我们永恒的主题。

销售体系就是网络、渠道、队伍以及加起来配套的措施和整合。

体系就是金三角，即产品、客户、销售队伍；就是节奏、培训、市场；核心是机制。个险要走自主经营合伙制、银保渠道分成制、电销工厂制、法人投行模式。打造五支伟大的销售队伍，本质就是销售队伍的专业化、职业化。什么是职业化，就是一辈子以此为生。10年以上的营销员是公司最宝贵的财富。

一是重客户体验：重视从销售到服务的客户体验全流程。谁把客户体验解决好，谁就是未来的赢家。客户体验就是产品策略、新技术支持、服务创新和考核激励。集团整体规划建设客户体验平台，总分子、前中后台积极行动。客户体验是我们互联网化最重要的方面。

职业化，就是一辈子以此为生。10年以上的营销员是公司最宝贵的财富。

二是重自主经营：逐步引导，走向自主经营。销售机制、销售模式、销售支持、利益驱动；从绩优团队入手，尝试内勤转外勤，逐步实现向自主经营过渡。这是公司下一步的重点。

三是重互联网武装：提高效率，节约成本。前台销售，中台衔接，后台运营。互联网武装销售队伍，让保险更便捷、更实惠。今年我们“左手抱右手”很顺利，包括佣金保、薪金保推出后，左手抱右手的体系逐渐完善。互联网的本质就是点对点，端对端，就是形成特性的服务和个性化的费率；加大客户粘度，把销售行为和客户行为，通过O2O打通网上网下信息流。左手抱右手的本质是O2O，拥有大数据，让大数据产生价值，为我们的客户服务。

四是绩优高客：重视品牌，打造典范。公司一定要从幸福有约单一产品销售，向家庭健康财富管理顾问迈进。泰康未来就是家庭财富管理提供者，健康管理提供者，加起来就是大幸福工程。公司以“四位一体”核心，提升绩优、快速抢占高客资源。

全面对标新对手

一是扩大与老对手优势，全面对标新对手。2015年上半年，新单价值、大个险超越老对手；全年，扩大与老竞争对手的优势，全面开启对标新竞争对手。

二是重点区域，重点突破。“10+4”区域是主战场。2014年，泰康和新对手在“10+4”区域的新单价值、大个险和个险均占公司整体60%以上；但泰康在“10+4”区域的个险新单对标、个险人力对标方面，均有差距。

三是借鉴同业发展经验。竞争对手间的超越既要不畏惧数据上的差距，更需要在执行中有超强的耐力与坚持。对标新对手就是从明年开始，核心是新三年组织的大发展。

四是重点关注新单价值。公司坚定以价值为核心，缩小差距的路径：从新单价值，到大个险，再到个险。这两年泰康价值增速领先新对手，目前新单价值为新对手的2/3。实际上从2007年开始，泰康与新对手新单价值比逐年提升，就是因为大个险战略。未来三年，个险要有所突破。大个险战略跟上，泰康达到既定目标是可行的。

五是“四位一体”高客战略助力。新对手没有系统性高客战略，也没有推出高件均高现价产品积累高客；泰康自上而下推进四位一体战略，整体系统化，高客数量增长迅速，我们不但要和同业比，还要和银行的私人银行竞争，泰康要成为整个金融体系中拥有高客最多的金融集团。

泰康要成为整个金融体系中拥有高客最多的金融集团。

2016年，泰康全面启动新三年规划。以“体制机制、大个险、四位一体”为本，“战略、投入、KPI”跟进，全力缩小与新对手的差距。重点工作举措，一是全面启动。总分全面启动，深入研究分析，聚焦新对手；持续打造伟大销售体系。二是重点突破。坚持个险主战场，努力缩小“10+4”重点机构的差距；重客户体验、重自主经营、重互联网武装、重绩优高客。三是发挥优势。大个险战略、医养战略、高客战略助弯道超车。四是政策配套。

“三个坚持”是最高指导方针

近几年，作为一家保险金融服务集团，泰康战略非常清晰，就是固本、创新。

固本，就是坚持“新单价值、大个险、个险”，坚持“专业化经营、组织破局、紧盯对手”，坚持“客户导向、品质至上、合规经营”。三个坚持是我们总分子公司最高的指导方针，所有行为都要以此对标。两个重点就是持续打造伟大销售体系、全面对标新对手。只有打造伟大的销售体系，才有能力全面对标新对手，这两个重点有深刻的逻辑关系。

坚持“新单价值、大个险、个险”，坚持“专业化经营、组织破局、紧盯对手”，坚持“客户导向、品质至上、合规经营”。三个坚持是我们总分子公司最高的指导方针，所有行为都要以此对标。

创新，就是从保险到大健康到大生命，“从摇篮到天堂”，深耕寿险产业链，四位一体，打造以健康为核心的O2O生态体系。

泰康在保险板块，坚持价值导向，提高客户体验和业务品质；扩大与老对手的优势，全面对标新竞争对手。资管板块，巩固现有业务和竞争优势，完善大资管框架；长期价值投资与战略投资结合，构建大健康投资生态系统。医养板块，持续推进医养墓全面布局；成为养老社区管理服务行业标杆，打造医养旗舰。

目前，公司核心价值持续提升，偿付能力充足，明年正式施行偿二代，泰康即使不上市，依靠自我积累，都可以保持未来10年偿付能力充足。公司股权结构更加优化，偿付能力充足，这就叫基础永固，基业永驻。系统资源整合，公司整体效率提升，这也是这些年我们坚持核心价值考核，资源服从战略、资源支持战略，资源实现战略的结果。

看多中国 200 年

新常态，就是中国从新兴工业化国家向中等发达国家转型的过程，以下行、转型为两个特征。中产人群崛起是一体两面，有钱了要投资、理财，金融是一大方面；赚了钱以后就要旅游、消费、住好房子、精神享受，所以消费是另一方面。

新常态，就是中国从新兴工业化国家向中等发达国家转型的过程，以下行、转型为两个特征。

大家都知道巴菲特，他是美国经济成熟后的财富英雄。他的成功，核心是价值投资、长期投资，本质是抓住了美国中产人群崛起和伟大的消费时代。

巴菲特持有的公司基本上就两类，一是好的金融企业，另外就是可口可乐等超级消费公司。巴菲特价值投资组建了三个模式。第一个模式是特许权。在竞争的过程中会形成一种自然的垄断权，叫“特许权”，这是他最欣赏的。什么叫自然“特许权”呢？就是价高价低，你的客户基本上不变。第二种模式是“金篮子”。好企业套好企业，再套好企业，形成利润链放大效应。第三种模式就是浮存金，也就是保险公司。很多人只看浮存金资金的便宜，这还不是本质。保险的浮存金是长期资金，比便宜资金的作用更大，就是因为长期资金能够烫平周期。我们坚定地推动四位一体战略，就是长坡理论，就是要拥有长期资金。

巴菲特看多美国两百年，我们更要看多中国两百年，有这种信仰和信念，有这种英雄气概才能成功。

巴菲特最重要的就是拥有保险公司，在美国这样一个成熟经济体里，50 年平均收益达到了 19.8%。泰康 20 年，伴随中国崛起的高增长时代，20 年的复合平均收益率应该更高，未来 20 年也将长期增长，未来势必超越巴菲特。巴菲特看多美国 200 年，我们更要看多中国 200 年，有这种信仰和信念，有这种英雄气概才能成功。

在中国，一方面金融业改革序幕刚刚拉开，保险处在春天，证券处在夏天，银行处在秋天。另一方面，新“国十条”等保险业顶层设计、费率市场化和偿二代等行业新举措方兴未艾，保险业进入全新发展时期，将持续健康快速发展。泰康将紧抓这些重大机遇。

（2015 年 半年工作会）

【注】泰康的年度会议叫计划预算会，陈东升除了讲工作总结和计划，还会布达对宏观形势的判断和公司的长期战略安排；年中会议就叫半年工作会，他主要会讲公司重要的工作安排，用陈东升本人的话来概括，就是“半年会不务虚”。2014 年 7 月 14 日，“零点宣言”10 周年的纪念性时刻刚过去不久，陈东升在半年工作会的报告中强调：公司最重要的工作一是打造伟大销售体系，二是对标新对手。在陈东升的观念里，无论公司的战略和业务如何变化，泰康始终不变的是要打造一家伟大的销售公司。

三大坚持就是康庄大道

去年珠海会议时，董事长提出来找到一条伟大的康庄大道，就是坚定地坚持“新单价值、大个险、个险”的道路；就是坚定地坚持“个险、大个险、高客”组成核心新单价值的道路；就是坚定地坚持“四位一体、大个险、互联网”战略的道路。在经营思想、策略、路线超级明确的基础上，总分联动、前中后台联动，形成节奏明快明晰、产品策略清晰，KPI 考核有奖有罚，使泰康 19 年开启了一条正确的道路。所以我此刻的心情十分平静，来自于我们 19 年的积累，来自于 19 年来找到了一条正确的道路，是来自于近三年形成了业务良好发展的综合态势。

今年公司的战略很清晰，前面三年紧追我们老核心竞争对手，现在开启新三年紧追新核心竞争对手，只有这样，我们才能拉开与老竞争对手的差距，缩小与新竞争对手的差距，这是我们新三年的工作重点，也是我们今年工作的重点。

顺势才能而为

各分公司只有紧跟总公司，顺势才能而为，什么叫顺势？就是顺总公司之势，就像泰康顺国家大势，顺国家大力发展养老、医疗，我们的机会才能来临。总公司提什么，分公司应大力发展，机会才会来临。

有分公司提出三个坚持，简单明了，其实就是总公司的战略。跟大家分享一下，第一是坚持“新单价值、大个险、个险”。新单价值是核心，所有人都要讲。你们每一个人上来报告首先是讲新单价值，新单价值是最终目的，大个险是扩大我们新单价值的来源，新单价值超，才叫超，公司的价值最终都是按新单价值来估值的。第二是坚持“专业化经营、组织破局、紧盯对手”。所有的分公司要把我们的大个险和个险恢复到我们的历史地位，我们还有很多分公司排第六、第七名，什么叫紧盯对手，别光喊。专业化经营，组织破局，组织是根本，业绩增长还是由于组织显著破局了。第一个坚持是目标，第二个坚持是方法，没有第二个坚持就没有第一个坚持。第三是坚持“业务、成本、合规”。这句话有点让我眼睛一亮。我把它改成“坚持以客户为导向、坚持以品质为导向、坚持以合规为基础”。一家分公司、一家支公司就应该是总公司的思想：坚持“新单价值、大个险、个险”，坚持“专业化经营、组织破局、紧盯对手”，坚持“客户、品质、合规”。其实应该还有成本，当然成本包含在核心价值里。

去年年底的奖金我花了很大的精力，过去都是人力资源算好，我过过目就完了，我过去做得不够。其实一把手最重要的核心工作是放在团队上，是花在对每一个人的评价和对其贡献的奖惩上，这才叫公平，才能调动和发挥大家的积极性。今年 KPI 也要作调整，核心价值占 30%，其实核心价值包含了成本和 13 个月继续率；大个险占 30%；个险占 30%；组织发展占 10%，银保也有组织、电销也有组织、法人也有组织，个险更是强调组织，可以把实动、3000P 做一个细项；13 个月继续率一票否决。一定要把 KPI 彻底地体现董事长说的那条康庄大道。

过去我一直讲要学习互联网企业，要把用户体验放在第一，我们叫客户。互联网企业把一次成交叫客户，频繁使用的叫用户。人寿保险公司从来就是互联网的特质，一张保单是 10 年、是 20 年的关系，不是一锤子买卖，只不过我们这10年、20年的关系是个冷关系，不是热关系，活跃度不够，我们可以改一改；还有一个就是我们如何降低成本？只要我们把这两件事情做好，我们就是一个标准的互联网公司，而且我们一定能跟互联网公司竞争。

（2015年 开泰杯冲刺会）

【注】开泰杯是泰康最重要的业务竞赛，每年的开泰杯奠定全年的开门红。2013年，增设金泰杯业务竞赛，“两杯”成为公司的两个业务高峰，拉起全年的“微笑曲线”。每年“两杯”的启动会和冲刺会，陈东升的讲话既是鼓劲加油，也是明确方向。2015年的开泰杯冲刺会，陈东升再次强调公司价值经营战略，还特别举了分公司的例子，要求分公司理解落实。

要把客户体验植入基本法

2014年，保险业务、资管业务、创新业务、高客业务已经形成了我们的四大核心板块；2015年计划预算会上，我们明确提出“新单价值、大个险、个险”，“四位一体、大个险、互联网”，是泰康经营18年，总结正反经验，无数次市场探索，坚定找到并走上的伟大的康庄大道，是公司迈向世界级伟大企业的重要基石，也是打造百年老店的核心基因。

公司现在的业务可以划分为三大三新：

三大业务是公司重要的利润池，包括大个险、资管和高客：大个险是公司赚钱的本，是核心；资管过去是经营母公司的资金，现在开始经营第三方资金，大资管的架构搭建起来了；高客是公司的超级武器，是公司跨界的重大创新。

三大业务是公司重要的利润池，包括大个险、资管和高客。

三新业务包括医养、互联网和法人：医养开始逐渐发力；互联网创新方兴未艾；法人要围绕健康险进行发展建设，逐步迈向这一大蓝海。

大个险业务包括三大三小，三大就是个险、银保及电销；三小就是创新、经代与法人BBC。

新单价值三大构成，个险、大个险、高客。新单价值三大建设，队伍、网点、渠道。公司形成总分联动体系之后，分公司总经理可以腾出精力，从重销售转向重经营、重保费转向重客户、重管理转向重服务。

保险业20年高速发展，但是保险业社会形象依旧很差、公众满意度依旧不高，特别是骚扰电话最多的就是“卖车、卖房、卖保险”，人们拒绝的骚扰电话正是中产人群的三大需求。

一定要把客户体验植入基本法，一定要把互联网思想中的“用户至上，超值体验”根植到我们的事业发展中。

我们在互联网上一定不能重蹈覆辙，一定要重视客户体验；我们的传统队伍也要开始重视客户体验，仅仅用互联网的方式武装起来是远远不够的，重视客户体验，“左手抱右手”才能成功。

所以我提出：一定要把客户体验植入基本法，一定要把互联网思想中的“用户至上，超值体验”根植到我们的事业发展中。广告不能强推，腾讯通过大数据，用微信朋友圈温柔地推广告，让人很舒服。

原来我们说“业务好、财务好、服务好”，现在改为“业务好、财务好、客户体验好”。我们线上、线下齐动员，共同建设一个新的客户体验好的保险公司。这对所有管理者都非常重要，都非常有借鉴意义。

2014年是泰康开启互联网创新元年，我们正在形成关注客户、追求极致、日夜兼程、重视细节、简洁高效、跨界创新的崭新体系：“左手抱右手”武装传统销售队伍；探索手机互联网保险全流程，极力增加互联网客户粘性及互动；大数据支持，中后台全面互联网化，试水按客户特点定制个性化费率和服务。

“左手抱右手”的核心就是点对点，端对端。PC时代不是连接，当无线互联网到来的时候，当手机拿在手上，手机已成为人的器官，手机24

小时不离身，手机就是你的器官，所以连接是互联网的最本质。“左手抱右手”就是让每一个传统客户、新客户与我们连接、互动，所以需要超值的体验，不能硬推，要热捆绑、活捆绑，要让客户有超值体验，离不开我们。公司也会成为一个全新的互联网公司。

一张保单可能是20年，可能是一辈子，客户与保险公司20年捆绑、一辈子捆绑，与公司20年互动，一辈子互动。所以保险具有天然互联网属性，保险公司是天然的互联网公司。

保险具有天然互联网属性，保险公司是天然的互联网公司。

春晚8点到9点黄金一小时，预计2亿人将看到泰康的新年祝贺语。不仅如此，3月份利用大数据，泰康将成为第一家在朋友圈上推温柔广告的金融企业。

我们要转变过来，与传统的营销、广告告别，我们要向大数据要黄金，向大数据要客户，向大数据要市场，向大数据要未来。客户需要时出现，客户不需要时连影子也看不到，这才是最伟大的营销，这才是互联网的真谛。

（2014年 总结表彰会）

【注】2014年是泰康的互联网创新元年，在这一年的总结表彰会上，陈东升报告的主题也用了互联网的时髦词“点赞2014！”。他认为，互联网就是要关注客户、重视客户体验，这种体验不仅停留在互联网上，而是要贯穿公司的前中后台，深深植入到传统的营销队伍中。

创新、效率、风控成就一家好企业

中国经济改革开放 30 多年，基本是政府主导经济模式取得了辉煌成就，成为世界第二大经济体，今天中国已经是一个新型工业化国家和中等发达国家。

中国经济依靠投资拉动，产能超级过剩，产生了很大副作用。未来继续依靠政府拉动，中国经济已经走不动了。市场化是唯一出路，市场化中长期是利好的，眼前是有压力的。

金融市场三大改革。新一层改革是金融改革，利率改革、让私人资本进入金融产业是最核心的改革，也将由此而诞生一批金融家。利率自由化、市场准入自由化就是整个金融行业市场化。第二层改革是制度和体制的改革。人民币自由化、利率自由化、资本项放开，存款保险制度等一系列改革，使资本、货币、商品相互融合，中国真正融入市场和全球经济。第三层改革就是监管放松。经历这三个本质变化，大金融业崛起的时代真正来临。金融业改革，宏观经济变化，把市场交给企业，风险也交给了企业，好企业就会脱颖而出。

要成为好企业，第一就是要创新。大个险就是适应 21 世纪的潮流，传统营销是整个市场的主力军。泰康在新渠道方面，都在市场上占据了牢牢的优势。再加上养老社区创新、投资创新，中后台创新，只有创新才有未来，才能不断提高效率。第二是严格控制风险。公司分工很明确，CFO负责管理偿付能力为核心的风险。资产公司CEO也是人寿的首席投资官，负责资产负债匹配和结构风险。稽核总监负责合规稽核风险，管理整个公司和员工行为。第三是提高效率。高效率公司不该花的一分钱不花，不该克扣的一分钱不能扣，分公司总经理也要做到这一点。腐败是社会成本增加、竞争能力下降的罪魁祸首。创新优秀、风险控制严格、效率高就能成为一家好企业。在此，我要强调和提醒的一是不要误导客户；二是加快握有高端客户资源队伍的建设和引进；三是迅速打通大中型银行、私人银行网点资源，覆盖高端客户。

泰康走市场化、专业化的道路，核心就是创新、效率、风险控制。还要打造两个大平台。

泰康走市场化、专业化的道路，核心就是创新、效率、风险控制。还要打造两个大平台。一是打造大数据平台，这是公司的超级战略，我们要尽快开信息技术战略委员会，建立大的框架思路。二是打造学习型组织平台，学习研究富士康的学习模式，建设学习型组织，把所有学习和职业生涯挂钩，虚拟和现实相结合，才能成为伟大的组织。这两个平台才是最根本的平台，一个是数据红利，一个是人力资源。

(2013年 半年工作会)

【注】2013年的半年工作会上，陈东升提出了一家好企业的标准，那就是创新、效率和风控。这既是市场的标尺，也是泰康对自我的要求和目标。

终极商业模式：长坡宽道厚雪

节奏紧凑、内容丰富的计划预算会进行了一天，每个领导的报告都全面体现和贯彻了公司的战略，汇集起来就是泰康伟大的战略蓝图和具体落实的方向。我们各事业部、子公司和35路大军刚才领责任状，宣誓迎接2016，迎接公司20周年华诞，努力冲刺更高目标，这次会议必将载入泰康史册。

2015年泰康展现出了战略的张力和对业绩的渴求，经过19年的积累，已经站在了新起点上。泰康19年的沉淀，有了我们这批开疆辟土的骨干力量，19年的历程，就是我们民族兴旺崛起的缩影。

脱胎换骨告别传统保险公司

总结泰康2015年，我们站在新起点上，告别了传统保险公司，迎来了跨界、移动新战略的落地，这些成就注定了2015年是泰康伟大奠基的一年，硕果累累的一年。

2015年，我们实现了千亿元保费，新单价值跨越67亿元，个险人力超过40万，出现十亿元大个险分公司，亿元中支。我们的分公司、支公司、营销服务部都做出了重要贡献。26家分公司新单价值跨越亿元平台。2015年，我们实现了全产业链布局，互联网牌照落地，获得公募牌照，入股国投信托，成立健康管理公司，未来我们会在更多领域站在市场的前列。2015 年，我们四位一体的战略落地开花，医养墓全面亮相，投资业绩再创新高，牢牢占据企业年金投管资产规模市场第二。2015 年，我们实现核心骨干员工持股计划，这是大家对泰康，对未来中国经济信心的投票。2015 年，泰康脱胎换骨告别传统保险公司，从此奠定以大健康为核心的新生态、创新型保险金融服务集团的基础。

面向未来，抓住“人”这个核心因素

当前影响世界的四个因素是互联网、全球经济一体化、气候变暖、中国崛起。一是互联网，万物连接改变了客户体验，改变了所有商业生态。知识是力量，但知识也是最廉价的，由于搜索引擎的出现，很快可以把所有的知识搜索出来，使得知识权威的地位受到挑战。万物连接让这个地球更有效率，整个世界也逐渐变成地球村，因为世界格局和关系变得更近，全世界人民形成命运共同体。二是全球经济一体化，这是大趋势、大潮流，公司的力量正在崛起，全球领先是我们未来 20 年的目标。三是气候变暖，目前中国基本完成了工业化，预计中国二氧化碳排放峰值是在 2030 年，北京的雾霾让决策者们更加意识到要重视环境保护。四是中国崛起。

当前影响世界的四个因素是互联网、全球经济一体化、气候变暖、中国崛起。

世界三大前沿科技创新是移动互联和大数据、基因技术和生命科学、人工智能和工业 4.0。特别是生命科学的前沿创新，70% 都是围绕人类的疾病，如老年痴呆、先天遗传疾病、糖尿病、癌症。未来 10 年这些疾病的治疗将有翻天覆地的变化，泰康紧跟技术的进步，这些技术将改变保险业态，这三大科技都是建立在大数据基础上。

中国正从新兴工业化国家向后工业化国家转型，从制造经济向服务

世界三大前沿科技创新是移动互联和大数据、基因技术和生命科学、人工智能和工业 4.0。

经济转型，城镇化在继续，服务业大发展，制造业走出去，这将是中国经济新常态。泰康正处在这个转型大潮中，好企业年增长要超过20%、30%，去对冲夕阳企业的增速下降，未来泰康上市一定是受人追捧的蓝筹股。未来人才向长三角、珠三角和京津冀走廊集中，中国的所有要素向这三大板块聚集。长三角是第一发动机，珠三角是第二发动机，京津冀走廊是小发动机。工业化解决人们衣食住行的需求，服务业是解决人们娱教医养的需求。在经济的走向上，我们判断是很准确的，伴随中国中产人群崛起，经济结构转型、供给侧改革。泰康的大幸福工程就是“从摇篮到天堂”实现全生命周期服务。大民生工程就是提供全方位健康和财富的管理与服务。大健康工程一方面是重资产投入，做现代服务业的基础设施投资和建设者；另一方面是轻资产服务，做现代服务业医养领域的服务和管理者，而这一切都是围绕“人”的需求，抓住了“人”这个核心因素。

中国正从新兴工业化国家向后工业化国家转型，从制造经济向服务经济转型，城镇化在继续，服务业大发展，制造业走出去，这将是中国经济新常态。

迈向终极商业模式

泰康战略定位：为日益增长的中产人群及家庭，提供全方位健康和财富的管理与服务。

业务板块：内核是新单价值、大个险、个险；中层是寿险、年金、健康险；外壳是保险、资管、医养。

四位一体：实现“一个客户，四个产品”，“高端闭环、中低端开放平台”。

三大建设：打造伟大销售体系，搭建线上线下 O2O 和大数据平台，建设大健康生态系统。

商业模式特质：对外壕沟，重资产基础设施和投资建设，形成规模和盈利模式；轻资产医养服务和管理，树行业标杆。对内效率，产品、客户资源整合，进行中后台资源、信息平台整合。

长坡理论：泰康探索迈向终极商业模式，“长坡理论”是核心、是根基，“从摇篮到天堂”覆盖客户全生命周期，“生为你服务，天堂为你站岗”；“宽道”是协同，“四位一体”，保险、资管、医养协同发展；“厚雪”是资金和高净值人群，经营高客的家庭、家族，代际相传；“滚雪球”是经营行为，打造强大的经营和管理能力。

泰康探索迈向终极商业模式，“长坡理论”是核心、是根基，“从摇篮到天堂”覆盖客户全生命周期，“宽道”是协同，“厚雪”是资金和高净值人群，“滚雪球”是经营行为。

四位一体商业模式，就是以人的健康和财富的管理与服务为核心，为人的一生服务，坚持3年、5年、10年，把这个商业模式做到极致，泰康会成为世界上最有竞争力的公司之一。所以泰康要坚持诚信经营，建立以客户体验为核心的销售体系、服务体系，改变传统的运营模式。特别在高客领域，销售人员若误导客户，应取消销售资格，这样泰康才能建立强大的诚信体系。

滚世界上最大的雪球

战略核心是四位一体、O2O、大健康生态系统；战略路径是四位一体模式全国化、医养墓化、生态化；战略优势是四位一体商业模式的特质，高门槛、高效率；战略结果是迈向终极商业模式，实现长坡理论，长长的坡、宽宽的道、厚厚的雪，滚世界上最大的雪球。

总分子联动，前中后台联动，推进泰康伟大战略落地。泰康人寿固本和价值来源，核心业务奠定战略基础；泰康之家医养墓业务全国化、体系化、价值化；泰康养老构建专业能力，打造健康险业务旗舰；泰康资产投资创价值，对接卓越理财，布局大健康生态；泰康健康管理服务公司健全和优化健康服务体系和流程；泰康在线完善大健康互联网生态，树立品牌。中后台构建保险、资管、医养三大业态循环效率机制，特别是数据信息中心加快保险互联网化，加快大健康 O2O 平台建设；分公司紧盯当地优秀医养合作机会，为养老社区战略布局和加快省会城市三甲医院合作提供支持。

三点发力，构建商业生态内循环

一是对标市场，打造伟大的销售体系。第一，对标市场、量质并举、价值经营。对标市场核心是聚焦新对手，最主要是个险对标，抓手是组织发展，终极目标就是打造伟大销售体系。对标市场关注指标新单价值；两大支撑是大个险和四位一体，固本创新，两大战略助力，整体推进；战略诉求是量质并举，质是大个险迈向死差、费差的价值经营；提升业务品质、继续率常抓不懈；效率至上。量是抓新人、强固腰、推绩优。泰康逐步将以保费为核心的机构驱动转向以客户和营销员为核心的体系驱动。第二，高客战略，助力弯道超车。实现弯道超车要充分利用泰康“四位一体”战略优势，打造高端客户闭环体系，一个客户、四个产品，从家庭到家族，代际相传；同时各板块要对接“四位一体”战略，聚焦高客，打造绩优队伍。国家推进供给侧的改革，泰康养老社区就是对供给侧改革理念的践行。高客是公司的核心战略，我们的目标是为中高端客户提供健康与财富管理全生命周期服务，成为中国高端客户总量最多的金融及实体服务集团。明年是我们高客的爆发期，未来泰康高客会达到 4 万人左右，达到大私人银行的高客规模。高客会成为集团未来主要的利润贡献池和资产增长池。

二是拥抱互联网，搭建线上线下 O2O 和大数据。泰康的战略非常清楚，就是以大健康为核心，四位一体，搭建线上线下 O2O 生态体系，高端闭环、中低端开放平台。第一，以大健康为核心搭建线上线下O2O，打造“天罗地网”的大健康产业体系，数据、信息全流通的O2O生态系统。第二，高端闭环、中低端开放平台。现在互联网公司都在走线下扩张，未来线上线下相结合，实体产业＋互联网才是大潮流。

三是产业融合，建设大健康生态系统。第一，保险、资管、医养内循环。实现“一个客户，四个产品”，实现产业协同与融合，形成内循环。过去我经常讲，40万销售大军，就像一只只小燕子，把客户的钱，如春燕衔泥般带回来筑巢，交给泰康资产去投资。泰康有卓越理财，未来这些住在燕园的老人直接交给泰康投资，收益可以用来支付养老的费用，资管通过卓越理财带动医养生态形成的闭环体系。这就是大医养墓模式的全国化、生态化。泰康的医养融合是以健康为中心，养老院、医院、康复中心，还有终极关怀，是老年生命链的整套服务体系，这样大循环理论就诞生了，公司的大战略将越走越宽阔，实现高效率、高利润、高竞争力。美国、欧洲没有走到这一步，越来越多人认为下一步创新在中国，西方社会专业化分工太发达，行业之间形成了壁垒，凯撒模式只在北加州成功，就是因为这样的壁垒。中国经济正在成长阶段，在产业链整合上有机会。第二，构建大健康生态系统专业能力。我们认为生态链是专业化的扩充，只有纵向上的产业链才能建生态。对接四位一体战略，垂直专业化拓展，构建专业能力，包括支付能力、健康医疗能力、健康服务能力、大健康生态建设能力和平台支撑能力。

（2015年 2016计划预算会）

【注】泰康首创的“活力养老、高端医疗、卓越理财、终极关怀”是世界性的伟大创新，将这一模式拉长到全生命链，便迈向了终极商业模式。2016年计划预算会上，陈东升从宏观研判出发，详细解读了公司战略模式。

打造创新型保险金融服务集团

保险是我们的本业，是泰康的基因，金融是投资、理财、大资管，服务就是消费、就是医养墓，所以泰康也是一个保险金融消费集团。创新型就是“四位一体”商业模式、O2O、拥抱互联网，泰康未来将是一个以大数据和信息技术驱动的创新型公司。

未来 10 年，公司管理资产规模达到 37000 亿元，其中第三方管理资产 21000 亿元，第三方管理资产成为核心。营业收入，寿险占 94%，医养 4%，资管 2%。但是，现实比理想来的更伟大，任何人都无法预测 10 年，正如 10 年前无法预测泰康从单一的寿险公司变成复杂的寿险集团，变成“四位一体”创新商业模式的公司。

现实比理想来的更伟大，任何人都无法预测十年，正如十年前无法预测泰康从一个单一的寿险公司变成复杂的寿险集团，变成“四位一体”创新商业模式的公司。

保险：对标、固腰、抓绩优

一是寿险。新三年，全面对标新对手；固腰，抓骨干建设，抓绩优。提升客户体验，左手抱右手。泰康有四位一体、高净值客户，我们的绩优一定要走在行业、金融业的前列。我们的绩优是新型的健康财富管理师的绩优，就是新型的私人银行，为日益增长的中产阶级提供健康财富管理。

绩优是我们未来长期重要的战略和工作，无论大小分公司一定要明白这一点，一定要跟着公司战略走。三年缩小与新对手的差距。

二是健康险。健康险刚开始，未来挑战还很大。关键是专业队伍的建设，打造旗舰，力争市场前三。打造健康险业务旗舰，和国际顶级健康险公司合作，以股权合作方式建设专业化健康险公司。创新产品和服务，探索保险与医养结合的“泰康模式”。以大病保险、税优健康险等政策性业务为突破点，推进健康险业务快速发展。发展 BBC、特需金、企业补充医疗，提升价值创造能力和盈利能力。

三是养老金。以企业年金、职业年金、军人保险为重点，做大做强养老金业务。强化增员举措，持续提升销售团队技能。强化重点行业和优质大中型客户的开拓。

四是互联网保险。泰康在线要与互联网公司一起竞争，要有血性。坚定愚公移山、日夜兼程的精神。提升客户体验，全面互联网化。

资管：坚定大资管模式

资管的目标是成为最大年金管理者、最大私人财富的管理者。泰康资管要成为综合性大资管，尝试探索巴菲特价值投资模式，同时配合公司战略，建立大健康为核心的生态体系。

医养墓：新商业生态全国化、落地化

医：医教研一体化，积累医疗资源、形成医疗服务管理能力；主要省会城市拥有三甲医院，保险、医养相结合，推进凯撒模式全国化；通过投资、合作、加盟等方式，推进凯撒模式生态化。

养：打造 10 个旗舰养老社区，开创医养融合新模式，建设养老第一品牌；轻资产布局二线核心城市，输出公司服务管理能力，提高盈利水平。

墓：在核心地区（10+4）以高端自有纪念园区提供优质殡葬服务，以爱佑汇联盟体系为核心，创新殡仪服务生态。

我们以互联网、大数据为武装，积极构建 O2O 服务体系；以服务为核心，推进移动互联应用，提升运营服务效率；以生命科学创新为支撑，打造专业竞争力，提供专业化、高品质的医养服务。

建设强集团、强子公司

我们现在拥有保险、资管、医养三大板块，三大业务、三个集团，要实现协调发展挑战巨大。新战略下，公司三大业务板块形成大内循环，“一个客户，四个产品”，结构复杂，必须进行全面整合、提高效率，实现客户价值最大化和公司效率最大化，所以集团建设刻不容缓。

我们的集团化并不复杂，主要就是把寿险公司子公司化。集团公司人员相对较少，大部分员工依然留在寿险公司。集团建设的架构原则很清楚，就是要强集团、强子公司，实现双强。子公司现在就是强的，所以核心是要建设强集团。建设强集团，就是要子公司行为、数据透明化。

集团的主要职责包括：整合资源、整合客户、信息技术、运营平台，风险控制、人才梯队建设以及资本和财务资源的整合配置。

集团的主要职责包括：整合资源、整合客户、信息技术、运营平台，风险控制、人才梯队建设以及资本和财务资源的整合配置。

一是设立寿险子公司，专业化经营。二是集团化是循序渐进、逐步完善的过程。三是子公司的所有经营行为服从战略。最伟大的管理就是伟大的战略统一全员的思想，大家的步调自然一致。人们心中的信仰是最坚强的。所以战略是至高无上的，同时是能够随时落地的。战略就是纲，所谓纲举目张，就是要所有的行为服从战略，所有的资源服从战略，这是用血的教训反复总结出来的。同时，加强集团运营体系建设，建立对子公司体制、机制上的约束。所有子公司的人事、财务信息要对集团透明，要与相对应的集团主管部门透明。

打造泰康事业合伙人

> **公司的座右铭是：创新、分享、公平、价值，最后一个"价值"说的很好，最终一切都要转化为价值。**

公司的员工持股计划目前已基本落地。公司通过员工持股计划，就是希望打造事业合伙人，目标一致、风险共担。公司的座右铭是：创新、分享、公平、价值，最后一个"价值"说得很好，最终一切都要转化为价值。我们有比同业更好的利益机制，同时也要加大惩罚、淘汰，要坚定地站在公司立场上做事。员工持股计划要和公司的三年对标目标挂钩；要做好利益捆绑，与公司的经营目标捆绑，奖罚分明。

最后再次强调，公司正在着力打造高端客户的闭环体系。开放体系和闭环体系相比，各有优势。但是闭环系统一定是垂直的，横向的产业布局是无法形成闭环的，横向就是多元化，类似银行、寿险、财险、信托这样的产业布局，无法形成闭环。为什么这种商业模式在平安能够成功？因为中国是一个迅速崛起的新兴工业国，在特定的阶段拿牌照成本低，行业没有太大竞争。当行业竞争激烈后，专业化就会使得效率更高。中国最终一定会走向专业化。泰康现在就是在做垂直的闭环体系，就是高净值客户、"四位一体"、虚拟的金融保险和实体的医养墓相结合，就是凯撒模式中国化、医养墓化、生态化。我们要通过10年打造这样一个体系，形成一个巨无霸的保险金融服务业的伟大闭环体系。

大环境造就我们的战略，我们的战略逻辑清晰、层层递进，优势和挑战都分析得很透彻。我们下一步的任务，就是用10年的时间，真正形成我们所构想的，以人的生命周期为核心的“四位一体”线上线下 O2O 的超级闭环体系。

在座的各位现在都是公司的合伙人、都是公司的股东，让我们大家共同努力，实现公司的百年基业。

（2015 年战略研讨暨专项培训会）

【注】战略前瞻一直是泰康的企业特质和核心优势。2015 年 11 月 24~26 日，泰康召开连续三天的闭门战略研讨和培训会，目的就是理清战略逻辑层次，分析商业模式的优势和挑战。在这次会上，陈东升讲话的题目定为《打造国际领先的创新型保险金融服务集团》，他希望，泰康的每一位核心干部都知道公司战略的框架，都明确自己在这个框架下的位置和要做的工作。

抓住时代风口 实践公司战略

这一期我看帅哥不少，美女也不少，精神抖擞。可以说每一次参加世纪组训的结训，都给董事长惊喜，也给我鼓励和鼓舞。看到你们这样一批朝气蓬勃，怀揣理想，献身和投身寿险和泰康伟业的年轻人，我倍感骄傲，有你们，泰康一定强。世纪组训是泰康的黄埔军校，你们就是泰康的近卫军，你们就是泰康未来伟大企业的捍卫者和接班人。

今天已经是 36 期世纪组训了。15 年走下来，我去基层的时候，总是会有不同层级的干部站出来说，报告董事长我是几期几期组训，我获得了哪些成长。每当这个时刻，我都感动欣慰。明天下午在这个地方，将举行公司的战略研讨会，这个战略研讨会的目的就是重新梳理泰康的战略，在未来 10 年发展中，明确我们的战略和发展方向。现在我概括地向你们先分享公司的核心思想和战略。也算是给你们的一份特别的结业礼物。

时代的风口与挑战

其实深刻影响世界的有四个伟大的因素：第一是互联网正在改变整个人类社会，我不展开讲。你们都生活在这样一个剧烈变化的互联网时代之中，不拥抱互联网就没有未来。

第二是全球经济一体化。这是一个很深的学术论题，过去国与国之间有贸易就是因为我们每个国家的优势不一样，所以有个经济学名词叫禀赋优势。但今天世界已经不是这样了，今天是产品的禀赋优势进行国际交换。我们每个人都有手机，不管你是苹果还是联想、华为、小米，就这样一个小小的手机，芯片来自美国，而手机壳却是在中国或东南亚地区生产的。就这样一个几千元的小小的手机，他来自于全球，所以整个世界经济是高度相互依赖的。

第三是气候变暖。下个月将在巴黎召开全球气候大会，将会有 138 个国家的首脑齐聚巴黎，共同讨论地球的二氧化碳排放、生态和环境保护。如果二氧化碳排放多，也许整个长三角将是一片汪洋。

第四就是中国崛起。中国崛起已经在深刻地影响及改变着世界政治、经济版图。我们中国非常清楚，不挑战二次世界大战后现有的世界政治经济贸易秩序，但是会改变结构。

互联网、经济全球化、气候变暖、中国崛起是深刻影响整个世界经济、社会变革进程的四个伟大的因素和力量，中国会成为全世界议论的焦点。

另外，三大科技领域也深刻地改变着我们的生活。第一，今天的互联网，是无线互联网及其带来的大数据云计算。智能手机就是手拿的一台计算机、一张信用卡、一台电视机，是我们获取所有信息的来源，就是一个手拿的社交媒体。你利用它跟你的同事、领导、亲朋好友产生联系，手机已经成为人们的一个器官。手机一时不在，大家会觉得好像缺了什么，过去是不会这样的。还有最重要的一点，无线互联网和大数据云计算会对服务产生一个最根本的改变，就是人们越来越重视个性化服务。拿我们的保险服务举例：每一个人的费率是不一样的，每一个人的服务是不一样的，每一个人的产品和产品组合是不一样的，这就是个性化服务。所以一定要与时俱进，跟着时代改变。

还有一个影响我们的重大改变因素就是生命科学。一个是建立在大数据、大型计算机基础上，对人类基因进行快速测试、计算的基因测试技术。比方说我们泰康在线推出的癌症预测，其实就是根据一滴血，进行基因检测，判断有没有癌症的细胞和癌变的基因。也就是检测你的基因发生突变没有，突变就会带来风险，就要提前预防。所以未来癌症也会被攻克。还有一个就是人造干细胞。生物技术和生命科学对疾病的控制会改变人们生命的长短。1949 年，中国人的平均寿命是 30 多岁，现在我们的平均预期寿命是 80 多岁，已经达到发达国家。

第三个就是人工智能。以后的苦活、重活，机器人就可以干了，你若没有知识，机器就把你代替了，你连饭碗都没有。美国这些年用无人机，在反恐上起了很大的作用。从 2005 年开始，美国无人机在阿富汗运用，10年时间无人机打死的恐怖分子大概有2000多人。这都是人工智能的结果。

互联网、生命科学、人工智能在深刻地改变着今天这个社会。因此，泰康一定要根据世界大趋势来定位我们的战略。

中国经济已经进入新常态。新常态是什么？就是由一个新兴工业国家向中等发达国家转型。今年三季度，最重要的服务业占比突破了 51%，过去制造业是最大的产业，服务业位置很低，现在服务业起来了。为什么呢？是因为中产人群起来了，他们的生活品质和要求高了。所以高智能的、高品质的服务业正在全面崛起，社会从以衣食住行为核心转向娱教医养。因为中产阶级的兴起，对医养的需求将增加，泰康又抓住了一个大风口。

所以，我们是站在中国社会、经济、科技转型的大潮流中把握泰康的发展战略和方向的，这就是我讲的，站在一万米的高空横跨 100 年时间来看我们的事业，来看我们的战略。

现在中国进入一个服务型社会，《国十条》第一条讲的是把保险业提高到国家现代化治理体系的重要部分。因为有了保险，每个人、每个家庭的风险锁定了，社会就安定了。社会保障体系是一个社会稳定最核心的支柱。美国选总统，讨论最核心的，外交是反恐，内政是养老、医疗。

还有一个，老龄化的到来是我们中国面临的巨大挑战。中国现在已经是一个老龄化的社会，老龄化的一个基本标准是65岁以上人口占总人口的10%，现在中国65岁以上的人口是1.3亿，正好10%。到2020年，我们65岁以上的人会占到总人口的14%，到2035年会占到25%，非常严峻。今天我们面临着老龄化社会保障体系的挑战。除了北欧一些小国家，全世界所有国家都在面临这个挑战。所以，未来养老和医疗保障体系会坚定地走市场化，以商业保险为核心。所以我们选择的人寿保险是伟大的。我们公司的定位也非常精准，就是抓住养老、抓住健康，这是绝对正确的。

公司的定位

泰康的定位已经有了新的改变。第一句话，就是致力于为日益成长的中产人群和他们的家庭，提供全方位的健康和财富的管理和服务。我们讲的大健康，一边是养老、医疗、终极关怀形成的一条龙的老年生命链的产业整合；另一边就是颠覆传统私人银行的卓越理财。泰康致力于专业化经营，深耕寿险产业链，“从摇篮到天堂”，让保险更便捷、更实惠，让泰康成为人们生活的一部分，这是第二句话。再接下来第三句话，泰康就是致力于建设成以大健康为核心的、四位一体、O2O的线上线下的保险金融服务集团。非常经典的三句话，把泰康的定位、战略、愿景和使命都说完了。

接下来是泰康的三个“核”：内核，就是我们最赚钱、最重要的生意，我们的大个险。大个险的核心是个险。公司今天70%的利润是来自于我们的个险，所以是核心之核心。第二层是中间层，就是我们的人寿保险、健康保险、企业年金。我们不能走美国寿险公司的老路，把健康险和养老险都丢了。美国的人寿保险公司今天是萎缩的，地位比不上健康保险公司。美国最大的寿险公司大都会保险，市值500亿元；最大的健康保险公司联合健康，市值1100亿元。过去传统寿险的三块在美国分家了，现在寿险变小了，健康保险变大了。

外壳又是三大块：保险、资产管理、医养。保险就是我们的寿险公司、养老金公司、健康险公司还有泰康在线。资产管理我们不仅管自己的钱，管别人的钱，还在香港、台湾有投资理财。将来大家会慢慢看到，泰康又收购了某个公司，成为第二大股东，泰康又成了哪个公司的战略股东。还有医养。医养完全是泰康伟大的创新，我们现在有7块地，明年北上广全部开张，现在武汉，成都，三亚正准备动工，还有我们的苏州已经沟通。未来在全国的省会城市都应该有我们的养老社区。11月28日，燕园的康复医院开张了。上个月，我们成功控股南京仙林鼓楼医院，南京仙林鼓楼医院成为我们泰康的旗舰医院。我们会形成一个庞大的网络，每个城市迟早会有我们的三甲医院，这样我们的销售队伍就可以销售我们的医院产品。未来我们的客户将会在我们的医院体检，在我们的医院里进行治疗。未来在核心地区还会有我们的终极关怀。我们就会形成一个保险、医疗、养老、终极关怀、卓越理财超级闭环体系。

泰康会成为一个真正的以大健康为核心的保险金融服务集团，真正实现长长的坡、宽宽的道、厚厚的雪，滚世界上最大的雪球。你们一定要知道，我们经营客户，绝对不是经营一个人，也不是经营一个家庭，而是经营一个家族。让他们的祖祖辈辈，永远都和我们泰康在一起。我们要用3年、5年、8年、10年，甚至是20年，让泰康真正成为一个大型的、创新型的保险金融服务集团，成为中国服务高端人群最多的保险金融服务集团。

（2015年）

【注】组训是保险公司的特有岗位，全称组织训练，负责直接培养训练和管理营销队伍，这是泰康最基层的团队，也是营销系统最核心的团队。从2001年起，泰康设立全系统的组训培训班，命名为世纪组训。

陈东升认为，战略是有思想的，思想统一，执行就出来了，执行出来效率就出来了；战略是可以管理的，战略清晰后，行为就步调一致了。所以，陈董特别重视世纪组训这个团队，至今36期培训，除其中1期确实安排不了日程播放了视频，其余35期都要亲自现场讲课。2015年11月，陈东升在第36期世纪组训培训班的课程上，直接面向学员描绘了泰康的战略蓝图。

全面触网 构建 O2O 大健康平台

新形势下，两厢战略包含跨界和移动，跨界就是大幸福工程，整合四位一体为核心的老年生命链产业，是公司未来稳定的超级利润池；移动就是互联网战略，是公司领先竞争对手的根本性战略，是与同业、互联网企业的生死存亡之战。两厢战略的核心是固本，固我们的传统业务。固本是根本，我们不会因为新东西损害我们现有的业务。

两厢战略包含跨界和移动，跨界就是大幸福工程，整合四位一体为核心的老年生命链产业，移动就是互联网战略。

互联网战略包括左手抱右手、互联网保险和大数据三个部分，目标是将泰康打造成为智能手机保险第一品牌。当前，传统保险互联网化最重要的两项工作：一是飞常保、铁定保免费获客，要坚持长期推行下去；二是个险的左手抱右手战略，要实现全国省会城市80%保单通过手机平台销售。

公司的传统保险互联网化，前端是人网、银网、电网、健网、网网、企网、资网、医网八大业务平台全面触网；中台移动互联部成立八个小组对接跟进；中后台全面互联网化，通过人才布局、运营支持、产品精算、财务支付、

互联网战略包括左手抱右手、互联网保险和大数据三个部分。

风险控制全方位助力业务触网；最后由数据信息中心提供核心系统、硬件存储和大数据等各项技术支持。

公司互联网战略的终极目标是全面打造泰康 O2O 的大健康平台。

公司互联网战略的终极目标是全面打造泰康 O2O 的大健康平台，我们就是要在网上卖费用型的健康险，用大数据来解决逆选择问题，实现个性化费率和服务。要坚定地合作卖门诊保险，用大数据来解决这个世界性难题。只有门诊、防癌、住院津贴、重大疾病才能形成客户粘性。我们在网上提供全方位的医疗服务，把网上看病、网上医疗服务、网上卖保险和线下的渠道、网点、销售队伍以及实体医院、实体医疗服务机构结合起来，我们会有线上线下结合的强大的 O2O 大健康平台。

互联网战略，公司具备线下优势、后发优势和平台优势。

互联网战略，公司具备线下优势、后发优势和平台优势。公司拥有完整的销售渠道、4000 多个营业网点和 25 万代理人，这是公司拥有最大的优势；公司跨过 PC 时代，直接聚焦移动互联时代的手机保险平台，引领了保险互联网的创新；公司构建 O2O 大健康平台，比电商、社交平台更具备平台优势。

（2014 年 分公司总经理工作会）

【注】互联网战略是泰康的核心战略之一，如何处理互联网和传统渠道的关系，是互联网战略的关键点。2014 年 7 月，泰康召开分公司总经理工作会，由管委会领导作专题报告，探讨互联网市场竞争分析、泰康整体互联网化实现路径、中后台互联网化建设等重大问题，制定出八大业务平台全面触网规划，展示了一个传统大型保险公司全面互联网化的过程。

泰康的故事和未来

1992年是中国历史发展的大转折年，发生了几个标志性事件。一是邓小平86岁高龄南巡，重启改革进程；二是正式颁布《有限责任公司规范意见》和《股份有限公司规范意见》，正式推行产权及现代企业制度改革；三是召开中共十四大，正式提出社会主义市场经济。

这一年，有一批政府或科学院校的社会精英下海创业，包括我在内，冯仑、田源、潘石屹等中国企业家群体的“92派”就此诞生。这一名称也是由我首次提出的。

这一批人是上世纪80年代有理想、有抱负的青年，思想活跃，崇尚科学救国、实业救国、教育救国。我当时在国务院发展研究中心，从事世界500强企业的研究等相关工作，内心更认可实业救国，认为一个国家在世界上的排名与这个国家拥有的世界500强企业的数量是成正比的，进而决定弃笔从商。1992~1996年，在四年的时间里先后创办了中国嘉德、宅急送和泰康人寿。

因时而生、因市而兴、因势而变

因时而生：创办泰康，我主要受两点启发：一是日本的经验。战后日本经济起飞但缺少资本，重建资本来源主要是日本的人寿保险公司。日本经济三步走，每个时期都可以看到人寿保险的影子。二是当时华人首富是台湾国泰人寿董事长蔡万霖先生。泰康人寿从 1992 年开始筹办，一直坚持到 1996 年才获得牌照，当时就是坚定看好人寿保险这块业务。

因市而兴：2000 年，我们引进外资股东，募集了 11 亿元资本金。2001 年中国“入世”前，是泰康发展的历史机遇期，我们快速完成 22 家分公司、168 家中心支公司的全国销售网络布局。这一渠道优势是现在许多保险机构都无法复制和快速实现的。

因势而变：这主要是指泰康的创新。19 年来，我们前后经历了三次重大业务创新。

第一波创新：创新就是率先模仿。泰康成立之初，我前往世界各地的 20 多家保险公司考察学习。泰康早期的营销训练是学习台湾国泰人寿。2000 年引进外资瑞士丰泰保险，先后引进其精算体系和 IT 系统，搭建了投资体系与框架，应用内含价值做考核。此外，我们还是行业内第一家做 100% 电话回访的保险机构，第一次引进国际治理结构的保险机构，也是第一家发次级债的保险机构。

第二波创新：2002 年前后，泰康在行业内提出“一张保单保全家”，推出服务于家庭的“爱家之约”保险产品，这是我们的产品创新；我们还推广新生活广场，这是我们的服务创新。公司在战略上提出要服务于中产人群，融入 21 世纪大众生活。

第三波创新：即公司现在正在推行的两厢战略、四位一体与互联网。

四位一体：指活力养老、高端医疗、卓越理财、终极关怀。

四位一体：指活力养老、高端医疗、卓越理财、终极关怀。战略目标就是把虚拟保险产品与实体医疗、养老、墓地结合起来，拉长寿险产业链，整合老年生命产业链，为客户提供“从摇篮到天堂”的产品与服务，安排人们一辈子的幸福。

泰康布局医养产业，有几方面考虑。一是从资金运用角度来讲，投资医院、养老社区符合趋势和实际政策。二是我们想用现代养老社区来提供一种崭新的方式，改变中国人传统的退休养老生活。三是我们希望打造一种创新的商业模式。颠覆传统私人银行的财富管理模式，让泰康成为金融行业内拥有高端客户数量最多的企业。

这个商业模式的核心，我引用巴菲特的说法就是“滚雪球”理论，长长的坡（客户把资金放在泰康，未来三十年、四十年都会一直放在泰康），宽宽的路（提供保险、理财、医疗、养老、殡葬服务，“活着为你服务，死了为你站岗”），厚厚的雪（客户资产都在千万以上），滚出世界上最大的雪球。这个商业模式的门槛很高。走这个创新，也是源于“互联网焦虑症”，互联网对传统寿险肯定会有颠覆，但泰康的健康医养模式不会被颠覆。

长长的坡，宽宽的路，厚厚的雪，滚出世界上最大的雪球。

互联网战略：泰康的互联网战略有两方面。一是互联网保险。用互联网思维跟腾讯、阿里、360、携程等合作，先后推出免费航空意外险、乐业保、微互助、春晚红包等产品和活动。在保险行业，泰康在互联网保险方面的创新走在最前面。

二是保险互联网。通过手机和微信来实现投保、承保、核保、保全、理赔等全部环节，最终为客户提供点对点、个性化的费率和产品。通过大数据平台，互联网手段会改善信息不对称，降低费用，增强我们的竞争力。

抓住每一个战略机遇期，超常规、跨越式发展，同时很好地处理了稳健经营、快速发展与创新发展之间的关系。

泰康人寿本身即是中国增长的故事

抓住每一个战略机遇期，超常规、跨越式发展，同时很好地处理了稳健经营、快速发展与创新发展之间的关系。

快速发展：泰康 1996 年成立，当时募集 6 亿资本金，后来引进外资股东募集 11.3 亿，总计资本 17.3 亿；现在我们的净资产已增长到 300 多亿元，我们还累计分红 70 亿元。从净资产收益率、保费收入和净利润指标来看，泰康的平均年复合增长率不低于 50%。可以说，泰康人寿本身即是中国增长的故事。

稳健经营：19 年来，与行业前五家主要寿险公司相比，泰康人寿在没有另外增资的情况下，是唯一一家没有出现偿付能力不足的人寿保险公司。

未来的泰康将是一家创新型服务公司

泰康是一家以健康为核心，四位一体的 O2O 创新型服务公司。业务涉及消费、保险与金融。

保险板块。未来我们结合大健康战略，后续会大力发展税优型健康险和养老险产品。在健康险和健康管理业务方面，我们希望成为前三大健康管理公司。

泰康是一家以健康为核心，四位一体的 O2O 创新型服务公司。业务涉及消费、保险与金融。

金融板块。泰康资管的投资收益率常年在行业内保持领先。当前管理资产规模接近 8000 亿，未来几年可能迅速扩张到 2 至 3 万亿。其中很大一部分来自于企业年金和即将推出的职业年金。

医养板块。我们的策略一向是高举高打。国内，我们期望与当地最好的三甲医院合作，建设泰康鼓楼医院等综合性医院。国际方面，我们与美国前十家医院建立联系，嫁接对方医疗资源，我们会把约翰·霍普金斯的住院医师制度植入我们合作的医疗机构。我们期望打造多家集教学、科研、临床为一体的医疗中心，塑造未来中国顶级的医疗品牌。

移动互联网、人工智能和基因生物将是未来改变科技趋势的三大方向。结合我们的健康战略，我们还会建立泰康生命科学研究院，聚焦老年痴呆、癌症和心血管领域。此外，我们会涉及药品、医疗器械等领域。发挥泰康保险资金投资优势，搭建泰康的大健康生态体系。

（2015 年 168 项目周例会）

【注】创业早期，陈东升提出一个论断：一个企业的成长，三年决定生死，五年打下基础，八年站稳脚跟，十年小有品牌，二十年才能成长为参天大树。从 1996 到 2016，泰康从无到有，从小到大，逐步搭建起创新型保险金融服务集团的架构。那么，如何来概括泰康这株参天大树的成长？陈东升作为创始人和掌舵人，在 168 项目周例会上给出了他的答案。

思维

要站到一万米的高空看这个世界

身处到一百年的时空观察这个世界

这样才能有远见和坚持

才能不出现偏差

才能看得更早、更远

—— 陈东升

创新就是率先模仿

是对后发优势的另一种诠释，找最好的葫芦画最好的瓢。

一要视觉敏锐、善于发现，美国今天火的，明天中国一定火；

二要把握时机，率先模仿；

三要寻找标杆，找最好的模仿；

四要超越模仿，实现创新。

创新的过程就是中国化的过程

2002 年 3 月 24 日，在中央电视台《对话》栏目演播大厅，泰康人寿董事长兼首席执行官陈东升以“打造国际竞争力”为主题，向全国电视观众畅谈公司理念。陈东升亮相中央电视台成为泰康随后展开的大规模市场推广活动——“爱家行动”的前奏。

模仿是一条捷径

观点：其实模仿是一个学习、研究、消化和跟本土结合的过程。模仿不是为了单纯地模仿，是为了创新。永远跟在别人后面，是不会形成很强的竞争能力的。

主持人：为什么提出在中国来讲，创新就是模仿？

陈东升：中国的很多产业是近代、现代开始发展起来的，甚至有些产业才有 5 年、10 年左右的历史，但是在西方这些产业可能有 100 年、200 年的历史，他们付了非常多的学费才总结归纳了这一套做事的规矩和准则。所以我们首先要去学习，在学习的过程中根据自身的特点和自己市场的特点，再来进行创新，所以我讲模仿在前，创新在后。我经常说，我们首先要找世界上最好的葫芦来画瓢，先把这个葫芦画下来，再根据实际情况进行修改。这个修改的过程就叫中国化的过程，或者叫现实化的过程，就是创新的过程。

主持人：贵公司好的服务都是源自于您在国外考察积累的经验，可否用刚才您所说的模仿的理念来概括？

陈东升：当然我讲的模仿的核心还是模仿这个企业的构架和企业内部的运转方式。我最关心的就是人力资源的管理，比如说人力资源的定价、人力资源的考核、人力资源的流动。还有像公司做大后，你的利润来自于什么？应该是来自于控制成本。还有更重要的，比如说全面预算制度。所以我记得我最开始做保险公司的时候，去台湾访问一家保险公司，印象特别深。我问，保险公司总经理做什么事？他说，其实就做两件事：一年都做这两件事。一个是做市场的规划；第二就是预算，他的预算就预算到一个司机一年的费用是多少。我回来后，就来推广全面预算。

“我们首先要找世界上最好的葫芦来画瓢，先把这个葫芦画下来，再根据实际情况进行修改。这个修改的过程就叫中国化的过程，或者叫现实化的过程，就是创新的过程。”

主持人：我想知道在这么多需要模仿的东西当中，您是选择了哪些公司作为自己的模仿对象？

陈东升：过去我经常讲，从事拍卖的时候就学索斯比。因为很简单，拍卖业里面在全世界最顶级的就是索斯比。但是在全世界保险业里顶级的公司非常非常多，哪家做得好，对我有用，我们都拿来，应该讲是一个全方位的模仿。也就是说要向国外的优秀公司学习，也要向国内的优秀公司学习。从细节上说，董事长这个层次，下面的主管层次还有技术部门层次要学习的方面都不一样。比如，我是总公司的最高管理者，分公司、支公司的老总实际上也是CEO，他如何来制定当地市场的战略，如何有效地对资源进行最佳配置，把人、财、物三种资源配置达到最佳效益和效果，这是作为CEO要学会做的事情。从另一方面讲，每一个阶层的培训内容都是不一样的，不同阶层要分别学习管理、销售、技术。泰康这六年来大概有300多人次被派到国外短期或长期进修、学习。这几年泰康在人才的学习和训练上的投入是很大的。

“什么叫国际化呢？通俗地说就是走出去、请进来、交朋友，也就是你首先要了解他。”

什么叫国际化呢？通俗地说就是走出去、请进来、交朋友，也就是你首先要了解他。不了解的东西总是让人感到恐惧的，中国这些年的核心就是开放，跟外国人打交道，知道他们的习惯，知道他们的语言。

主持人：您说现在的模仿就是要模仿世界上最好的，那到目前为止，你自我感觉模仿得怎么样了？

陈东升：其实模仿的过程是一个学习、研究、消化，还有跟本土结合的过程。这个过程是一个很复杂的系统工程。如果要来解剖泰康的话，我认为从战略、从公司的结构治理，包括我们的基本技术上完成了一个框架性的建设，跟国际是接轨的。但是表现出来的这种经验、能力、管理的成熟度，跟西方老牌的跨国公司还是有差距的。泰康的起点还可以，方向是正确的，照这样走下去应该是不会有太大问题的。

主持人：其实模仿的过程中，一定要体现出自己的核心竞争力。那模仿当中，你自己的核心竞争力在什么地方？

陈东升：保险是经营风险的产业，同时也是服务业。产品在法律上只有半年的保护期。从某种技术上的垄断获得一种长久的竞争优势，在这个行业是没有的。实际上它的核心竞争力在于整个管理架构融合成的高效率。当然保险业作为一个服务产业，它面对大众的实际上就是两个：一个就是你的产品是不是多元化的，是不是能符合人们消费的需求；还有一个就是服务。你要支持你的产品和你的服务，品牌是很重要的，如果要讲核心竞争能力，实际上我认为是一种在战略和文化的基础上，然后靠这两种东西提炼出来，形成的一种产品和服务，最终形成一个品牌。

主持人：那总结起来，是不是觉得模仿是提高企业竞争力的一条捷径？

陈东升：应该是这样的，你一定要找最好的去模仿，这样就会大大地加强你未来在市场上的竞争能力。但是，模仿不是为了单纯地模仿，是为了创新。

观众：模仿始终是跟在人家后面，不会走在人家前面。如果模仿，国外的公司进来了，我们怎么样跟人家竞争，怎么样使我们公司比国外公司做得更好？

陈东升：你这个问题问得非常好。在某一时期或者某一个特定条件下创新当然是最根本的，不过在模仿的过程中我们也在学习，也在根据市场的不同特点进行创新，或者是形成自己的东西。如果要是纯粹地模仿，永远跟在别人后面，是不会形成很强的竞争能力的。

我更多地选择华人

观点：我选人的时候，更多地选择华人，而且坚持选华人；从国际上请一些比较重要的专业的人才，他们会把你的技术含量大大地提升；国内人才能做的时候，就不见得要用高薪请海外人才。

主持人：在泰康的海外兵团当中几乎没有什么蓝眼睛、高鼻子的洋人，是刻意这样挑选的吗？

陈东升：我不是说一定不请洋人，如果说这个位子前有一个洋人，也有一个海外华人同样是具有这种能力的时候，我一定是选这个华人。因为没有语言的障碍，大家都是同样的文化。其实香港人、台湾人还有海外华人，跟大陆人也有差距，但是这种差距融合的速度和时间肯定比洋人快。所以我选人的时候，更多地选择华人，而且坚持选华人。

在海外的华人构成了比较成熟的国际人才群体，我们从中选择适合泰康文化的人才。比如说，我国精算专业大概成立只有 10 年，但是实际上一个精算师考下来，大概要花 10 年的时间，如果说是一个资深的精算师，要 20 年的时间，在中国市场上根本是没有首席精算师这样的人才，一定要从国际上请。从国际上请一些比较重要的专业的人才，他们会把企业的技术含量大大地提升。

主持人：也就是说能够尽可能地弥补刚才您说到的差距。

陈东升：对，你请来这么些顶级的人才，他帮你培养人才，使国内优秀的年轻人才迅速地成长起来，这叫一举两得。

主持人：如果真的网罗到这么多优秀人才，是不是就没有什么后顾之忧了？

陈东升：当然还有一个人才的组合问题，还有你要让人才发挥他的作用。

观众：我想问陈董，海外人才回来和国内人才有一个很大的差距，就是他们的收入。因为毕竟中国是一个发展中国家，不可能付到像美国那样高的工资，那你用什么样的手段能够把这些海外的人才吸引回来？

陈东升：这个问题是非常现实的。我相信国内很多大企业如果要加快提高未来的国际竞争能力，一定要引进优秀的国际人才，不过国际人才也可能是本土化的国际人才，或者是国际化的本土人才，这个概念应该放宽一些。确实有这样一个问题，就是说目前存在薪酬的差距，也带来很大的一种文化的冲突。因为当一个人才进来的时候，在这个岗位上他不能把他所有的知识表现出来，所以周围的人说，你也没有三头六臂，为什么你的工资是我的 10 倍，或者是 5 倍。

主持人：您觉得是那个时候，他还没有完全表露出他的实力？

陈东升：对。我刚才讲，我们把很多岗位拿出来，这个岗位的人才一定是要最资深的人才，大家可以来竞聘。我说我出这个价，你敢不敢竞聘，你不竞聘，这个价和职位就给海外的人才。这里面有很大的问题，就是一定不要盲目地将所有的岗位都用海外人才，国内人才能做的时候，就不见得要用高薪请一个海外的人才。另外，海外人才回来，应该把期望值放低一些。就是说我们谈判，我们会尽量地来接近他，他也了解中国的实际情况。最后我们讲，按购买力平价，如果他在美国拿10万美金，可能在国内，他拿5万美金，生活质量和美国是一样的。如果是这样，海外人才会回流得更快，当然随着中国企业的效益越来越好，越来越能支付高薪的时候，就完全接轨了。

最大的一定是本土公司

观点：其实未来在本土提供服务的，大家最相信的一定会是本土的，最大的一定是本土的。我们在全方位地思索、变革、提升、发展。

主持人：您好像很突然地从一个做得很好的拍卖行的领导人变成了一家保险公司的领导，到底是什么触动您投身到人寿保险行业来的呢？

陈东升：20世纪90年代初，我去日本访问时，看到很多招牌上面写着“生命”和“火灾”，当时我很好奇。人家告诉我说，“火灾”是财产保险公司，“生命”是人寿保险公司，这给我留下了很深的印象。当时我做经济研究，读了很多书，有本书给我的印象非常深，题目我还记得，是《谁控制日本》。是什么意思呢？就是日本在经济起飞的时候，那些重要的资本的来源是由人寿保险公司提供的。可以说人寿保险公司对一个国家的经济做出了巨大的贡献，所以得出这样的一个结论。这就是我选择投身人寿保险行业的初衷。

观众：我非常忧虑，您6年的信用积累，如何能和国际公司几十年、上百年的信用积累抗衡，我希望能给我一个信心。

陈东升：我分析研究过，跨国公司把全球各地的市场份额加起来非常非常大，但在美国加州，最大的银行不是花旗银行，最大的保险公司也不是大都会保险公司？一定是本土的。所以我经常讲，今天中国其实也不缺资本，也不缺市场，也不缺企业家，中国能够产生伟大的企业，我认为未来大家最相信的一定会是本土的公司，最大的一定是本土的公司。

“今天中国其实也不缺资本，也不缺市场，也不缺企业家，中国能够产生伟大的企业，我认为未来大家最相信的一定会是本土的公司，最大的一定是本土的公司。”

保险业在西方应该是一个很成熟的金融服务业，与银行、证券三足鼎立，应该说是非常重要的。对中国来说，它是一个朝阳产业。人寿保险是公众性很强的产业，为家庭提供保障，为社会提供安定，为社会经济发展提供巨大的中长期资金来源。加入WTO之后，中外保险业的竞争将非常激烈，我希望在竞争中能够抢下那块最大、味道最好的蛋糕。

（2002年3月 中央电视台《对话》）

从后发优势谈创新与率先模仿

“创新就是率先模仿”实质是对后发优势的另一种诠释

早在2000年，泰康人寿就提出，创新就是率先模仿，这不是为了标新立异，也不是为了哗众取宠，而是对后发优势的另一种诠释。所谓后发优势，简单地说，是指后发者可以直接采用先发者的经验，这样可以节省大量花在错误实践上的时间，以逸待劳，反而比先发者更加有优势。后发优势最大的特点就是成本低、风险小、不走弯路。后发者不需要在研究开发费用和风险投资上大量投入，原创性投入相对较少，相对于先发者的创新成本而言，后发者的学习成本低廉，风险成本也相对较小。

后发优势最经典的实例是日本的发展之路。二次世界大战后，日本在科技领域比欧美国家整整落后了20–30年。但是日本通过引进技术——消化吸收——改进提高——开发独创，仅仅用了20多年的时间就赶上并在某些方面超过了欧美。1985年初，美国工业竞争力委员会发表了著名的《扬格报告》，明确告诫美国其国际竞争对手就是日本。日本依靠引进，优先发展工业技术，走出了一条捷径，节省了基础性研究的大量人力物力，大大缩短了追赶的时间。美国人说日本在发展科学技术上是“免费搭车”，此话一语中的。日本的经验给我们有益的启示，一个国家要善于学习和引进世界上的一切先进东西，善于拿来，善于模仿；率先模仿国际最先进的东西，相对于落后国家来说就是一种创新。

国家的发展如此，企业是经济的载体，道理也一样，韩国三星的案例便是明证。回顾三星发展的历程，三星也曾经走过一段以模仿和学习为主导的阶段，也正是这么一段学习和模仿的阶段，致使三星日后在诸多方面产生了超越，并成为别人模仿和学习的对象。20 世纪 70、80 年代，在西方人心目中，三星只是一个模仿别人制造廉价微波炉或者廉价产品的公司。在美国，三星更被看作是地摊上的廉价产品。但那个时候，三星确立了以三洋为标杆的战略，后来用十年时间超过了三洋；90 年代，三星开始把目标放到索尼上，将索尼作为榜样来学习、模仿和赶超。现在的三星已经成为韩国企业的代表。今年三月，美国《财富》杂志公布了一份前 50 位“世界最受尊敬企业”的名单，其中关于企业综合实力的排名结果，三星电子位列 39 名，首次跻身“世界最受尊敬企业”50 强，并获得了全球电子行业单项评比第 4 名的殊荣。由此可以看出，韩国三星在企业发展的不同阶段学习、模仿不同的标杆企业，最终实现赶超，充分体现了后发优势的重要作用。

“创新就是率先模仿”是现阶段中国企业跨越式发展的捷径

后发优势的存在，可谓后发企业超越先发企业的一个法宝，特别是对于发展中国家的企业，尤其重要。因此，对于现阶段的中国企业，“模仿”是更加务实的一种态度，这既是对“为创新而创新”的反感与批判，又是一种操作性极强的实现企业跨越式发展的捷径。现阶段的中国企业，只有通过“模仿”，脚踏实地了解和掌握国际通行的游戏规则，融入全球主流经济圈，才能在模仿过程中实现自身的跨越发展，进而才能谈得上创新，这时的创新也才具有示范效应。

1992年我创办了中国嘉德国际拍卖公司，那时的想法就是一个，要做中国的索斯比（国际上最大的拍卖公司）。但那时对拍卖还不太懂，只知道去香港向索斯比一点点认真地学，在学习中研究，在研究中模仿。十年过后，嘉德每年拍卖艺术品的交易总量，连续三年居全国第一，稳稳坐上了中国艺术品拍卖的头把交椅。

从保险业的情况看，国外的保险业已经有了几百年的发展历程，经历了很多坎坷，交了很多学费，总结了许多行之有效的规章制度和管理方法，比如核保、核赔、精算、风险控制以及个人营销制度等等，已经演变成了非常成熟的行业。中国保险业只经历了短短20年的市场化过程，市场成熟度和企业成熟度都很欠缺。打个比方，国内保险企业和国外保险企业竞争，就如同与“高手”下棋，我们的段位不够，但在下棋过程中只要善于模仿学习，就会大大提高棋艺，提高中国保险业的整体素质。

成功的企业必须在模仿中走向自主创新

泰康人寿认为，创新是企业的永恒追求，企业创新的历史构成了人类创造财富的历史。企业创新，就是要在不断变化的市场中抢占竞争的制高点，最大限度地追求市场潜在利润。

但我们必须清楚地认识到，创新是需要付出代价和成本的，创新也需要企业承担相当大的风险。因此，在先发者已经存在的情况下，后发者的发展需要有一个学习、积累和创造的过程，学习是第一步，其次才是积累和创造。当然这种模仿不是东施效颦、邯郸学步不是机械地、盲目地照搬照抄，而是一个能动的、创造性的过程，是在模仿基础上的创新。

“创新就是率先模仿”，是泰康人寿独树一帜的观点，泰康人寿也一直在实践这一观点。但模仿的目的是为了创新，形成自己企业独有的东西。经过6年的摸索，2002年开始，泰康人寿对市场、对未来有了自己的独特认识，开始了以理念为先导的全方位创新。

泰康人寿认识到：随着社会财富的积累、社会公平观念的普及、人员流动频率的加快，以及权力与财富的分离，必然引起社会结构发生根本变化。传统农业社会的“金字塔”结构必将逐渐转变为“橄榄型”的社会结构。在收入和财富占有方面，社会顶层的巨富者和社会底层的绝对贫困者成为极少数，出现了一个作为社会结构稳定基础的“城市中间人群”——工薪白领消费群体。其职业或身份包括：正在创业的新锐群体、公司白领、中小私营企业主、自由职业者等。工薪白领人群的人生梦想就是拥有体面的职业、稳定的收入、美满的家庭、健康的体魄和高尚的情操。他们代表着健康、幸福、美满的新生活形象。保险对于工薪白领人群来说是一种全新的生活态度和生活方式。保险消费将同汽车消费、住房消费一道成为工薪白领人群的三大消费热点，成为新的消费“三大件”。

2002 年开始，泰康人寿围绕工薪白领的需求，对客户、产品、服务、品牌进行了重新定位，对公司企业文化进行了整合与发展，在保持传统金融企业的文化特色之外，增添了新生活的文化内涵。即对内：勤奋工作，快乐生活；对外：为爱尽责，让家无忧。

为此，泰康人寿不断推出满足工薪白领需求的保险产品，以家庭保险产品为主打产品，以现实与虚拟相结合的四位一体的“新生活广场”为服务平台，为工薪白领人群提供全方位的寿险服务。2003 年以来，泰康人寿的家庭保障产品“爱家之约”不断升级，组合更加灵活，保障更加全面。目前，爱家之约的产品销售占到新契约保单的三分之一以上，以至于很多人想起泰康，就想到了“一张保单保全家”。

总结泰康人寿的实践经验，“创新就是率先模仿”在操作层面上要牢牢把握好四个“点”：第一，视觉敏锐，善于发现。模仿要强调准确性和针对性，在把握公司核心发展战略的基础上，以全球的视野，在繁杂的信息中善于找到自己模仿的对象。第二，把握时机，率先模仿。模仿要强调“时效性”，要快速果断，在国内同行业中最先模仿，从而实现在特定市场、特定时间领先的目标。第三，寻找标杆，找世界上最好的模仿。模仿要找“最好的葫芦”，因为找最好的企业学习模仿容易迅速提升自己，从而快速超越国内竞争对手，迅速建立自己的竞争优势，甚至成为行业的标杆性企业。第四，超越模仿，实现创新。“画瓢”要为我所用，要在学习、研究、消化的基础上与本土、本企业文化相结合。模仿的最高境界是将模仿的对象不留痕迹地融入企业自身的发展，变成企业独有的东西。

“模仿的最高境界是将模仿的对象不留痕迹地融入企业自身的发展，变成企业独有的东西。”

（2005 年 10 月《北大商业评论》）

现代三大件
——买车买房买保险

改革开放前有老三大件：手表、自行车、缝纫机。

20 世纪 80 年代有新三大件：洗衣机、电视和冰箱。

21 世纪中产人群的崛起，带来一种新的生活方式——买车买房买保险，这称为现代三大件。

新新三大件是什么

多年做企业，在宏观领域我也有一些长期的研究和思考。“十六大”提出一个很新的概念：以人为本。回过头来讲，中国经济发展的动力是什么？根本的是人的消费的需求。

讲经济学无外乎就是供给、需求。我在研究保险的过程中发现需求非常有意思，不同的时代有不同的需求财富象征，这种象征对经济拉动的作用是不一样的。

我们20世纪50年代出生的人，都记得小时候的老三大件——手表、缝纫机、自行车。到了80年代又有了新三大件——彩电、洗衣机、电冰箱。那么，现在的新新三大件是什么？前两项当然是房屋、汽车。还有一项是什么？我说就是人寿保险。你看美国人的家庭消费支出、欧洲人的家庭消费支出，其中人寿保险支出是超过房屋和汽车的。三大保险支出中首位的是人寿保险，因为老了要有保障。当然，也有人说，教育也是三大件之一，旅游、休闲也是三大件之一，总之有一个新新三大件。老三大件、新三大件、新新三大件，正好是三代领导人，有一个时代的划分。

不同时代的人们有不同的生活方式和炫耀财富的方式。我刚工作时25块钱买了一块手表，两天都舍不得戴。到80年代，隔壁谁家有彩电，到有电视节目时家里挤得水泄不通，那也是一种财富的炫耀。今天呢？我认为，从今天开始，中国经济真正开始了结构转变，真正进入到一个新新三大件的消费结构，也就是汽车、住房、保险进入了北京、上海及各地的中产阶级家庭。我相信这样的潮流还会有10年、20年的时间，所以，我说中国还有20年的高速增长。中国过去20年经济增长的优势还可以保持20年，因为中国具有优质廉价的劳动力比重和优势。毛主席曾批马寅初的人口论，那是穷的时候，人都是包袱。现在13亿的人寿保险市场，不赚钱、不成为世界500强才怪！

有意思的是，三大件的价格也很具代表性。老三大件是以百元计算的，我家里最好的只有100块钱，这100块钱对中国经济的拉动有多大力量？到新三大件是千元计，这1000块钱又对中国经济的拉动有多大力量？那新三大件以什么计呢？我认为是10万元左右。如果买一个长期的养老金，比如说是20年，一年5000块钱，也是10万块钱——这对中国经济的拉动相当大。

我统计了一下世界500强企业：按照收入排序，银行业占整个500强销售额的10.81%；第二位是保险，占整个销售额的10.04%；汽车占10.19%；炼油业占9.33%；第五位是零售业，占5.16%。你有没有发现，经济活动中不是最大就是最好，经济活动中只有两端才能成为最好。两端就是最基本的原材料和最终消费品。比如造飞机的，他最核心的零部件是发动机，但世界上造飞机发动机的利润比造飞机的高。所以我认为，利润并不一定都集中在最高端的行业中，只要能满足人的需求，三百六十行，行行出状元。希望大家抓住新新三大件的历史机遇，跟着中产阶级成长。

（2004年第3期《新财经》）

“三大件”的演进与消费结构升级

“三大件”承载着一代代中国人的财富梦想

社会主义建设时期——需求被动型阶段的老三件：自行车、手表和缝纫机

改革开放时期——“新三大件”：电视机、电冰箱、洗衣机

小康和谐社会时期——新世纪小康社会的“三大件”：住房、汽车、保险

新中国50多年的经济发展史，实际上是消费结构不断升级的过程。消费结构的不断升级带动了产业结构的升级，消费结构升级与产业结构升级形成的良性互动成为中国经济成长的结构性推动力。通俗为“三大件”的财富象征，由具象产品到抽象服务，从百元等级向千元等级再到万元、十万元等级的的演变，反映的不仅是一个国家和民族所发生的沧海桑田的巨变，而且也投射出百姓生活方式的变迁。

第一阶段：社会主义建设时期。1949年，新中国成立。面临着复杂的国际环境和凋敝的国民经济，百废待兴的新中国要“站立”起来，必须在经济上不仰人鼻息，走自己的道路。从1949年到1978年改革开放前，中

国的社会主义建设完成了从农业国到初步工业化国家的历史性过渡。

如果用国际上通用的指标来分析，1978年我国人均GDP虽然只有205美元，但制造业比重却高达31%，这比人均GDP300美元的低收入国家高13个百分点，甚至比人均GDP1200美元的中等发达国家还高近9个百分点。这表明，中国人民是在极低的收入水平上以极高的代价达到较高的工业化水准的。这个代价就是全国的老百姓都“勒紧裤腰带过日子”。此阶段，是非常典型的高积累低消费阶段，国家基本包揽了城市居民所有的生活消费，全体中国人都过着整齐划一的“票证”生活（或者叫准配给制生活）。当时人们省吃俭用追求的家庭财富梦想是：自行车、手表和缝纫机，也就是俗称的“老三件”。“老三件”的消费量级基本上是“100元”左右。这一阶段属于“供给决定型”——百姓的消费需求受限于整个社会能够供给的产品种类、数量的刚性制约。

第二阶段：改革开放的二十年。以1978年党的十一届三中全会召开为标志，中国开始了改革开放的历史进程。这一时期所发生的变化成为我国经济史上的第一次消费革命。从消费的内容和性质，特别是居民选择偏好的变化来判断，1984年是一个重要的历史拐点：在此之前可以称为消费数量的扩张阶段；此后则是消费质量的提升阶段。

在数量扩张阶段，消费是为了解决温饱问题，对改革前长期未能得到满足的消费需求进行“量”的补偿。整个国民经济长期积蓄的潜能，特别是必需品生产方面所积蓄的潜能，得到了空前的释放，消费对经济的拉动作用开始彰显。

1984年以后，我国居民开始进入以追求消费质量、档次为中心内容的消费提升阶段。这一阶段以恩格尔系数持续走低为特征，2000年，恩格尔系数降至39.2%。正是在这个阶段，居民的消费选择真正具有了独立的意义；它不仅摆脱了传统体制强加的行政性约束，也摆脱了数量扩张阶段由于收入水平低而形成的生理性约束。随着收入水平的上升和选择空间的不断扩大，消费者对国民经济的发展提出了新的更高的要求。因此，消费成为产业结构升级、国民经济结构变革的基本力量，并对中国经济增长起决定性的带动作用，如20世纪80年代消费对GDP的贡献平均高达68%，90年代后，投资和外需增加很快，消费需求的作用下降，但消费需求依然举足轻重，平均达到55%。

表1　中国家庭恩格尔系数走势（%）

年 份	恩格尔系数	年 份	恩格尔系数
1991年	53.8	1998年	44.5
1992年	52.9	1999年	41.9
1993年	50.1	2000年	39.2
1994年	49.9	2001年	38.2
1995年	49.9	2002年	37.7
1996年	48.6	2003年	37.1
1997年	46.4	2004年	37.7

这一阶段是中国居民向小康生活跃进的一个重要阶梯，电视机、电冰箱、洗衣机“新三大件”成为这个时代的财富宠儿，消费量级已经上升到了“1000元”，是第一阶段财富宠儿的10倍，这也意味着消费对经济的拉动效应增加了10倍。

扩大内需国策和新一轮消费潮将带给中国更长久持续的发展

从20世纪末开始，中国净出口对经济增长的带动作用减弱甚至为负带动，消费重新成为最为关键的带动力量。经济学家们认为，21世纪中国进入到了新的自主性的经济增长周期，其动力源于居民消费结构的进一步升级和消费主义浪潮的兴起。而这一切则依赖于中国中等收入阶层的产生和崛起。

经过建国初期的初步工业化建设和二十多年的改革开放，中国的经济总量和实力已经向大国迈进。2000 年我国 GDP 已经突破 1 万亿美元，人均 GDP 超过 800 美元，整体上已从“八五”时期的世界低收入国家跃入世界中下收入国家行列，与意大利基本处于同一水平。“十五”期间，中国财政收入有了飞跃的增长。2003 年突破 2 万亿元大关，2005 年预计要突破 3 万亿元。全国财政收入占 GDP 的比重也由“九五”末的 15% 提高到 2004 年的 19.3%，国家财政对宏观经济的调控能力显著增强。

中央关于编制十一五规划纲要的建议明确提出：我国处于工业化、城镇化、国际化加速的时代，市场潜力巨大，坚持以扩大内需为主是我们发展经济的长期指导方针。这个时期被称之为“黄金发展时期”。黄金发展期，意味着中华民族迎来了唐宋鼎盛后 1000 年的再次崛起。这次崛起，是在融入全球化的宏大背景，以中国经济、社会的全面和谐发展为目标，是更加主动、开放、自如的崛起。

归结起来，在全球化浪潮的挟裹下，中国已经显现了城市化和服务产业的快速发展态势，这在社会结构、经济结构和人们的生活方式方面，带给中国巨大转变。最直接的转变就是中国的社会结构将由金字塔型向橄榄型转变——农民变市民，蓝领变白领，中产人群或者说工薪白领人群的数量将极大地增加。中国社科院和国家统计局都曾经做过全国社会阶层抽样调查，调查结果基本上认定，中国的“中间阶层”人群数量已经占总体人口的 15%–18% 左右。

法国巴黎百富勤公司将中国的中产阶级界定为：人均年收入 2.5–3 万元、家庭年收入 7.5–10 万元，受过高等教育，参与企业决策和管理，从事脑力劳动的专业技术人员及白领。符合上述标准的人数占中国总人口的比例约为 13.5%。据该公司测算，2002 年中国达到中等收入阶层标准的家庭为 5000 万个，家庭平均年收入为 7.5 万元，家庭平均拥有 31 万元资产。而到 2010 年，以上数字均将翻番，家庭总数将达 1 亿个，户均收入 15 万元，户均拥有资产达 62 万元！ 1 亿中产阶级家庭意味着潜力巨大的消费市场。

按照调查结果，中等收入人群的边际消费倾向（每增加一元收入所增加的消费，等于消费增量／收入增量）最高，为 1.1，即每增加 1 元收入，可带动 1.1 元的消费。其后依次为：中高收入人群、最高收入人群、最低收入人群、中低收入人群。

“日益壮大的中产人群则成为消费主义的身体力行者。人们在住房、汽车、保险、旅游等消费中，寻找价值认同和身份认同。”

迅速增长的中等收入阶层的消费倾向是购买高端、新型商品，从而推动消费结构和产业结构的升级。去年我国人均 GDP 超过 1000 美元，正是消费升级的起跑线。目前在人均 GDP 逾 3000 美元、中等收入阶层“扎堆儿”的沪、京、粤、浙等沿海发达地区，消费升级表现尤为明显。“消费主义”这一概念开始出现在学者、商家和媒体的话语中。

商品的极大丰富与流通方式的发展，是形成消费主义文化的重要基础；广告和信用消费带来新的生活方式和新的价值观，助长了消费主义的兴起；日益壮大的中产人群则成为消费主义的身体力行者。人们在住房、汽车、保险、旅游等消费中，寻找价值认同和身份认同。物质消费与精神追求从来没有像今天这样，联系得如此紧密。

中国正在出现和不断加温的这股消费热潮，和美国 20 世纪五六十年代的情形非常相似。

《光荣与梦想》的部分章节浓墨重彩地描绘了二战结束后那种蓬勃新鲜的中产阶级生活方式：

有不少令人眼花缭乱新发明的小玩意，人们惊异地谈论着生活的每一天新变化。日趋富裕的迹象随处可见，美国的生活水平提高到了世界其他地方难以理解的程度。近 60% 的家庭自报工资收入属于中产阶级。

麦迪逊大道的广告业为消费潮摇旗呐喊：宣称“希望有朝一日能够购买和享受各种奢侈品，这岂不是对勤劳的推动力吗？如果没有这种推动力，大家都会自然地趋向懒散？”

50 年代的美国人，特别是新兴的中产阶级都把大房子购买在了郊区，那种郊区生活被称为“幸福生活”。“到郊区去！”是振奋人心的向往。城市成为半日城市，汽车和铁路班车开道时，全城像涨潮，为人群所淹没，入夜落潮时，人群又退走了。城市成为穷人的聚居区和富人的经营点。

《华尔街史》也印证了 1954–1969 年消费主义带给美国的欣欣向荣，“在这个全新的消费者世界里，每个人的生活都开始变得相似，美国正在变成一个无阶级的社会。”

保险、旅游、教育等精神性、非实物性消费将成新宠

进入 21 世纪，出生于 70 年代末的独生子女一代开始进入消费人群的主流。他们接受的是完全不同于父辈的消费观念，他们更愿意投资未来，认同社会普遍的价值观，敏感于日新月异的消费潮流。更年长的一代人，开始进入事业的收获期，他们在盛年赶上了物质生活和消费时代的“班车”，“品质生活”是他们的追求也是标签。这两代人构成了中国的中等收入阶层，成为中国未来消费的主力，他们的消费呈现以下特点：

1. 消费支出中，2002 年与 1992 年相比，食品、衣着等生存型的消费倾向下降了 22 个百分点，而医疗保健、交通通信、娱乐文化教育、居住等享受型和发展型的消费倾向却显著上升，提高了 17 个百分点。

2. 不动产、金融和保险类投资成为时尚，城市投资者渐次浮出水面。依据马斯洛的需求层次理论，这群人已经开始追求经济安全、享乐和发展，

一个稳健的投资理财计划对他们会很有吸引力。中等收入阶层的储蓄性支出正向投资性支出转变，股票、教育、保险等成为他们的消费热点。

3. 普遍对品牌的忠诚度较高，消费理念非常成熟。零点调查公司对中等收入群体的理财情况进行调查，结果表明在理财工具价值的认同方面，风险较低的保障类工具如子女教育基金、保险、国债等增长幅度最大。

近年来，一种新的发展观——以人为本的发展观得到人们的普遍认同。在“人”的发展中，生活质量的不断提升和个性的解放是人的发展的核心内容。安全是小康社会的基本条件，没有安全感的社会，无论多么富足，也不能称之为幸福。如果人们在消费的过程中，能够满足追求个性解放、自由、安全、爱等等的需求，这样的消费产品无疑会成为新世纪的主力消费品——俗称“三大件”。住房，是个人和家庭最私密的空间，是体现生活质量的标志。汽车，让人们享受到了长距离驾驶的自由的乐趣。保险，是自由、安全、尊严和爱的体现，作为一种新兴投资型消费品，同信贷消费的住房、汽车最大的不同：是用今天的钱为未来买单。保险消费具有保值性，历来被认为是即期消费和信贷消费的基础，是保持生活品质的必不可少的工具。

从欧美国家家庭消费结构来分析，保险消费占有非常大的比重。2001年美国家庭消费中，保费支出达到10%以上，和交通、住房消费一起成为家庭“大件”消费（食品消费除外）的前三位。在美国的家庭服务领域，私人理财师（含保险理财）和私人律师、医师并称为“三大师”。

近些年来，美国的中产阶级的工作呈现不稳定的状态，即使是高层的MBA也可能轻易遭到淘汰。自20世纪70年代以来，非自愿性失业率已飙升了150%，这使得美国人更加重视对未来的筹划，重视购买保险。另外西方一些国家不同于中国的税费政策，使得许多人把购买人寿保险作为合理避税、积累家族财富的重要理财工具。

乐观地预言，随着中等收入阶层的崛起，中国消费率(消费占 GDP 的比率)将不断上升，学者预测，将从 2002 年的 58% 上升到 2010 年的 65%，并于 2020 年达到 71%，接近发达国家水平。在这个全球化、城市化和服务产业快速发展的时代背景下，和百姓生活密切相关的汽车、住房、保险必将成为老百姓 21 世纪生活的“新三大件”，他们的消费量级已经达到了 10 万元，对经济的拉动作用相对第二阶段又增强了 100 倍。

表 2　零点调查：各项支出占家庭月均收入的比例（%）

	北京	上海	广州	武汉	成都	西安	沈阳	总体
储蓄	16.9	22.3	18.9	21.4	16.4	20.6	17	18.9
投资	16.7	17.3	15.5	16.9	14.9	18.7	15.1	16.4
子女教育	10.9	10.7	9.8	8.3	8.4	15.5	10.6	10.5
交际应酬	10.3	11.1	14.5	7.5	8.5	11.6	9.4	10.3
休闲娱乐	8.5	10.4	11.8	5.9	9.4	8.7	8.9	9
汽车	9.82	6.78	9.25	7.5	6.93	9.37	10.33	8.71
服装鞋帽	7.3	9.3	9.1	7.7	8.7	8.2	8.7	8.4
保险	7.6	6.3	9.2	6.3	8.9	6.8	6.5	7.4
医疗保健	6.1	7	7.8	4.9	7.7	7.3	5.3	6.5

表 3　美国中等家庭保费支出情况　单位：美元

年代	2003	2002	2001	2000
美国保险密度（人均保费支出）	3461.6	3613	3266	3152.1
家庭保费支出	11077.12	11561.6	10451.2	10086.72
家庭保费支出占家庭支出的比例	26.12%	27.26%	24.36%	23.51%

说明：

1. 2001 年美国中等家庭平均收入 42909 美元，2002 年为 42409 美元，2003 年为 42400 美元

2. 美国平均家庭人数 3.2 人

3. 数据来源：美国商务报告

表 4　美国家庭消费支出前六位　单位：美元

	2001 年	占比	2002 年	占比
总支出	39518		40677	
住房	13011	32.9%	13293	32.7%
交通	7633	19.3%	7759	19.1%
食品	5321	13.46%	5375	13.21%
保险	4556	17.02%	4793	17.58%
车辆保险	819		894	
人身和养老金	3737		3899	
医疗保健	2182		350	
个人税收	2920	7.39%	2496	6.14%

数据来源：《美国统计摘要（2001 年）》、《美国统计摘要（2002 年）》

说明：美国家庭支出中前三位分别为住房、交通、保险。

表 5　英国保费占消费支出情况

	总保费	总消费支出	保费占比
1999 年	1410 亿	5706 亿	19.8%–24.7%
2003 年	1530 亿	6977 亿	17.9%–21.9%
2004 年	1500 亿	7323 亿	17.0%–20.4%

说明：考虑到统计中，有可能将“保费支出”列入居民投资支出，而不在“总消费支出”统计范围内，故在占比算法中将这种情况考虑进去，得出保费占比的上下限。

（2006 年 1 月《经济观察报》）

保险是一种制度安排

社会需要建立一种制度，

使社会有足够的力量能够抗拒、化解风险，

保障人民安定、健康的生活。

保险通过社会管理功能分散了风险，

为增进社会福利做出贡献。

寿险公司与中国养老保险体制改革

中国养老保险改革的进展及面临的挑战

自1984年以来，我国开始在部分地区进行国有企业、部分集体企业职工退休费用统筹试点，建立了职工退休养老基金。1991年6月，国务院发布了《关于企业职工养老保险制度改革的决定》，要求逐步建立起基本养老保险、企业补充养老保险制度。1996年，企业平均缴费比例为20.33%，个人平均缴费比例为3%，企业基本养老保险基金收入1171.76亿元，支出1031.87亿元，累计滚存结余578.56亿元。我国的基本养老保险已覆盖城镇企业及其职工，并将逐步扩大到城镇个体劳动者。

经过10多年改革，一个适应市场经济体制、具有中国特色的养老保险制度已具雏形。但仍面临着许多问题：

一是人口老龄化的日益加剧。1990年60岁以上人口的比例，亚洲平均6.8%，我国为8.9%。2000年和2010年将分别达到10.2%和12%，到2026年将高达18%，届时全世界将有1/4的老人集中在中国大陆。

二是我国基本养老保险基金的平衡方式目前采用现收现付与基金积累相结合的部分积累制，这种平衡方式在我国人口老龄化到来时，造成资金需求的急剧增长。

三是社会养老保险费交纳标准和替代率过高，造成国家、企业负担过重。

四是目前养老保险制度与国民收入分配变动的趋势不相适应。自改革开放以来，我国的国民收入一直呈现向个人倾斜的趋势。从 1980 年到 1995 年，财政收入占 GDP 的比重由 25.7% 下降为 10.9%。与此同时，城市居民的收入以平均 15.9% 的速度增长，城市居民存款余额也以年均 34.3% 的速度增长。与之形成鲜明对比的是，我国绝大部分的社会养老费用仍然由国家和企业承担。

寿险公司在中国养老保险体系中应扮演重要角色

在我国养老保险深化改革的过程中，要进一步减轻国家财政压力，鼓励个人的自我保障意识，充分发挥市场机制的积极作用，依据国际社会保险专家提倡的三支柱养老保险结构理论（三支柱为政府举办的基本年金、企业和行业举办的职业年金和个人储蓄性年金），从长远来看，我国养老保险制度应进行重新构造。而大力发展人寿保险事业，对于我国未来的养老保险体系建立具有十分重要的作用：

（一）寿险公司是养老保险体系的重要组成部分。受国力所限，我国目前的社会养老保险范围有限，远未达到覆盖全社会的程度，而寿险公司则在社会保险的空白地大有可为。同时，社会养老保险的保障水平有一定限制，收入水平较高的阶层，可通过寿险公司来确保富裕的晚年生活。

（二）养老基金可作出最佳投资策略，从而产生最佳的资本配置和最高的投资回报率。世界银行政策研究部首席经济学家艾斯黛乐·詹姆斯指出，政府并不是最好的投资者，许多国家的公积金结余很少，而且整个 80 年代多出现了亏损。在竞争性体制下，寿险公司开办的积累式养老金方案更有可能将基金投资与公债、公司债、股票和不动产进行组合，并通过加强管理，降低经营费用，从而更好地保护了养老金领取人的利益，促进养老保险制度公平与效率的有机统一。

（三）寿险公司的养老基金积累方式比较适应我国未来人口快速老龄化和城市化的发展趋势，符合世界各国制度。养老保险由现收现付向基金积累方式改革的趋势，也与我国国民收入分配格局的变化相适应。与我国所处的发展阶段相似的智利等拉美国家在国家财力不足的情况下，实行完全的基金积累制度，促进了经济发展，推动了金融市场发育以及保险和银行机构的成长。

（四）由寿险公司承担一部分养老基金的管理，可促进金融市场体系的完善和发展。寿险公司作为机构投资者，进入资本市场，可增加市场的机构竞争主体，减少资本市场的过度波动。数量庞大的养老基金进入资本市场，将对我国规模经济的发展起重要的推动作用。

寿险公司开办养老保险业务的方式和应得到的政策支持

一般来说，寿险公司经营养老保险业务采取以下方式：

一是传统年金保险。这种方式以理财为主，兼顾保障，但由于其管理成本较高，且采用固定的预定利率，被保险人的利益受到限制，保险公司亦承担很高的利率风险。

二是在缴费期间根据一定的浮动利率进行基金积累，而在领取期间采用固定的年金给付。

三是为参与养老计划者设立保单基金，使投保人享有参与投资决策的机会，并提高保单基金管理的透明度。该方式为投保人提供更多的灵活性，同时使保险公司的投资风险降至最小。

养老金业务的经营目的显著区别于寿险公司的其他业务，为促进我国养老保险制度的进一步完善，政府应在税收、投资等方面给予寿险公司的养老金保险业务以政策支持，而寿险公司将继续接受政府有关部门的严格监管，以促进养老基金运行的安全性、收益性和流动性。

（一）税收方面：参照西方国家经验，对企业和个人合格养老保险计划的缴费免征所得税，即税前支付养老保险费。同时，为充分保障养老金领取人年老时领取到足够的养老金，基金的投资收益免征所得税和资本增值税，而在居民正常储蓄账户中的任何储蓄都需来自税后收入。雇员通过向养老保险计划缴费，使其在有生之年平均分配收入，在超额累进所得税体制下，缴费可使其收入从较高收入期间推迟到较低收入期间，使其实际税赋得以大大减轻。投资收益的免税可使养老基金含投资毛收益在养老保险计划中滚动，最后在支付养老金时再交纳税金，实际上体现了政府对养老金领取人的税收优惠待遇，从而鼓励企业和个人为实现国家的政策目标作出贡献。当然国家也要制定措施，防止企业和个人滥用税收优惠。如英国规定，批准养老保险计划下信托人同意支付的死亡趸领养老金，可以免征所得税和遗产税；退休时一次性给付的现金也可享受免税待遇。

（二）投资方面：养老保险基金的资金来源为持续而稳定的长期交费，养老保险的给付责任为养老保险计划的长期负债，按照资产负债匹配的要求，资金运用也应为长期投资，以屏蔽通货膨胀，获得稳定的较高收益，避免短期投资造成的再投资风险。

根据西方国家的经验，股票和债券是最为适合养老保险基金投资的主要资产形式，如股票和债券占了美国养老保险基金的90%。在美国，过去20多年股票价格一直在稳步攀升，投资股市的退休人员，要比其他只投资债券或简单储蓄的人富裕得多。政府债券的安全性最高，而公司债券虽然安全性略低，但它们提供较高的收益率以弥补风险，使其成为寿险资金投资时最常采用的资产形式。

由于我国的金融市场还不十分完善，投资风险较大，为保证资金运用的安全性，《保险法》规定，寿险公司的资金运用限于银行存款、买卖政府债券和金融债券。而银行存款利率一再下调，国债市场的发育又很不完善，几百亿的寿险资金运用面临窘境。寿险公司作为机构投资者将寿险资金转化为现实的投资，对于促进金融市场发育，最大限度地保障养老金领取人的晚年生活，促进我国国民经济的持续发展，必将发挥不可替代的重要作用。

（1998 年 10 月《金融时报》）

保险的社会管理功能

党十六大提出了全面建设小康社会和实现现代化的奋斗目标，中国保险业在实现这一宏伟目标的伟大征程中肩负着重要使命。保险作为一种商业行为和商业模式将承担更多社会责任，发挥着日益重要的社会管理职能。

一、关于社会管理的概念

管理是一个非常抽象的概念，不同学派对管理也有着多种不同的解释。英文中也有两个单词对管理有着不同的解释，一个是 Management，另一个 Administration，前者在管理学中尤其是在 MBA 的教育中被广泛采用，并被解释为计划、组织、领导、控制，强调管理者和被管理者之间关系；后者则涉及的范围更广，强调了社会组织内部的制度秩序安排以及相互之间协作关系，强调优化社会资源配置。

我们认为，在讨论社会管理概念时更应强调管理的 Administration 的概念，因为在现代社会中，社会财富的创造不再是依靠个人力量，而是依靠组织内部以及组织之间的相互协作关系实现，社会管理就是保障组织高效率的创造财富。

社会管理功能一方面是通过制度安排，在社会组织内部达成一种共识，建立一种秩序保障家庭更加安定、人们生活更加平和，为国民经济发展创造稳定的社会环境；另一方面社会管理职能通过平抑各种社会风险，促进全社会资源达到最优配置的作用，提高全社会的生产效率。

二、制度安排是实现社会管理功能的重要手段

市场经济是现代社会主要的经济模式，并以产权清晰、商品自由交换、对社会有效管理为特点，强调资源能够根据市场供求关系进行高效率配置，从而更有效地创造社会财富。

在市场经济的发展过程中，西方发达国家在不断强调效率重要性的同时，开始重视公平和效率关系问题，注重发挥政府在经济发展过程中的宏观调控作用，通过各种税收、社会保障以及各种商业制度等经济手段缩减贫富差距、缓和社会矛盾，保障经济的平稳、健康发展。这一点在北欧的丹麦、挪威以及加拿大等实施高福利制度国家尤为明显。制度安排已经成为社会管理功能的重要手段，这些制度是就是在特定区域和时期内，被社会广泛认同和人们共同遵守的准则。

“在现代社会，制度的形成主要通过两个途径：一是政府立法；二是在市场经济发展过程中，人们对某种商业行为逐步达成共识而共同遵守的制度准则。”

在现代社会，制度的形成主要通过两个途径：一是政府立法，例如现行的各种法律法规诸如宪法、刑法、公司法或是政府根据需要临时下达并强制执行的各种法令。例如前苏联在卫国战争期间实施的“战时共产主义”，对所有物资实行配给制。这种制度反应了国家在经济活动中的宏观调控作用；二是在市场经济发展过程中，人们对某种商业行为逐步达成共识而共同遵守的制度准则，这种制度准则是在市场经济环境中，兼顾公平与效率的条件下进行社会资源最优配置的需要。这种制

度包括招投标制度、专利制度以及正在发展中的保险制度，这些制度既是商业行为，也是被社会广泛认同的制度准则，逐渐成为人们生活的主要组成部分。例如招投标制度最早在1782年起源于英国，它是作为一种“公开采购”手段而出现，原因是公共采购开支即政府机构和公用事业部门的开支主要来源于税收。税收取之于众，开支的使用就要对公众负责。因此政府和公用事业部门有义务保证自己的购买行为的合理和有效。为便于公众的监督，政府采购要最大限度的透明、公开，公开招标即由此产生。招投标制度虽然是一种商业行为，但经过数百年的发展已经逐步发展成为一项重要的社会制度，成为人们生活的重要组成部分。

三、保险制度是社会管理功能的重要组成部分

人一生面临的问题是多种多样而又各不相同，但都面临着医疗、教育、养老、财产损失等多种风险。这些风险时刻威胁人们稳定的生活和社会的健康发展，个人、家庭甚至单一组织都是无法抵抗、承担这些巨灾风险，因此社会需要建立一种制度、一种机制，使社会有足够的力量能够抗拒、化解这些风险，保障人民安定、健康的生活。保险制度便是根据这种社会需要逐步演变、发展而来，成为社会管理功能的重要组成部分，成为市场经济条件下人们日常生活的组成部分。

1.保险制度可以帮助应对公共突发事件

公共突发事件例如传染病、洪涝、地震、公共紧急事件等，对于社会影响之大、涉及时间和空间之广，已经不是单一政府职能部门可以解决的问题，需要调动和协调各方面力量，统一领导，积极行动。在公共突发事件中，保险可以起到稳定社会、协助化解社会危机的重要作用，保险已经成为应对公共突发事件的重要组成部分。从国内外很多实践中，我们都可以感触到保险在应对公共突发事件中的作用。

在2003年4–5月份，“非典”疫情突然袭来，搅乱了人民生活，不仅给社会造成了巨大的经济损失，也造成了极大的精神恐慌。在应对全社会齐心合力应对“非典”疫情过程中，中国保险业表现出了强烈的社会责任感和突出的社会管理职能。各大保险公司在中国保险监督管理委员会的领导下，出台一系列措施包括向一线医护工作者捐赠保险、设立专项赔款基金、开发针对“非典”的特种保险等，一方面保险赔付在很大程度上缓解了“非典”患者经济上的困难，发挥了保险的补偿职能，更重要的是“非典特种产品”在“非典”疫情最不明朗的时期给人们送去了一份关爱，使人们从内心深处得到了一份安慰，发挥了稳定社会的重要作用，在特定抗击“非典”过程中发挥了特殊作用，充分体现了保险在应对公共突发事件的社会管理职能。以泰康人寿销售的抗击SARS特种保险为例，在不足2个月时间内，为60万人送去了非常时期的非常关怀，缓解了人们的紧张情绪，客观上起到了稳定社会、安抚大众的积极作用。

在欧美国家，保险在应对公共突发事件中同样发挥着不可替代的作用，例如在著名的美国“9·11”恐怖袭击事件中，保险针对财产损失和被中断的商业运作总共支付赔偿金为190亿美元，如果包括世贸大厦倒塌造成近3300人死亡的损失在内，支出额将高达300亿美元至770亿美元，这一个庞大的金额是任何其他金融服务企业所不能承受的，但是通过保险及再保险，这一巨额款项自动由全世界各大保险公司承担，对重建工作发挥了重要作用。

2.保险制度是现代人生活的重要组成部分

随着中国经济快速发展，人民生活水平不断提高，中国社会结构正从金字塔型向橄榄型转变，蕴育产生着一大批工薪白领群体，他们是一个成熟社会的中坚力量，也是保险消费的主要群体。中国大陆日益增长的工薪白领群体渴望拥有安定丰厚的收入、体面的职业、稳定的家庭、健康的体魄和充足的闲暇。他们在开拓人生事业、追求理想目标的过程中，希望能够提早规划未来健康、幸福、美满的生活，做到后顾无忧，希望通过各种手段规划未来。保险所具备的特定功能一方面可以“使家眷免于饥饿，不至无家可归；使子女完成必要的教育，不至于失学；使父母安享晚年，不至于老无所养；使家庭财产完整，不至于受损。”体现着保险对个人的保障、体现着对家庭责任感；另一方面保险通过投资理财、通过对财产的保护，可以帮助个人建立安定的人生，可以帮助个人赢得创业的时间，可以帮助个人过上健康、幸福、美满的晚年生活，体现生命尊严和价值。

3.保险制度体现了工薪白领阶层的生活方式

现代保险作为销售公众产品、提供公众服务的金融服务企业，一张保险单与一个人、一个家庭几十年生活息息相关，保险已经成为现代生活的组成部分。现代保险的意义已经不仅局限在投资理财、保障补偿和晚年养老金安排，更体现了现代人对未来健康、幸福、美满生活的追求，体现了对现代家庭价值观、生活观的认同。保险所具备理财、保障、养老等特定功能能够帮助他们规划人生，安排未来。保险已经逐步成为现代家庭的重要标志，成为一种对家庭责任的承诺、一种对生活的态度。

从现代保险所承担的社会功能和责任来看，现代保险已经不仅仅是一种消费产品，更是一种制度安排。在这种制度安排下，保险不仅通过社会管理功能分散了风险，保障国民经济正常运行，在更广泛的范围内为增进社会福利做出了贡献，成为更广泛地承担风险的承担者。现代保险功能发展和完善是时代进步的表现，是一个社会走向成熟的重要标志，是中国全面建设高水平小康社会的必然结果。

“从现代保险所承担的社会功能和责任来看，现代保险已经不仅仅是一种消费产品，更是一种制度安排。”

自古以来，社会进步的源泉是科技创新和制度创新，科技创新是社会进步基本推动力量，制度创新是科技创新与商业行为相结合的更高层面的创新，对社会发展的推动力量远比单纯的科技创新作用要大的多。制度安排是实现社会管理功能的必须手段，是影响社会标准和生活方式重要力量。

保险正逐渐发展成为一种社会制度，成为社会管理功能的重要组成部分，保险制度代表的是现代社会一种新的家庭价值观、一种新的生活方式。保险已经融入工薪白领消费群体大众生活，成为小康社会的重要标志，更成为中国全面建设高水平小康社会的重要力量。

（2004 年《中国金融》）

拥抱互联网：人寿保险进入普惠时代

普惠金融无论是作为一种金融资源配置的安排，抑或是某种新兴的金融理念，其本质是平等、实惠和便利。互联网信息时代，互联网金融成为普惠金融最好的展现方式和助力工具。泰康人寿积极拥抱互联网，致力于互联网保险业务的创新与拓展，通过平台、产品、流程、数据等系列创新动作吹响了人寿保险行业普惠时代到来的号角。让保险更便捷、更实惠，让保险成为人们生活的一部分，这是泰康立司之初就秉持的经营宗旨，也是普惠金融的要求。让人人有保险、人人有保障，互联网保险让普惠金融更丰富和饱满。

普惠金融是传统金融体系金融资源配置的一种补充安排，最早为联合国和世界银行所大力推行，旨在为正规金融机构体系之外的广大中、低收入阶层甚至是贫困人口、微小企业提供金融服务，核心是小额信贷。

普惠金融无论是作为一种金融资源配置的安排，抑或是某种新兴的金融理念，其本质是平等、实惠和便利。

随着推广和普及，普惠金融的内涵与外延也在拓展。具体表现在几个方面：一是产品形式不再局限小额信贷、租赁、理财、保险等金融产品形态开始出现。二是服务人群从起初的中低收入特定人群扩展到社会所有阶层与群体。三是发起的金融机构开始摆脱政策性金融的理念，探索业务模式的商业持续性发展。但无论怎样拓展，普惠金融的本质是平等、实惠和便利。

随着互联网和信息技术的推广与应用，互联网金融得以快速发展。互联网开放、民主、便捷的属性与普惠金融的本质一拍即合，成为普惠金融最好的展现方式和助力工具。

互联网开放、民主、便捷的属性与普惠金融的本质一拍即合，成为普惠金融最好的展现方式和助力工具。

金融业务的核心在于融通资金，实现市场资金供给方和需求方的匹配。在传统金融业务下，由于供给和需求双方信息不对称，银行、保险、证券、信托等一系列金融机构承担起了资金中介的角色。金融中介一方面大幅度提升资源配置的有效性，实现风险和收益匹配，但另一方面成本也非常巨大，银行业居高不下的息差就是很好的说明。

互联网金融由于其公开、透明、便捷的特征，降低了源于信息不对称所带来的交易成本，弱化了中介职能，使得金融更实惠和便捷。此外，在互联网时代，社交网络、搜索引擎、大数据技术广泛应用，个人和企业的日常消费行为、交易行为可被充分记录和分析，在此基础上构建风险定价模型，金融产品的定价也变得更为合理。互联网金融由此也成为普惠金融最好的展现方式和助力工具。

目前看来，互联网对未来保险行业的颠覆将是巨大的，大金融企业将衍生为大数据公司。

金融企业的互联网战略大致可以分为三块：一是打造中后端平台。具体而言则是将现有客户数据建成大数据平台，将各大业务系统整合到统一系统内。二是进行大数据分析，提升客户体验。核心是根据大数据解读客户行为，带来更好的客户体验，甚至个性化服务。三是减少销售中间环节，将更多的实惠带给消费者。当前保险销售成本很高，将来沿用互联网的标准出售产品，中间费用将全部反馈给消费者。

面对互联网带来的机遇与挑战，泰康人寿选择了积极拥抱互联网，在互联网保险平台创新、产品创新、流程创新以及数据应用方面始终走在行业前列，旨在秉持“让保险更便捷、更实惠，让保险成为人们生活的一部分”立司之初的宗旨，致力于让人人有保险、人人有保障。

众所周知，人寿保险是一个销售成本很高的行业，互联网销售的核心是降低渠道成本。早在2000年9月，“泰康在线”全面开通，这是由泰康人寿投资建设的、业内首家真正实现在线投保的电子商务平台。随着第三方电子商务平台发展，泰康人寿相继进驻淘宝、当当、京东等电商平台，通过网销渠道为消费者提供便捷、实惠的保险产品，也完成了平台创新。

在传统营销方式下，人寿保险产品在定价过程中，由于销售成本的比重较高，低价保险或者免费保险几乎不可能。在互联网时代，由于渠道成本降低，人寿保险公司可以通过开发标准化的金融保险产品来降低保险费率，进而向市场提供低价甚至免费保险产品。2013年11月，泰康人寿与阿里小微金融服务集团合作，向淘宝卖家推出为之量身定制的健康保险计划“乐业宝”，这是首个针对淘宝网卖家的人身保障计划，客户每个月只要拿出10元，就可得到10万元的住院、癌症、意外伤害、意外死亡的保险。目前已累计拥有8万客户。

在互联网时代，由于渠道成本降低，人寿保险公司可以通过开发标准化的金融保险产品来降低保险费率，进而向市场提供低价甚至免费保险产品。

2014年2月，泰康人寿在行业内推出以“求关爱”为主题的“微互助”

保险产品。该款产品对接一款一年期的保险产品“泰康微互助短期防癌疾病保险”，用户可以通过支付 1 元而获取对应的 1000 元防癌基金保障。这一产品的最大创新之处在于附加了社交属性“求关爱”。用户只要将支付成功后生成的“求关爱”保单页面分享到朋友圈或微信群，就可以由朋友为投保人支付 1 元钱提升保额。作为首款根据微信平台“量身定制”开发的产品，“微互助”极大地突破了传统保险的投保流程、产品设计和营销模式，真正将互联网思维融入到产品的每一个环节中。4 月，泰康人寿与互联网企业奇虎 360 达成战略合作，正式推出“飞常保”产品，该产品年保额达 100 万元，首创全民免费航意险模式。6 月，泰康再次升级免费意外保险产品，推出一年期 50 万元保额的铁路意外险产品“铁定保”。相较于此前保险公司与互联网公司的跨界合作，泰康推出的“飞常保”、“铁定保”可谓是一项“全民福利”，不论在保障金额、覆盖人群、影响范围上都有历史性的突破，当前累积保障 600 万用户。这是互联网金融在寿险领域的一次创新，也是惠普金融在人寿保险行业的一次创新。

在移动互联及大数据背景下，保险服务的核心在于电子化、信函电子化、去纸化、去中间环节。2014 年，泰康行业内首创微信投保，代理人绑定泰康家园官方微信后，即可领取自己专属的产品销售链接并转发客户，客户只需填写简单个人信息，实时转账成功后保单即时承保。这一创新，使投保全流程三步两分钟即可搞定，在手机屏幕的方寸之间，真正实现了投保革命。

此外，结合新移动技术与传统保险服务，泰康人寿还创新推出了一系列便捷的移动微服务。所有客户只要关注并绑定“泰康人寿”公众账号，就可以便捷地享受到投保、理赔、保全、查询、咨询等微服务，无需跑网点，只需轻轻一点，保险“触手可及”。

当然，人寿保险行业的创新更离不开大数据的支持。以产品创新为例，通过大数据分析，可以根据客户不同的消费行为、社会特征、财务信用状况来设计不同的费率和个性化的保险产品，提供个性保单。这是保险行业所不能突破的世界性难题，在大数据时代找到了切实可行的解决方法。

为推广大数据应用，泰康人寿率先在行业内推出“金融云”概念并正式启用云计算中心。在云中心启用的同时，泰康人寿移动互联部和大数据部也正式成立，在数据信息中心原有的数据服务、支持服务、信息技术基础设施等职能的基础上，两部门更侧重于与大数据及移动互联网相关的应用规划、系统开发、上线维护、技术研究和市场推广规划等工作。启动云计算中心，宣告泰康人寿不仅仅将信息技术作为对传统保险业务的后台支持，更是直面移动互联网浪潮，让信息技术无缝对接市场需求，直接推动产品创新。

（2014 年 8 月《金融时报》）

从摇篮到天堂 保险呵护一生

在中国，养老社区由寿险公司来做最合适，

这是养老商业模式的重要创新，

可以实现投资、产品、服务三个延伸。

人寿保险嫁接养老社区，

满足人们的终极保障需求，体现保险的终极人文关怀。

保险投资养老社区：尊重生命的商业模式创新

我国是全球唯一的老年人口过亿的国家，紧迫的养老问题和巨大的养老市场日益受到社会和保险公司关注。泰康人寿作为第一家获得养老社区投资试点资格的保险企业，其首家实体养老社区—泰康之家旗舰社区6月初已在北京昌平破土动工。紧随其后，新华保险的新华家园、合众人寿的健康养老社区，以及中国太保的高端养老基地等，也在积极筹建之中。

作为保险业投资养老社区的第一个“吃螃蟹的人”，对保险公司助推中国养老保障体系建设的方式和作用有何认识、思考和建言？近日，中国保险报业股份有限公司董事长赵健走访泰康人寿保险股份有限公司，在与泰康人寿董事长陈东升的对话中，一个与保险产品相结合、倡导尊重生命、体现人文关怀的保险商业创新模式渐次显现轮廓。

记者：第二次全国人口普查数据证实了中国人口老龄化加速的事实：2010年我国60岁以上老年人已经达到1.78亿，约占全球老年人口的23.6%，也就是说全球1/4的老龄人口集中在中国。近年来商业性养老

社区的出现，被专家认为是解决我国养老问题的一个重要途径，正吸引越来越多的地产商、医疗卫生机构、各种投资基金和保险公司踊跃参与。今年5月，泰康推出了我国第一个保险产品与养老社区相结合的综合养老计划；6月，泰康之家养老社区在北京进入实质性建设阶段。作为一家寿险公司，泰康为什么要进军养老市场？为什么最终选择以投资养老社区这一途径进入养老市场？

陈东升：节能、环保、人文关怀将是21世纪经济、社会发展的三大潮流，以人文关怀为主题的新型产业将成为全球化时代经济发展的新方向。我始终认为，买保险就是尊重生命，保险为投保人提供“从摇篮到天堂”的保障和陪伴，是最具人文关怀属性的金融产业。面对中国人口老龄化加速的现实，建设与保险产品相结合的新生活田园——现代养老社区，可以照顾人们的生老病死，为老人提供一种新的有价值的生活方式，让老人安全，让子女放心，是当今最能体现人文关怀的一个商业创新。

泰康投资养老社区，始于对连锁经营商业模式的探索，受益于美国养老社区的启示。

泰康对连锁经营的商业模式思考已久。泰康的股东之一是中国国际旅行社，在上世纪90年代，国旅占据中国旅游市场业务的70%，但利润却十分微薄。不久后，携程网通过票源和房源两大核心资源迅速崛起，利润远远超过当时几大国有旅行社。携程网成功后又开始转战快捷酒店——如家酒店，3年就在全国开了100多家连锁店，并顺利上市。那时，我们开始对连锁商业模式产生了浓厚的兴趣。

与此同时，我们也一直在观察和思考，民政体系中的养老、管理和服务与市场需求差距很大。试想，既然保险公司有养老保险，那么我们能不能在现有产品的基础上，学习如家酒店连锁模式，将全国的养老院、敬老院用一个统一的品牌托管起来呢？

事实上，在养老市场中，泰康人寿有过一次早期的失败尝试。2008年，我们在北京望京投资过百万元建了一个社区养老院，重点向老年人提供上门服务。不过，由于缺乏充分的市场调研，开业后不久发现望京多为年轻人居住，没有大的养老市场。结果可想而知，最后以惨淡经营关门收场。

记者：失败乃成功之母。你刚才谈到，泰康投资养老社区，始于对连锁经营商业模式的探索，受益于美国养老社区的启示。泰康是如何受国际经验启示创新养老社区发展模式的?

陈东升：创新就是率先模仿。既然自我探索失败，就应该放开眼量，到世界发达国家和地区去看一看。第一站我们前往日本。由于日本人口老龄化、退休金制度和《看护法》的强制实施，催生了养老这一新兴产业，各种养老院如雨后春笋般涌现。不过因为国土狭小、城市拥挤，日本多采取小型的分散式养老，不大适合中国国情。

之后又去看了美国养老社区，让我们深深为之震撼。美国的养老社区大多为大型社区，成规模，有品质。特别是费城的 Willow valley（万柳）养老社区，配备着齐全的医疗康复设备、阳光玻璃房、运动器械、大型游泳池、歌剧院、文化中心，甚至老年人还有自己的董事会办公室，活脱脱一个开放式的社区养老大学。

美国老年人在养老社区内呈现出的饱满的精神状态和高涨的生活热情，也深深感染了每一个前往参观考察的泰康董事会成员。泰康独立董事、北京大学经济学院院长孙祁祥在亚利桑那州考察回国后，有感而发写出题为《让我们快乐、优雅地老去》的文章，发表在《中国保险报》上，认为对老人最大的善待是让他们能够享受快乐感，具备安全感，消除孤独感。保证所有的老人都有享受晚年幸福生活的权利，是我们社会在建立养老制度、制定养老政策时需要认真思考的一个问题。

经过数次考察和对现金流、收益率的反复论证，泰康认为美国的大型养老社区模式更加适合中国，于是决定将这一养老社区模式带回中国。我们希望建成的泰康之家养老社区，集健身健康、文化娱乐、康复医疗、膳食美食和精神信仰于一体，彻底颠覆中国传统的养老理念和模式。

记者：目前业内几家大的寿险公司，包括新华保险、中国人寿等也先后涉足养老产业，这是否表明参与养老产业将是寿险公司未来投资的一大趋势？泰康如何看待与同行之间在养老领域的竞争与合作？

陈东升：养老社区投资规模大，回收期长，必须有长期资金支持。在中国，养老社区由寿险公司来做最合适，不仅可大大降低养老社区的融资和运营成本，还将使寿险产业链拉长 20 年，是对保险商业模式的一大创新和发展。

经过 30 多年的改革开放，中国正由新兴市场国家迈向中等发达国家，伴随着财富和消费时代的到来，中国的中产阶级正在形成和崛起。泰康人寿专业经营寿险，以家庭为核心，提出“一张保单一辈子的幸福”的理念。面临老龄化时代的提早到来，泰康抓住中产阶级生活方式的变革，第一个将人寿保险和养老社区相嫁接，满足人们的终极保障需求，体现保险的终极人文关怀。

将保险产品与养老社区建设衔接是一个创新。即使在养老社区十分发达的美国，养老市场也主要是由房地产开发商和慈善机构主导。因此，泰康将寿险资金投资养老业，是对保险商业模式的一个重要创新。首先，是投资的延伸，寿险资金具有稳定的现金流和稳健的收益回报率，不受经济周期波动影响，投资养老社区相当于发行了一份长期稳定的债券。第二，带动了保险产品的延伸，包括养老保险和医疗保险的销售，以及新开发的看护保险和丧葬保险。第三，还带动了服务的延伸，带动老年健康、医疗和膳食服务的兴起。当然，保险公司也具有独特的自身优势，包括庞大的销售团队和客户资源，投资收益较高和综合竞争能力强。

目前国内不少保险公司也看好养老产业，适度竞争将有利于提高服务水平。不过，养老社区市场尚在培育过程中，寿险公司也将不断了解市场需求，探索运营规律。

记者：正如前面所说，中国养老保障体系目前面临不少困境，养老社区能够在未来整个养老保障体系中发挥哪些补充作用?

陈东升：中国目前已有1.8亿老年人，仅上海地区60岁以上人口就达到当地人口的17%。在我国，养老主要分为居家养老、社会养老和社区养老三种类型，其中居家养老占95%，为主要养老方式。

同时，我国的养老体系也分三大支柱，分别为社会保险、企业年金和个人商业养老保险。作为商业保险公司，应该在企业年金和个人商业养老保险方面发挥更大的作用。寿险公司投资养老社区，将有助于弥补目前社会保障体系中保障不充足的缺陷。

（2012年7月《中国保险报》）

【注】本文为《中国保险报》董事长赵健对陈东升的专访。

构建“四位一体”的商业生态

在座的每一位成功人士，不管我们职位的高低，财富的多少，每一个人生命的轨迹是一样的，都会老去，都会和疾病作斗争，最后都会去见上帝和马克思。这个生命的轨迹，就像北京大学经济学院院长孙祁祥女士第一次和我们考察美国养老社区，在飞机上写下的名篇文章《让我们快乐、优雅地老去》里面写到的，人生四个阶段：童年的纯真、少年的狂野、中年的潇洒、老年的神闲。

童年、少年和中年，中国人历来差不多，但是过去我们的老年和今天我们要倡导的老年的生命态度和生活方式是截然不同的。今天我借这个机会，把泰康8年前进军养老产业，走到今天医养结合、四位一体的战略，做一个分享和诠释。

泰康在8年前就看到了中国老龄化社会的到来。在今天中央文件大谈社会保障、大谈医养之前，泰康已经出发了，已经走在全社会、全产业的最前面。

2007年决定进入的养老产业，是泰康的核心战略之一。我们2008年考察了美国、日本、台湾一系列养老社区。2009年得到保监会批准第一个投资养老社区试点。2012年北京燕园养老社区正式破土动工。今年6月，燕园试运营，国内第一家大型的国际国内一流水准的综合性养老社区正式开张落户。前一段时间重要媒体讨论北京大学教授、著名学者钱理群教授，这样一个高级知识分子，住进了养老社区。有的人觉得是个悲哀，有的人觉得是个潮流。就像今天大家议论，说马云的电商把很多小商户、小中产消灭掉了，大家指责马云，为这些小商户、小中产感到悲哀。但这是一个浩浩荡荡的潮流，你习惯也罢，不习惯也罢，它一定会往前走。同样，今天钱理群住进泰康养老社区，大家的观点受到冲击和洗礼，就像说马云的互联网，大家觉得感慨也罢，不接受也罢，这也是一个潮流。为什么？解放了钱教授。他跟社会媒体讲：面对大山，潜心写作。养老社区把他和他太太一起从繁琐的生活中解放出来。他的太太现在是我们养老社区合唱团的成员。一种崭新的改变老年人生命态度的养老生活方式，悄然地在中国兴起，这就是泰康引入创造的“四位一体”商业模式。

我们完成了北京、上海、广州、三亚、苏州、成都、武汉的布局。泰康正在打造一种候鸟式、连锁、医养结合的养老社区。明年我们上海的申园就开张了，明年年底广州的粤园也开张了。北京燕园开张的这几个月，得到了社会广泛的认同和认可，引起了广泛的讨论和反响。

当我看到美国的养老社区，我说这就是共产主义生活。

2008 年初，我第一次去美国看养老社区，发自内心地说了一句话：“这不就是我们经常说的共产主义生活吗？”我是 50 年代后期出生的人，从小天天讲要实现伟大的共产主义理想，但是不知道共产主义是个什么样子的，那是抽象的、模糊的。当我看到美国的养老社区，我说这就是共产主义生活：老有所养，有尊严，真正满足各项需求。所以我坚定地把这个商业模式搬到中国来，我们用 7 年时间，践行了这个理想。

泰康为什么做这个产业？我们不是心血来潮，这是我们这个行业、这个产业的性质决定的。人寿保险公司说得简单一点，就是伴随每一个人和家庭的生老病死，是一个防范风险、解决风险方案的金融企业。当然，今天泰康已经走得更远，我们有现实的养老社区，还有终极关怀的墓地，真正实现“从摇篮到天堂”这样一个崭新的模式。所以我们既是方案的提供者，又是服务的解决者和提供者。这是一个全球的商业模式的创新，这就是我们讲的“四位一体”。今天泰康的定位，就是为日益增长的中产人群和家庭提供全方位健康和财富的管理与服务。

2012年，泰康率先推出“幸福有约”养老保障计划，为客户提供涵盖养老财务规划和养老生活安排的一揽子解决方案。今天在中国的金融产品市场上，泰康是第一家，也是唯一一家能提供这样一个“四位一体”产品。我也告诉大家，今年是泰康不平凡的一年，刚刚讲了，我们的燕园开张了，我们在南京获得了第一家三级医院，我们还会在武汉、成都、广州拥有高端、顶级的三甲医院。今后我们的客户，钱放在泰康投资理财，老了住进泰康养老社区，有疾病到泰康医院。我们形成了一个闭环系统，这样会大大节约成本。习主席对未来的经济提了一个新口号，叫供给侧结构性改革。是什么意思？就是过去是无限扩张生产中低端消费品，今天还在扩张，但是这种生产没有需求。社会结构发生了变化，中产人群形成了，高端人群形成了，他们要高端的医疗、高端的养老，但是没有这样的结合，没有这样的产品。所以就要改变我们的供给形态和供给结构，就要大量地建设新型的医院、新型的学校、新型的养老社区。泰康就是要提供医疗、养老、理财、终极关怀的四位一体服务，一个客户，四个产品。泰康就是立志要打造这样一个集团、这样一个公司。

2010年我们董事会全体成员到美国去考察养老社区，做出重大决策，就是深耕寿险产业链，坚定地把“从摇篮到天堂”变成现实的商业模式。我们不学别的金融机构办银行、办财产保险、办信托公司、办证券公司，我们不走金融宽带的模式。我们有我们的战略，有我们的理想，那就是深耕寿险产业链，让保险更便捷、更实惠，就是为我们的客户一起解决保险、理财、养老、看病四大需求。当然这有一个过程，要建立我们的医院体系，可能需要 5 年、10 年、15 年，但是我们一定按照这样一个商业模式建立我们的商业生态。“从摇篮到天堂”，一条龙的服务，它就是个终极商业模式。

我们既是一个重资产的持有者，也是一个轻资产的服务提供者。

泰康的愿景，就是坚持专业化，深耕寿险产业链，“从摇篮到天堂”，让保险更便捷、更实惠，让泰康成为人们生活的一部分。泰康医养业务符合国家的大政方针，医养就是我们的大幸福工程、大民生工程、大健康工程。医院、养老社区的实体投资，是现代服务业基础设施的建设，同时我们也向社会提供医疗和养老的服务与管理。我们既是一个重资产的持有者，也是一个轻资产的服务提供者。

各位嘉宾，我们每一个人，生命的轨迹都会衰老、死亡。在生生不息的循环轨迹中，如果能为生命服务，我认为是一件很幸福，很具人文关怀的事。我经常讲，年轻时一年想干很多件事，后来慢慢学乖了，一年只干一两件事，后来还是觉得不行，说一年只干一件事，后来还是不行，说三年只干一件事。现在我告诉大家，今天白发已经爬上了我的双鬓，但是我的身体和我的心依然年轻。最后生命剩下的这可能 20 年、30 年，我只做一件事，就是把今天“四位一体”医养为核心的大幸福工程、大民生工程和大健康工程，这样一个人文关怀的伟大产业，把它做下去，把这件事做好。

（2015 年 中国高净值人群医养白皮书发布会）

最大的“风口”就是伴随中产人群成长

“只要站在风口上，连猪都能飞起来。”事实上，对于“风口”本身的讨论，从来都在“风口浪尖”上。

泰康人寿保险股份有限公司董事长兼CEO陈东升认为，最大的“风口”就是“伴随我国中产人群一起成长”。而经他一手创办并日益成为人们生活一部分的泰康人寿保险公司，从成立之初，就牢牢抓住中产人群家庭核心价值观，牢牢抓住了这一“永远的风口”。

近日，围绕新常态下保险业的发展以及泰康养老社区的全国布局，陈东升向本报记者谈了自己的想法。

记者：《国务院关于加快发展现代保险服务业的若干意见》并不局限于保险业自身的发展，而是要求保险业在国民经济和社会发展中承担更大责任，成为经济的助推器。那么，在目前中国经济新常态下，保险业该如何服务经济发展呢？

陈东升：在我看来，新常态就是中国从一个新兴工业国家向中等发达国家或者说是发达国家转型。未来10年乃至20年，经济增长的动力在哪儿？我认为在于城镇化、服务业和走出去。近几年，国民经济在新常态下平稳运行，经济增速保持在7%以上，而保险业保费收入则以每年20%以上的速度在增长，远远超过GDP增速。这说明了服务业对经济发展的强大推动力。

那么，下一步，如何促进服务业崛起呢？我认为要重视四个字：娱、教、医、养。

中等发达国家的服务业是什么？一是娱乐、旅游、休闲和观光，这些统统体现在“娱”字里；第二个是“教”，即教育，教育是一个很大、很宽泛的概念，是中等发达国家支撑服务业的一个最大力量。

新常态就是中国从一个新兴工业国家向中等发达国家或者说是发达国家转型。未来10年乃至20年，经济增长的动力在哪儿？我认为在于城镇化、服务业和走出去。

而泰康人寿正在做的两件事是“医”和“养”。随着人口老龄化的到来，医疗健康产业在美国是第一大产业，平均每人每年在医疗健康上花费9000美元，如果按目前人民币对美元的汇率计算，3亿人口用在医疗健康上的花费大约为18万亿元人民币。2014年，中国医疗费用支出超过3万亿元人民币，我们预计，3~5年后，这一数字会增长到5万亿元人民币。所以说，医疗健康、养老产业是刚刚兴起的朝阳产业。泰康人寿就是看到了中产人群的壮大，看到了中国经济的发展，看到了中国人口老龄化的到来，所以从8年前就开始布局医疗养老产业。

如何促进服务业崛起呢？我认为要重视四个字：娱、教、医、养。

记者：现在业内外都知道，您已经将美国新型养老社区与人寿保险、高端医疗嫁接起来，在北京、上海、广州等地进行了对“医养结合养老社区”的创新和实践。这种模式已经引领寿险潮流，业内人士评价这种嫁接是“天

配”。能介绍一下您最初的想法和未来的打算吗?

陈东升：保险公司有大量的长期资金，需要寻找有稳定回报的投资出路，养老社区就非常符合保险资金投资所注重的安全性、不受经济波动影响、有稳定现金流的要求。在做养老社区的同时，泰康人寿已与国内外多家顶级医院形成战略合作，启动了“全球医疗直通车”，并将在养老社区完成“三级医院临床诊疗 + 社区配建康复医院 +CCRC 持续关爱社区”三层次医养服务体系的搭建。今年，泰康人寿还在健康管理公司方面发力，搭建“互联网 + 大健康”平台，全面提升“活力养老、高端医疗、卓越理财、终极关怀”四位一体大幸福工程的服务品质。

改革开放后近 30 年里，我国的保险公司发展有两种模式，一种是走金融“宽带”，银行、证券、保险，什么都做，以资本运作为手段；另一种则是走专业化道路，以保险为核心，深耕寿险产业链，泰康人寿是这方面的代表，同业多有模仿。

今年 6 月，泰康人寿在北京的养老社区燕园即将开张；明年 6 月，上海申园将要开张；明年 12 月，广州粤园也会开张。未来 5~10 年，泰康人寿计划投资 1000 亿元建设和运营养老社区，20~25 个连锁养老社区项目将在全国范围内展开，管理规模将达到 5 万张床位。

改革开放后近 30 年里，我国的保险公司发展有两种模式，一种是走金融“宽带”，另一种则是走专业化道路，以保险为核心，深耕寿险产业链，泰康人寿是这方面的代表。

我认为，这种把虚拟的保险和现实的医养结合的崭新的商业模式，将成为推动我国养老、健康产业发展的重要市场力量。我也坚信，这种创新的模式会引领中国的寿险潮流，最终也会走向世界。

记者：目前，泰康集团管理资产超过 7000 亿元，总资产近 5300 亿元，

净资产超 329 亿元。2014 年，泰康人寿规模保费超 910 亿元，净利润近 68 亿元，偿付能力充足率达 173%，新单价值超 50 亿元。请问，泰康人寿成功的秘诀是什么？

最大的“风口”、永远的“风口”就是“伴随中产人群一起成长”。

陈东升：泰康人寿从诞生那天起，就深刻地认识到，中国经济未来的道路，与中国中产人群的形成、成长以及今天的崛起密不可分。现在有个时髦的词儿，叫风口，互联网风口、医养风口……在我看来，最大的“风口”、永远的“风口”就是“伴随中产人群一起成长”。

从“一张保单保全家”、“爱家之约”，到“买车买房买保险”、“买保险就是尊重生命”，从“一张保单一辈子的幸福”，到“从摇篮到天堂”这些广告语来看，泰康人寿从来没有偏离中产人群家庭价值观这样一个核心的主题。

从公司年报可以看出，泰康人寿从无到有、从小到大的秘诀，就是牢牢抓住了最大也是永远的“风口”。

记者：我们了解到，您最近偕部分企业家到美国硅谷的著名互联网公司进行了考察交流，似乎正在酝酿新的发展思路。能谈谈吗？

陈东升：如今，互联网开启了一个重大的时代转型，正在改变人们的生活以及理解世界的方式。

实际上，我们早在 2011 年就提出“让数据产生红利”的目标。泰康人寿 2003 年就创办了“泰康在线”；2013 年电商创业者保障平台“乐业保”的上线，开启了寿险行业互联网化先河；2014 年泰康的社交防癌保险“求关爱”在短短两个月内火爆微信朋友圈，被称为朋友圈社交化创新保险产品的“鼻祖”；现在泰康云中心正式启用，“金融云”的概念正式落地到保险业务实践。

我认为，我们要主动拥抱互联网，用互联网新思维和新技术的“左手”支持传统保险服务的“右手”，左手抱右手，打造互联网时代新的保险经营模式，最终让保险更便捷、更实惠。比如，我们正在打造“手机保险的第一品牌”，把复杂的保险行为都放在手机上。过去把保险完全放在手机上来销售是不可能的，因为保险里最复杂的就是理赔，但现在可以做到了，因为手机也是一部照相机，通过无线互联网可以传输各种票据作为理赔的凭证。目前，泰康人寿在互联网上销售的保险累计达到了 50 亿元。

（2015 年 5 月《金融时报》）

【注】本文为《金融时报》记者李倩、付秋实对陈东升的专访。

“92 派”：开启现代企业制度元年

“92 派”就是离开体制，寻找自己独立的舞台进行创业的一群人。

丢掉、打破、放弃金饭碗、银饭碗、铁饭碗，

在市场上创立自己的地位是其主要特点。

浓厚的家国情怀，是“92 派”企业家最独特的标志。

时代造就了“92 派”

不同时代造就不同企业家

我觉得与时代发展相对应，企业家也有不同的类型。中国经济改革在 20 世纪 80 年代初开始，随着逐步开放市场，社会中出现了一股下海浪潮。在第一批“下海”的人中，有一些是通常被人所说的“出身不好”的，过去叫“地、富、反、坏”，有的是劳改释放，有的是犯过错误，也有一些是无业游民，这些人由于生活所迫，处于社会的底层，决定了他们的冒险精神和做事的胆量。他们从南到北倒买倒卖，这些人里开始产生了第一批万元户。他们对中国历史和社会最大的贡献之一是搞活了流通，而且大部分人也是在流通领域赚到了钱；同时这些人致富后，树立了成功者的样本，也开始改变社会、人们的观念。

80 年代中期，价格改革成为中国经济改革的枢纽，价格改革带动中国经济从计划经济转向市场经济，在这一转变的过程中出现了双轨制，于是出现寻租现象，这个时期有一批高干子弟或有丰富社会核心资源的人“下海”，造就了又一批富人。这批人有关系、有门路，因此可以说这批人是靠体制的转型来获得财富。

1992 年邓小平南巡后，活跃的青年群体当中有一些人开始经商，我把他们叫“92派”。1992年体改委出台了《股份公司规范意见》、《有限责任公司规范意见》，这是中国企业发生真正变革的转折点。这两个文件在中国具有划时代的意义，现在很少有人知道它，但我记得它，因为我是最敏感的，是这两个条例的受益者。当年想创立企业可是不知道资本从哪儿来，有了这两个文件后，就可以去募集资金，可以去依据一种商业模式来寻找投资人来投资。嘉德、泰康，都是在这两个暂行条例后成立的。对这两个文件我记忆深刻，当时天天把它们揣在怀里，办嘉德时，我要起草公司的章程、治理结构，基本上是按那两个文件来起草的。所以，从1992年开始在中国才有了真正意义上企业的创新。

“1992年体改委出台了《股份公司规范意见》、《有限责任公司规范意见》，这是中国企业发生真正变革的转折点。”

我把1992年开始创业的企业家们分为南北两派，南方派企业家大多以房地产起家，靠圈地运动，走综合化、多元化的道路，基本上是什么赚钱投资什么。北方派的企业家更多的是寻找一个行业的空白点，迅速创造行业的先锋企业，然后带动行业的发展。有人说，北方派基本上是靠制度发展带动一个好的企业和行业的发展。像今天田源的中国国际期货公司是期货业的领导者，我当年创立的中国嘉德拍卖公司是中国拍卖业的领导者。它们率先在行业里走专业化的道路，是这个行业的先驱。

在1997年、1998年，西方的高科技革命浪潮、网络经济的热潮掀起了第四次经商浪潮，出现了人们常说的海归派，海归派对中国企业最大的贡献是，他们把新的企业家价值和精神用一种制度来保证。有了“创始人”和“期权”这两个重要的概念，张朝阳、丁磊成为干干净净、白手起家的财富英雄。他们没有所谓的原罪。

社会上一直对企业家有一种“原罪”说，但事实并非都如此。从1992

年企业制度规范条例出台后出现的企业家和海归派应该不存在“原罪”二字，为什么过去的很多企业家有原罪现在没有了呢？这就是一个制度演变的过程，当年企业家的原罪是因为没有相应的企业家的制度，没有企业家价值的评估制度，到了第四代企业家的时候，有了创始人的概念，有了期权的概念，这就解决了企业家的价值问题，解决了如何承认企业家对企业的贡献问题。

“不管是靠胆子的，靠老子的，靠脑子的，还是海归派，都开始走规范化、专业化、国际化道路，如果不具备这三点，就无法取得长期的竞争优势。”

今天，不管是靠胆子的，靠老子的，靠脑子的，还是海归派，都开始走规范化、专业化、国际化道路，如果不具备这三点，就无法取得长期的竞争优势。尤其是要进入到一个新的领域，你不是这个行业的前五位，未来的生存就要受到严峻挑战。规模也成了今天竞争的一个重要因素。另外不和国际接轨，就无法打赢在家门口的这场国际化的竞争。

“92 派”产生思想转变的社会、文化基础

可以说，我们这一代人是毛主席的好孩子、邓小平的好学生、江泽民的好战士。我们成长在三个时代，青少年时代受革命的教育，激情、激进，大我的意识很强。为什么说是邓小平的好学生呢？我们是在改革开放后上大学，参加工作后赶上中国改革最波澜壮阔的时期——80 年代。这种文化制造了一种很强的集体意识、国家意识和民族意识，具有这种神圣的历史责任感成了这一代人极鲜明的特征。所以这一代人的思想可以用范仲淹的两句话来概括：先天下之忧而忧，后天下之乐而乐。我举一个最简单的例子，我大学毕业分到外贸部经济研究所工作，当时湖北有一个学术刊物叫《青年论坛》，我被委任为青年论坛北京记者站站长。那时我骑着一辆女

式小自行车，穿梭于北大、人大、清华、中央党校、北师大之间，经常凌晨三四点钟回到宿舍，很累但乐呵呵的。这些工作都是业余做，一分钱报酬都没有，甚至连公共汽车费都不报销，完全无私地工作和奉献，就觉得能为国家为社会做事情就很好。现在的人是很难理解这些的。

所以说“92 派”是很特殊的一代人，这批人，经历过激情革命的红色年代，经历过 80 年代激动人心的改革洗礼，从过去那种极左的思想一下子转到改革开放的思想，有痛苦有失落。邓小平南巡后经历了思想转型，觉得要实业救国，经济救国，有很多人开始投身创办新型企业的浪潮中。正是这个时期的历史、文化、经济、社会的积淀造就了“92 制度派”。

我为什么会办企业

上大学时，我最崇尚的职业是科学家和教授，第二是企业家，对政治家是最看不上的。现在倒过来了（笑），我觉得对一个男人来讲，政治抱负应该是第一位的。做不了政治应该做企业。因为要成为一个成功的企业家，需要非常多的素质，需要非常多的约束力，要把各种能掌控的因素、不能掌控的因素进行调和。一个成功的政治家比一个成功的企业家所需要的特质更高，它成功的概率也更低，更不容易。学者的生活相对要简单得多，因为他可以掌控自己。我认为我自己的这种思想转变，其实也代表了这样一个时代的发展过程。

我办企业还有两个因素，动力是来自于评比中国 500 强企业。

过去在外贸部经济所做研究时，是在发达国家研究室，有一种很强的优越感。在这里可以看到大量的外文期刊，像《财富》、《商业周刊》、美国的外交季刊、国际货币基金组织的统计年报、世界银行的发展报告，还有每天国际上各类通讯社的消息，等等，那是一个丰富的营养库，所以我才知道有世界 500 强、《时代》封面人物。这些对我影响很大。后来到《管理世界》当副总编，是出于一种很纯朴的考虑，那时还不到30岁，有快成长的想法。现在看，有些投机，到杂志社根本没想长干，觉得它是个跳板。但是到《管理世界》的经历的确改变了我的一生。当时我对编辑们说，《管理世界》应该办出特色，像《财富》有500强，《时代》有时代人物，我们《管理世界》能不能搞个什么东西？于是就决定搞中国500家企业评比。就是这样一个动议，后来我们在中国第一家推出500家的企业评价。中国企业500强评比一举获得巨大成功，《管理世界》杂志也获得了成功，成为非常具有影响力的媒体。

当时我把中国500强与世界500强进行对比，很惊讶地发现一个现象：世界经济强国的排序与世界500强企业的数量的排序有高度的吻合。就是说美国是头号强国，世界500强企业中它的公司一定是最多的；日本是第二号经济强国，在500强里它的企业也是第二多；德国第三号，它就第三多。这个发现给我很深的印象。我当时记得毛主席语录里有一句“中华民族要自立于世界民族之林”，我想，要让中华民族自立于世界民族之林，一定要拥有一大批世界性的跨国公司。这是我真正的改变。

“要让中华民族自立于世界民族之林，一定要拥有一大批世界性的跨国公司。”

于是开始有很强烈的愿望，有朝一日自己创办企业，如果能办一家世界500强的企业，那才是我人生的最高梦想。

第二个因素，缘于一个今天看来也是非常正确的判断：对于创业者来说，凭借关系可以获得一个进入市场比较高的起点，但是进入市场后一定要学习西方企业走市场的道路，不能把企业的发展依靠、维系在和政府的关系上，靠政府的资源来挣钱，这条路会越走越窄。我在1993年说的一句话，今天仍然有很多人引用，就是“利用计划经济的余威，抢占市场经济的滩头”。是什么意思呢？就是要利用计划经济时期的人脉关系、社会资源关系获得一个好的起点，但是要清楚地知道这样做的目的是走市场经济的路子。嘉德就是这样的路子，泰康也是这样的例子。

“利用计划经济的余威，抢占市场经济的滩头。”

（2004 年 10 月《中国经济时报》）

“92 派”企业家的价值观

我们的思维模式定义我们的世界。对于变动中的中国商业界，由于思维模式的不同每个人看到的并不相同，因而采取的是不同的行动。刚刚被《财富》（中文版）评为“年度中国商人”的陈东升也看到一个不同的世界：他相信 1992 年的两个文件《有限责任公司规范意见》和《股份有限公司规范意见》之后才有了真正的中国现代企业，它们给中国企业带来的影响被严重低估了。1993 年陈东升创办了嘉德拍卖，1996 年又创办了泰康人寿，和当时的大批依照这两个条例新创的企业一样，都是产权明晰的股份公司。

陈东升自称“92 派”，现在他是 1992 年从体制内向商界移动的那一批人中最成功的一位。被归纳在 1992 年的这一代企业家如今处在先驱者如张瑞敏、王石、柳传志以及互联网时期的数字英雄中间，他们开创了一大批广义的服务业企业，但真正的影响仍未完全发挥。在创办企业之前，他们是社会的“主流精英”，率先引进着各种观念，譬如陈东升引进了以销售额为标准的 500 强企业评选；进入企业界之后，这一批人大多建立了行业标杆性企业，引进了新的行业。

陈东升相信“市场经济是企业和政府互为推动、互为学习，互为交流的结果”，因而做艺术品拍卖的时候他选择与文物局持续沟通，帮助建立行业的规则；作为泰康人寿CEO的他一直与保监会保持良好沟通，在2004年相关条例颁布后，得以在保险公司中第一个发行次级债。他相信“创新就是率先模仿”，他最初创办艺术品拍卖公司是基于这样的朴素概念“美国今天火的，中国明天一定会火”，他建立了“中国的索斯比”。1992年，他第一个向中国人民银行非金融管理司提交创办人寿保险公司的申请，直到1995年国务院将要批准成立保险公司时，大家才蜂拥而至，他很自得地说，“之前，大概只有我一家在申请。”

记者：为什么在1992、1993年间你会选择去创办企业？

陈东升：当时大家感觉该是下海的时候了。1993年我下海时曾经讲过，要是五年前下海，我可能是一个犯了错误的人；三年前下海可能是无能的人；而现在下海，人家就认为你很行。

这里面隐含的是中国社会主流价值观对经商的判断变化的三个阶段。当时社会主流价值观对商业的判断对我们的影响很大，大家都不认同商业的时候，去做商业要冒的风险是很大的。

“当一个社会确定‘只有顶级人才去从事商业’这样的主流价值观，才是一个国家的市场经济真正走向成熟的时候。”

当一个社会确定“只有顶级人才去从事商业”这样的主流价值观，才是一个国家的市场经济真正走向成熟的时候。价值观的转变需要一个过程，在这个过程里，有一些人成功、发财，之后大家才把他们当成榜样来追逐。

记者：你刚才的叙述中有一个关键的部分就是1992年的时候，社会价值观认为最优秀的人应去从事商业，造成这种价值观变化的原因是什么？

陈东升：有三个很重要的因素。第一个因素是国际政治环境。在1980年代，参与中国经济改革的那一批年轻的社会精英都在探讨体制问题、借鉴国际的经验等等。1990年代初，这批精英开始分化，寻找出路，其中一部分人选择了从事商业。1991年苏联解体，接着东欧剧变，在《参考消息》上我们经常会看到说，东欧国家原来的部长在地铁口摆报摊。正是这些事件加速了群体的分化：经商，从政，到海外，做学问，或者干脆无声无息，做了老百姓。

第二个因素是邓小平南巡。这是这个群体分化的基础，邓小平南巡讲话是强大的助推剂。

第三个因素是 1992 年出台了两个重要文件——《有限责任公司规范意见》和《股份有限公司规范意见》。这两个文件出台后，真正的中国现代企业才出现。在之前没有股份公司，只有国有企业、乡镇企业、外资企业、个体工商户这四种企业类型。真正最核心的公有制的主体形式以及混合各种所有制形式的企业形式——股份公司到 1992 年才开始出现。我认为，这两个文件在中国历史上的地位相当于 1978 年关于农村经济体制改革的文件，只不过是因为各种因素，没有被大家关注。这两个文件掀开了中国企业进步的革命性的篇章，真正地影响了中国企业。

记者：你在去年的一次演讲中说，“中国真正拥有企业家只有 12 年的历史”，你似乎认为到 1992 年中国才真正拥有第一代企业家？

陈东升：我是指企业形态，是说没有真正的跟国际接轨的企业形态，怎么能有真正的企业家呢？也不能说过去没有，但都还不是完全状态。去年的郎顾之争，就是因为只看到皮毛。从历史走过的人，是不会去争这些问题的。那个时候不戴红帽子不能生存，但是戴上红帽子就把产权变成别人的了，财富也就变成给别人创造的了。

记者：那如何解决产权问题呢？

陈东升：仰融事件是产权纠缠不清的典型问题，更早的褚时健事件，那是承认企业家价值的问题。在仰融事件中，说是国家产权，国家没有投钱；说是私人产权，但如果当时国家不给你政策，你不戴红帽子，你做不大。严格地讲，当时就是一个产权不清的混合体，现在就有纠纷。有很多人讲，国家现在不能够把企业创始人一脚踢开，企业创始人也别一点不承认国家的作用，应该是协商解决。

记者：如果政府不跟你谈判，或者采取的是非常强硬的态度呢?

陈东升：为什么不学习李东生呢？李东生是在产权很清晰的时候，跟政府谈判、得到政府的承认，获得企业的经营权和股权。

在今天的中国，因为中国企业都是在初级的创造阶段，并且中国开放又这么快，面对跨国公司全方位的竞争，企业家精神仍然起主导作用。只有造就一个真正的、有价值的、市场化的CEO阶层，国有企业改革，中国企业走向社会化、公众化才能实现。

记者：你所说的“92派”创办企业时采取的主要是组建股份公司的形式，后来到了互联网热潮时期，就以更明确的产权实现了创始人的价值了。

陈东升：我对这个话题有很多感慨，中国过去没有什么创始人的概念。什么叫创始人，就是企业家精神应得价值的法律形式、合同形式，就是在建立企业之时，就认同创始人的价值，出钱的股东用一块钱买一股，创始人用一分钱买一股，甚至如果出钱的股东同意，送股都可以。

过去我们创办企业的时候，只有出钱的人才有股权，而对于企业家、创始人，只不过在情感上、精神上、企业经营权的控制上支持你，还有的给你戴戴高帽子。当时没有创始人这样的概念，也没有这样的社会基础。

互联网革命，中国互联网公司的这些海归派的崛起，对中国企业最大的贡献就是引进了最核心的两个制度：创始人制度(founder)和期权制度(option)。创始人制度、期权制度就是承认企业家的价值，不仅仅承认一个企业家的价值，也承认团队的价值，个人英雄主义变为团队的共创价值。创始人制度、期权制度和团队价值，这三个是互联网革命为中国企业注入的最具有革命性的价值。

“92 派”企业家的价值就是以现代企业制度的形态建立企业，然后找世界上最好的企业模仿。“92 派”的核心，一个是现代企业形态的引进，二是把西方先进行业在中国的空白填补上，通过模仿、学习世界上的先进企业，形成这些标杆性企业带动行业的发展。

“92 派”还有一个核心特点是，它的主体都是过去社会的主流阶层，他们开始在价值观上认同商业是最好的，也是最好的选择之一。这意味着社会的主流精英进入商界，之前，他们要么在政府机构，要么在研究机构。

而像王石、张瑞敏、柳传志还有鲁冠球等企业家是先驱者中硕果仅存的几个，先驱者的价值在于他们在茫茫的黑暗中的摸索，更具有不确定性和先知的作用。

记者：我注意到几个事情：一个是你开始从事拍卖行业的时候中国没有《拍卖法》，有报道说后来许多拍卖的规定都是嘉德与相关部门一起研究的；泰康 2004 年能发行 13 亿次级债，也源于你和保监会一年多的沟通，最终能在相应条例颁布后第一个发行次级债。请问你是如何每次都走在政策与潮流之前的?

陈东升：2002 年第二届亚布力论坛，有些人强烈地批评政府在经济发展中改革不快或者官僚主义的那一面。我表示了不同的看法。学习市场经济是一个整体的概念，政府在学习市场经济的监管方法，企业在学习市场经济如何经营企业的方法。完善的市场经济，一定是政府的监管行为、企业的经营形成一个整体，形成企业和政府互动的关系。政府不要看不起企业，企业更不能蔑视和诋毁政府，大家都是互相需要、互相学习、互相促进。

当年我和文物局就是一个互动的关系。拍卖文物是具有很大阻力的。首先，有很多比较守旧的想法、简单的逻辑，就是文物不能卖，卖文物就是卖祖宗，卖祖宗就是卖国。第二，过去我们老讲“好玉无价”，但是好的东西是一定有价的，正因为有价，大家才保护它。古董不值钱，谁会保护它？没有商业艺术品的流动，古代文化艺术品保护不了。第三是在国内建立中国艺术品市场，还是让市场永远在国外的问题。过去由于传统的观念，国内没有市场，有人就把文物走私到香港、到纽约去拍卖。10 年后，北京的交易额大概达到 36 亿人民币，已经是中国艺术品拍卖的龙头地位了，交易总量已经超过了香港，更超过了纽约。

当年就是说能不能使得海外的文物流回来，当年还害怕文物流出去。如何建立制度避免这样的问题？我们与文物局一起研究，协助政府来定一些制度。很多制度都是当年在嘉德拍卖过程中遇到的情况，然后跟国家文物局协商制定的，总之是让好文物回流，好的文物留在中国。我们制定的拍卖规则是，只要定位为一级文物就只允许国有企事业单位和博物馆来买。

记者：你这几年强调得很多的观点是："创新，就是率先模仿"。我们很认同你的思路，即"模仿、借鉴、消化、改良、创新，逐渐形成自己的独特道路、企业逻辑"。但对此的疑问是，绝大部分人做企业就是这样做的，为什么还需要不断地强调?

陈东升：后来我进一步发展了这个观点，给它加了三个限定：创新就是率先模仿，企业要善于、要率先、要找到最好的模仿。

经济学中，有一种后发理论。譬如"雁行理论"，日本开始工业化、产业化升级，劳动力价值升高了。它就把技术含量低、劳动力成本高、竞争力不强的企业转到下一个国家。下一个国家再重复这个过程。大雁领二雁，二雁领三雁，这就是雁行理论。当年我们中国的进口替代理论也是典型的后发优势理论。

但是，经济后发理论的基石是企业后发。譬如说没有索尼，就没有三星，现在学生三星正想超过老师索尼。嘉德、中诚信、中期都是典型企业后发，率先找一个最好的目标模仿，然后带动中国行业的发展。它们的意义在于，首先带动了一个行业，然后再在这个行业里进行国际竞争。我认为，“创新就是率先模仿”是一种企业发展的后发理论，是后发国家企业发展的一块基石。

（2005 年 2 月《经济观察报》）

做市场的好学生

我今天不讲太宏观的，只讲怎样做市场的好学生。

我给大家介绍一个新名词："92 派"。"92 派"是在邓小平南巡以后那拨创业高潮中形成的。丢掉、打破、放弃金饭碗、银饭碗、铁饭碗，在市场上创立自己的地位是其主要特点。这是一次大规模的人生自我赎买。我们成为了一个在政治上、经济上相对或者基本独立的人。

中国这三十年最大的变化就是由集体主义向个人主义和个人领域的转变，很多人离开依附的体制，寻找个人的独立性。三十年的改革，是一个由一元转变为多元的过程。"92 派"就是离开体制，寻找自己独立的舞台进行创业的一群人。1992 年国家颁布了《有限责任公司规范意见》《股份有限公司规范意见》。几十年来，中国逐步形成社会主义市场经济体系。这两个文件，是我们取得所有的经济成就的前提。如果没有这两个基本文件，就没有后来的企业法、没有后来的合同法。没有企业法、合同法，就不能构造一个新兴的企业家阶层。1992 年之前的企业家是在制度缺陷的时候进行创业的，所以产生了很多悲怆的故事。我 1992 年折腾嘉德拍卖，1993 年拿的牌照。1994 年我弟弟回来，我们创立一个非常家庭的民营快递企业。1996 年我创办了泰康人寿，泰康人寿也是《保险法》颁布后的第一批股份制的专业化的人寿保险公司。这就是我在那个时代做的三件事情。

“92 派”的核心是从体制内向体制外转型，这是我们对“92 派”的基本看法。真正的现代企业的试水和现代企业的元年从 1992 年开始。

我们 80 年代参加改革开放，觉得要走新的道路，真正的是经济救国、实业救国。我下海的根本动机从来没有想过经商，我下海的动机是 1988 年我去一个杂志做副总编，学美国《幸福》杂志（现在叫《财富》杂志）搞了中国五百强评比。在这过程中我研究美国五百强、世界五百强，受到很大的震撼。当时有一句话，中国要屹立于世界民族之林。我发现五百家大企业里面，美国企业数量是最多的。你在世界经济的排名和你在世界五百强里面拥有的企业数量，完全是相当的。当我发现这样一个现象，便坚定地想自己下海，在有生之年创一个五百强的公司。人寿保险是一个巨大的产业，我坚信，只要我坚持这样做，泰康人寿进入世界五百强只是指日可待的事情。

“‘92 派’的核心是从体制内向体制外转型，这是我们对‘92 派’的基本看法。真正的现代企业的试水和现代企业的元年从 1992 年开始。”

怎么做一个市场的好学生？

首先必须走专业化道路，坚持走市场化道路。对市场要敬畏，对专业要有一种宗教般的膜拜。诚信是一家企业的立命之本，所以一定要在哲学、思想、价值观的层面敬畏市场。

第二，股份制是一个很大的发明。股份制能迅速调动市场的所有资源，高效率地创造财富。好企业投资主体一定是多元的，公众公司投资主体更要多元。所以企业决策一定是由大股东领衔、众多股东形成的结果。只有大股东，没有中小股东，大股东不受约束也是不行的。嘉德拍卖作为一个同仁企业，受同仁约束。泰康人寿作为一个国际化的大公司，更加受约束，所以一定要有优质的股权结构、优质的董事会结构，一定要有非常透明、科学完善的治理结构，还要有企业家精神。这就是最好的企业模式和商业模式。我有很多朋友都是草根企业家，自己打江山，一个人说了算。我老跟他们讲，你们要做一个好企业，就一定要走股份制，一定要走治理结构。因为我们九十年代看到中国改革开放的大潮，抓住了这个历史机遇，二十年坚持市场化、专业化、规范化、国际化——这四化成为我的标准——走到今天，所以我今天才能站在这个台上跟朋友们进行分享和交流。

第三，创新是永恒的主题。什么叫企业家精神？很多人只引用了熊彼特讲的创造性的毁灭，所有的财富来自于企业家。企业家精神的本质其实马克思说对了，就是来自外在竞争的压力，外部市场竞争的压力，迫使每一个企业家不断创新；内部对财富的追求，也促使企业家创新。追求财富是对的，没有对财富的追求就没有今天的整个世界。当然没有科学家的创新，没有员工的共同努力，你这个财富都不可能。但是企业家是一个枢纽、一个中心。

第四，我们今天企业家最重要的，是处理好与政府的关系。王健林有一句话说得很好，不要依靠政府，但要亲近政府。我也有一个体会，就是和政府共同推动市场的建设。拍卖界所有的规则就是当年我创建嘉德时，和文物局在拍卖市场的演进中创立了的。你做一个好企业，政府也会很喜欢你，他也会支持你。企业家往往分两种，一种靠跟政府的关系，这是以一时之力，不能走长远；还有一个是做一个好企业，成了政府、市长、书记的一张名片，他也会支持你。我们是坚持走第二条道路，坚持市场化、专业化、规范化、国际化的道路。

所以我还是一句话：政府、社会要继续推动市场化改革。企业家继续领跑，做一个市场的好学生。

（2012 年 11 月 搜狐企业家论坛）

中国梦

从 1840 年到今天，一直有两条主线贯穿中国社会，一条主线是社会转型，一条主线是东西方文化的碰撞。

鸦片战争是中国落后的结果，也是中国觉醒的开始，所以中国的现代化之路是从鸦片战争开始的。

新中国的发展历史证明中国正在创造和平崛起的典范，中国崛起之路与世界其他强国都不尽相同，大大丰富了大国崛起的模式。

改革开放唤醒了中国人民的小康梦想，建设小康社会成为中国人梦寐以求的“中国梦”。

中国全面和平崛起之路

中国近现代150多年的历史，实际上就是中国和平崛起的一个渐进过程。一个民族的崛起一般需要50年左右，美国如此，日本也如此。但中国在和平崛起的道路上却走过了一个半世纪，直到今天，中国迎来了全面和平崛起的局面。

中国全面和平崛起的内涵与结构

中国和平崛起是指中华民族全面崛起，包括经济崛起、政治崛起两个层面及其六个方面的内涵。概括地讲，中国经济层面的崛起包括经济的崛起、自主技术与品牌的崛起、资本与金融的崛起；政治层面的崛起包括文化崛起、军事崛起、政治崛起三个方面。

图1　全面和平崛起

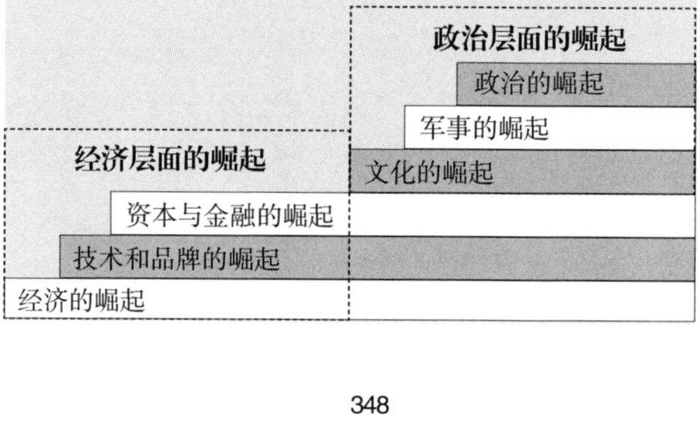

1. 经济的崛起与世界工厂的形成

从 1972 年尼克松访华到 1989 年的中美蜜月期结束，中美苏大三角关系形成，中国全面打开和西方世界的关系。亚洲四小龙经济腾飞，需要进行产业转移。此时中国恰逢改革开放，而四小龙中有三条龙是华人，于是血缘和文化承担了转移的机制。最后形成了我们今天的世界工厂。

2. 技术、品牌的崛起和产业升级

在全球化浪潮中，中国发展赶上了世界经济结构调整的快车，并逐步成为世界工厂。在世界工厂地位确定后，一方面我们要面对印度、越南的竞争，另一方面我们也不甘于永远作世界工厂。随着部分制造企业、出口型企业的产业升级，中国必须发展高附加值产业，必须加大研发投入的力量，一方面通过购买、改良一些技术，一方面创新形成自己的技术和品牌。产业结构要升级，就会加大科技研发的投入，产生越来越多的专利，也就逐渐掌握自主知识产权，获得系统的专利，从而逐渐形成自主品牌，这是一个逻辑的过程。世界工厂一定会创造出自己的品牌，经济崛起一定伴随着科技崛起。

3. 资本和金融的崛起

资本是经济运行的血液，金融是现代经济的核心， 是整个社会经济核心效益的制度安排。金融的作用就是让好的、高效率的企业更快更容易地得到所需资金，让不好的、低效率的企业更快更方便地被兼并、收购。一方面是输血机制，一方面是淘汰机制，这就是金融和资本市场的真谛和真核。资本和金融运行效率决定经济体系的效率。资本和金融运行效率决定经济体系的效率，可以分为微观和宏观两个层次，微观层次指银行、证券、保险机构运行效率，宏观层次指中央银行、财政体系运行效率。

“资本是经济运行的血液，金融是现代经济的核心，是整个社会经济核心效益的制度安排。”

进入21世纪，中国金融改革进程加快，国有商业银行纷纷进行股份制改造并上市，监管当局强化对银行资本充足率、保险公司偿付能力要求，证券市场改革取得突破进展，中国对金融业进行了根本性改造，金融运行效率将有实质提高。

从宏观金融角度看，财政、中央银行运作效率将不断提高，中国社会的主要矛盾，是落后的生产力和人民日益增长的需求之间的矛盾，过去是公共产品较好，私人产品匮乏，现在反过来变成人民需求与公共产品供给的矛盾了。中国将逐步建立健全公共财政，提高教育、公共卫生、公共医疗以及社会保障服务的效率。

4. 文化崛起促使东西方文明交相辉映

文化崛起有两个概念：一个是形的文化，一个是质的文化。形的文化包括电影、艺术、演出、京剧传统等方面。质的文化包括未来社会的价值是什么，中体西用还是西体中用的问题，是基督教文明崛起还是儒家文明崛起的问题。中国在现代化进程中崛起，本身就意味着一个以儒家文明为核心的新型综合文化体的形成。中国文化，是中华民族自身产生的儒家文化、道教文化与引进的佛教文化的混合体，可以称为儒教文化。日本、韩国和一些东南亚国家的文化，都是中国文化的演绎发展。中国崛起再加上日本、韩国，形成了东亚文化，都可以称为儒教。实际上东亚文化就是儒教文化，中国和平崛起促使东方的儒教文明和西方的基督教文明交相辉映，互相欣赏，互相融合。

“实际上东亚文化就是儒教文化，中国和平崛起促使东方的儒教文明和西方的基督教文明交相辉映，互相欣赏，互相融合。”

5. 军事崛起为中国和平发展提供保障

中国经济崛起会有两个结果：一是我们从一个净债务国变成一个债权

国并开始资本输出，大量在海外投资，企业分布在世界各地；二是需要能源供给持续不断，中国与世界经济更紧密地联系在一起。投资利益需要得到保护，能源资源安全需要有保障。中国军事崛起是为了维护中国的经济安全，不针对任何第三方。中国经济日益跟全球经济融合，军事的崛起为经济崛起提供相应保障，是对中国和平发展的保护。

6. 政治的崛起意味着我们要成为一个世界强国

中国奉行独立自主的外交政策，是第三世界的代表，是土地和人口的大国。我们向来是一个政治大国，但不是一个真正的强国。全面崛起就是要从实力上成为一个世界强国，但我们不谋求做第一。

图 2　中国全面和平崛起的发展阶段

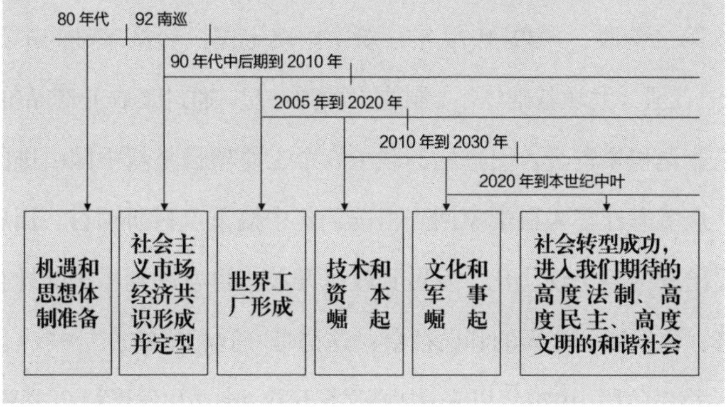

经济崛起的结果是世界市场的形成，技术和品牌的崛起实际是产业升级向高附加价值进军，资本和金融的崛起是打造国家竞争力，文化的崛起是和世界和谐共处，军事崛起是保护我们的利益，再加上政治崛起就是中国的全面崛起。预计到本世纪中叶，我们的社会转型成功，中国将从此进入我们期待的高度法制、高度民主、高度文明的和谐社会。

中国和平崛起的过程与日美不同，中国从来不谋求做第一

和平崛起是中国近现代历史的主题，中国人民百折不挠，勇往直前，

探索、开拓着中华民族崛起之路。从 1840 年开始到今天，中国实现和平崛起已经走过 150 多年的历史，到本世纪中叶，中国将走过一个复兴与现代化的过程。

1. 中国和平崛起的历史过程

第一阶段，1840 年到 1949 年，中华民族寻求自立、解放和现代化。中国的落后始于明末，正是西方工业革命和文艺复兴时期，鸦片战争是中国落后挨打的结果，同时也是民族自省的开始。鸦片战争打开中国大门，国家、百姓倍受欺压，仁人志士救亡图新，掀起洋务运动、戊戌变法、辛亥革命、抗日战争、新民主主义革命等活动，建立了独立、自主的新中国。在经济、文化、政治建设上大量引进西方思想，“中体西用”原则贯穿着中国近代史的演变。

第二阶段，1949–1979 年，新中国奠定国民经济基础。中国建立国民经济、工业、大学基础体系，制造出两弹一星。通过工农业产品价格剪刀差，为工业化积累资金。引进的苏联 156 个工业项目是新中国引进的第一批外资，众多海外华人科学家回到祖国，集中搞重点科研项目。周恩来、毛泽东提出来的四个现代化，发展到改革开放，再发展到今天的社会主义市场经济，再发展到今天的和谐社会，这都是一脉相承的。

第三阶段，1979 年以来，中国改革开放，建立和发展社会主义市场经济。

20 世纪 80 年代，经济全球化可谓天时，四小龙崛起、产业转移可谓地利，中国经济体制改革、提出改革开放基本国策可谓人和。社会生产力和活力得到巨大解放，对外开放使港台小额资本进入中国，对于搞活流通、形成全国的商品流发挥重大作用。国家恢复高考制度，重视教育和人才，提出科学是第一生产力的论断，为经济发展奠定基础。

90 年代，邓小平南巡讲话后，十四大提出建立社会主义市场经济体系，中国出现基础设施建设大高潮。基础建设的资金来自三方面：一是世界银行贷款，20 年来中国共获得世界银行 260 个项目约 390 亿美元贷款；二是日元贷款，“黑字环流”和特别日元贷款约折合 220 亿美元；三是有中国特色的收费制度，如机场建设费、电话初装费等，支持完成了通讯网、航空网和交通网的建设。基础设施建设为引进外资奠定了基础，没有基础设施建设的完成，跨国公司投资也就不会大量涌进。大批 80 年代初期出国留学人员回国，大大充实了国内人才。

2000 年以来，中国经济国际化进程突飞猛进。2001 年中国加入 WTO，加上政治稳定，社会安定，基础建设良好，劳动力便宜，跨国公司来中国开厂建厂，中国发展成为世界工厂。巨额外资与中国廉价、高质量的劳动力结合，在珠三角、长三角形成世界级的产业集群。中国经济大步推进国际化，引进来和走出去并举，中国企业对外投资活动日趋活跃。

这三个阶段叠加起来，构成中国一幕波澜壮阔、仁人志士前仆后继的中国崛起的历史画卷。

下一个十年，2010–2020 年，是中国技术创新、自主品牌不断发展的十年。改革开放以来，中国已经出现了像海尔、联想、华为等国际知名品牌。经济崛起，需要产业不断升级，需要开发技术专利、自主品牌，建设有国际竞争力的企业。中国金融效率提高，以及将要实行的中外资企业所得税合并的政策，有利于企业积累资金，研发新技术，开发新产品，创立新品牌。金融企业自身建设相对成熟，经营规范稳健，逐步成为有国际竞争力的机构。按照国家的战略目标，2020 年建设成高水平的小康社会，全面进入中等发达国家水平，基本形成我们的全面崛起。

“新中国的发展历史证明中国正在创造和平崛起的典范，中国崛起之路与世界其他强国都不尽相同，大大丰富了大国崛起的模式。”

2. 创造大国和平崛起的典范

新中国的发展历史证明中国正在创造和平崛起的典范，中国崛起之路与世界其他强国都不尽相同，大大丰富了大国崛起的模式。美日两国是近现代西方和东方崛起国家的代表，在它们的崛起历程中，既把握了和平的机会，也利用了战争的因素。

（1）美国大发战争财，金融帝国称霸世界

美国的崛起实际是从南北战争到第一次世界大战，差不多是 50 年的时间。这 50 年是思想的孕育期、外资吸引期、经济的全面繁荣期、政治经济文化思想哲学的全面上升期。

19 世纪末期，美国在全国范围内完成了产业革命，奠定了经济腾飞的基础。相比于英国、荷兰、西班牙，美国作为一个后起的资本主义国家，积极颁布土地优惠政策，吸引了大批欧洲移民和“过剩资本”，大量利用欧洲国家的技术成就，开发美国市场和经济。加上地理位置优越，自然资源丰富，美国资本主义经济从 19 世纪 70 年代急剧扩张起来。

1914–1918 年第一次世界大战，美国在其他参战国的经济、军事实力严重削弱的背景下，大量出口武器和各种产品，获得了巨额收入，由负债累累的债务国一跃成为各国的债主。二战期间，美国继续大发战争财，经济突飞猛进，1939–1945 年间美国国民生产总值增长超过 50%。两次世界大战期间，美国本土都没有成为战场，社会财富快速积累，欧亚多个国家的众多人才纷纷流入美国。战争结束后，美国一跃成为世界上最强大的国家，掌握了世界 3/4 的黄金储备，构建了以美元为中心的国际货币体系。战后美国经济金融发展引领全球，形成了以美元、美国金融机构、美国金融市场为核心的国际金融体系，金融帝国称霸世界。

美国的崛起总体上也算是和平崛起，美国在其崛起过程中利用了战争因素，但是基本没有为崛起故意挑起战争。美国崛起也可以看作是英帝国文化的继承和延续，世界主导权在英国和美国之间进行了和平交接。

（2）日本在战争中崛起，在和平中复兴

1868年日本开始明治维新，仿效西方资本主义，大力兴办近代工业，推行地税改革，实行“文明开化”教育，奠定了崛起的经济和人才基础，造就了一批大企业如三井、三菱财阀等。

1894年甲午海战，日本占据了台湾、朝鲜、辽东半岛，并得到2.3亿两白银的战争赔款，相当于当时日本4年的财政收入。日本政府利用战争赔款扩充军备、确立金本位制、推行义务教育，成为继英、法、俄之后的第四海军大国，并迅速融入世界经济体系。1904年日本在日俄战争中获胜，并逐步在朝鲜、中国东北推行殖民统治，掠夺资源，国力迅速增强，进入帝国列强行列。

二战后，日本在美国的占领和扶持下，大力扶植本国的大企业，人为压低居民消费，增加企业积累；建立主银行制度，将银行和大型生产企业紧密联系在一起，使大企业可以方便地从银行得到资金支持。日本利用在美国朝鲜战争和越南战争期间，向美国提供工业品，迅速推进重工业发展。借助电子与汽车等工业，取得了对于以美国为主的欧美市场的贸易优势地位。20世纪80年代，日本贸易优势地位逐渐演化成日本的金融优势，日元在1985年的广场饭店会议后大幅升值。日本的金融实力跳跃增长，在全球金融市场上呼风唤雨。

（3）中国崛起与日美的对比

中国与美国在市场和外资的引入上是极相似的，中国与日本在价值观、思想上有相似的地方，也有不一样的地方。

1949年以来，中国发展和崛起一直致力于谋求和平环境与和平手段。1979年以来，中国经济快速增长得益于世界和平与发展。中国劳动力资源丰富，和平稳定的国内环境促使大量外国资本流入中国，同时带来先进的国际技术，促进中国经济发展，综合国力增强。与美国、日本崛起历程都不尽相同，中国将成为和平崛起的典范。

一个国家的崛起要有思想指南。日本明治维新的主导思想是“脱亚入欧”和“和魂洋才”。目前中国崛起的主导思想两句话：一是改革开放，一是建立社会主义市场经济体系。社会主义市场经济体系就是崭新的文明形态，说中国在走资本主义，这是庸俗的说法，中国是在创造新的文明形态。当年马克思主义批判资本主义是罪恶的资本主义，后来资本主义通过科技革命，通过服务业的创新，通过中产阶级的打造，做大了社会的蛋糕，产生了更多的就业机会，缓解资本主义矛盾，形成了和谐的资本主义。中国走社会主义道路，搞计划经济，之后引进了市场经济体系，但是保住了社会主义基本的特色，所以形成了社会主义市场经济体系，今天在走向和谐的社会主义。和谐的资本主义、和谐的社会主义，就是基督教文明和东方儒教文明的复兴。

中国的和平崛起将推动新世纪中国梦的实现

1. 中国目前所处的阶段和经济走势

现在中国处在现代化的转型期，工业化的中后期，从新兴工业国向中等或者从新兴工业国向发达国家的过渡期。现代化的转型期就是城市化的过程，工业化的中后期就是服务业要崛起成为主导，新兴工业化向发达社会过渡就是全面建设和谐社会。

当前，中国经济增长和社会发展都面临转型。党中央“十一五”规划指出，未来五年以至更长时间的发展，要创新发展模式、提高发展质量，进一步扩大国内需求，调整投资和消费的关系，增强消费对经济增长的拉动作用。大力发展金融、保险等现代服务业，提高服务业的比重和水平。

未来十年中国的经济城镇化、服务化发展，将使中国越来越多的农村人口转化为城市人口；服务业在中国经济中的比重逐步扩大，将使越来越多的蓝领阶层转变为白领阶层。从现在起未来十多年的中国经济发展，宏观上讲，就是要扩大消费内需，培养中产人群；微观上讲，就是要提高企业特别是金融企业的国际竞争力，提高金融和资本的经营效率。

2. 中国未来的三大增长要素

劳动力秉赋向立体化、多元化发展。科学家、工程师大量出现，熟练工人取之不尽；世界级企业出现，与世界接轨的 CEO 和经理人队伍形成；文学家、艺术家、思想家活跃。资本由稀缺变为盈余。中国拥有 14 万亿存款和 8000 亿的外汇储备。上两种优势将持续转化为技术优势，形成第三种优势，预计 10–20 年完成。

3. 中国经济未来的区域化布局

中国会出现三个明星城市，北京、上海、香港，或者是说以香港和广州、深圳为一体的珠三角地区、以上海为龙头的长三角地区、以北京、天津为纽带的京津冀地区，中国的中产阶级会集中在这三大地区。另外还会形成几个中心城市像武汉、沈阳、成都，形成这种附带。三大经济区域再加上几个附带区域，大概就是中国未来经济区域化的结构。

图 3　中国经济未来区域化分布

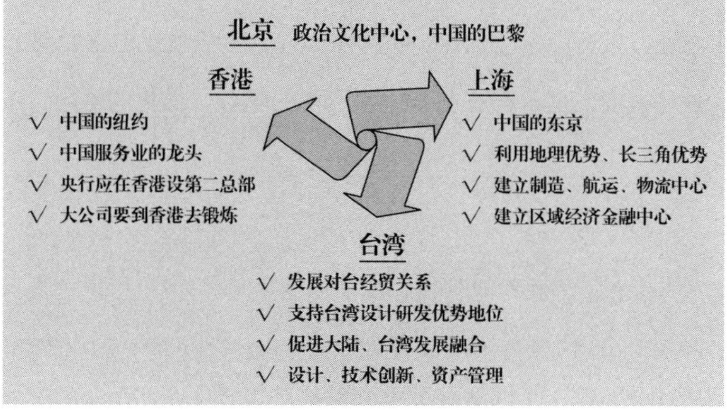

北京就是中国的巴黎，是文化之都。

香港是中国的国际金融中心，香港市场是中国股票市场的主板市场，香港交易所是中国的主板交易所。我们要改变对香港思维方式，不要认为上海比香港更能深入影响大陆金融发展，一定要将大陆优质企业在香港上市。香港对大陆思维也要改变，要成为世界三大金融中心，要取代东京，成为与纽约、伦敦平起平坐的金融中心，那就必须依赖大陆。同印度竞争，我们制造业发达，但是服务不行，但是我们有香港，香港应该成为中国服务业的龙头，让香港带动整个中国的金融服务业发展，使香港成为中国的纽约。我们可以大胆设想，香港应该把港币和人民币挂钩。中央银行应该在香港设第二总部，中国大公司都应该在香港建第二总部，企业要利用资本还没有开放的时候，主动到香港锻炼；我们的企业在香港立住脚了，再到国际市场竞争。

上海应利用其在中国海岸线中间、长江入海口地理优势，利用其制造技术、长三角民营企业活跃的区位优势，建立制造、航运和区域金融中心地位，上海法律体系不健全，金融人才也不充分，还不能成为国际金融中心，金融中心所在地金融要全部开放，大陆还没有达到完全开放的条件。

发展与台经贸关系，支持台湾产品设计、研发优势地位，促进大陆、台湾发展融合。台湾与大陆的经济关系不是台湾当局人为能够割断的。支持东南亚、俄罗斯远东地区、世界各地华人的合法的经济活动。全世界任何一处华人的发展，都有利于中国经济的崛起，文化的崛起，中华民族的复兴。

4. 和平崛起过程中的价值观问题

我们在崛起过程中面临一个价值观的问题。价值观有两个概念：一个是究竟是“中体西用”还是“西体中用”，这是一个根本的问题。有了这个问题才会有第二个问题：会不会形成基督教文明、新儒教文明两大文明体互相辉映？未来的中国人应该是世界的中国人、中国的世界人。

5. 和平崛起必将推动新世纪中国梦的实现

过去我们听到过美国梦，美国梦是什么？ 19 世纪是淘金梦，20 世纪就是中产梦。特别是二战后美国的经济繁荣为美国人带来了美好生活，出现了新的美国梦，吸引了全世界人才流向美国。新的美国梦就是人们到郊区去，买大房子，买彩电、买冰箱、买空调，然后享受流行音乐、流行的文化，医学的发达，小儿麻痹症也没有了，天花也没有了，健康也上来了，教育也发达了，取消了种族歧视，黑人白人都可以上学了。美国报纸上说，工人和老板的区别看不出来了，中产阶级崛起了，这就是战后的美国梦。战后的美国梦是造就了一批中产阶层，造就了美国人的美好生活。

与美国相似，中国的消费主义也是从中产阶层崛起讲起来的。中产阶级崛起有两个概念，一个是中国完善民主法制文明的前提条件，中产阶级成为主流社会才会更加稳定；二是中产阶层是消费的主体，最有消费力量的不是有钱人，有钱人更多的是投资而不是消费，真正的消费主力是中产阶级。当逐步将扩大消费内需作为拉动经济的主要动力的时候，那么就更需要形成中产阶层的消费群体。培养一个庞大的中产阶级就是培养一个最主要的消费群体，造就庞大的中产阶层，就是创造和谐社会。

中国改革开放以来，人们也开始不停地追求美好生活。中国梦就是在节约能源的基础上，建设和谐社会。人们追求健康的物质与文化享受，就应该到郊区去，买车、买房、买保险，到全国、世界各地去旅游。政府通过公共财政为人们建立教育、社会保障体系，人们扩大消费追求健康享受，这就是以人为本的美好生活，这就是 21 世纪的中国梦：城市生活中产化，农民生活城市化。

“21 世纪的中国梦：城市生活中产化，农民生活城市化。”

中国的落后始于明末，鸦片战争是中国落后挨打的结果，同时也是民族自醒的开始。中国从此走上和平崛起的发展道路，经过 150 多年的发展，21 世纪的中国迎来了中国崛起和中华民族复兴的伟大时代。乐观地预言，中国和平崛起的过程将在本世纪中叶完成。

（2006 年 2 月 亚布力中国企业家论坛）

改革开放唤醒“中国梦”

论中国特色社会主义三个核心体系的构建与完善

从1840年鸦片战争开始，中华民族历经百余年，前仆后继、不断革新，走上伟大的复兴之路。梳理中国百余年的现代化发展进程，我们更加体会到，中国特色社会主义伟大道路，来自于中华民族百余年的不懈探索，来自于近六十年中国社会主义实践的经验与教训，更来自于改革开放三十年我们对社会主义市场经济本质属性的深入思考。中国特色社会主义理论是关系中国全面和平发展，关系中华民族未来的重大历史性贡献。

改革开放三十年，是中华民族振兴发展的关键时段，它以“转型”和“开放”为核心特征，以创造经济奇迹而令世界瞩目。三十年的伟大成就不仅仅体现在国家财富和实力的大幅提升，更在于找到了一条适合中国国情的道路——中国特色社会主义道路。在西方自由资本主义制度之外，为人类文明进步提供了新的可资借鉴的范本。

“改革开放三十年，是中华民族振兴发展的关键时段，它以‘转型’和‘开放’为核心特征，以创造经济奇迹而令世界瞩目。”

中国特色社会主义道路包含了三个核心体系：社会主义市场经济、科学发展观、全面建设小康社会。其中社会主义市场经济是中国特色社会主义的体制基础；科学发展观是中国特色社会主义的基本要求和发展路径；全面建设小康社会是到 2020 年的奋斗目标，也是建设中国特色社会主义让中国民众获得的根本利益所在。

社会主义市场经济体系奠定了中国特色社会主义体制基础

社会主义市场经济从改革开放初期摸着石头过河，到有计划的商品经济，再到社会主义商品经济，到最后形成中国特色的社会主义市场经济。

社会主义市场经济是我国基本的社会经济制度，核心是以市场配置资源，而非以计划配置资源，充分利用市场供求、价格发现的效率机制来配置资源。

社会主义市场经济体系的建立，经历了四个重大的决定性改革战役。

一是农村改革。从传统农业社会向工业社会转型始终是我国发展的基本问题。中国的发展，最根本是解决农村、农业、农民“三农”问题。十一届三中全会之后，我国最先启动了农村改革，这一改革经历了土地制度变革、税费改革和农村综合改革三个阶段，有效缓解了“三农”问题，基本解决了人口众多的中国人吃饭穿衣问题。稳步推进农村改革是我国在工业化、城镇化的巨大历史变迁中保持社会稳定的重要基础。

二是价格改革。计划经济向市场经济转变过程中出现了价格扭曲现象，价格扭曲反映的是体制扭曲，价格改革成为体制转型最艰巨的战役之一。1988 年正值改革开放十年左右，通过“价格闯关”，价格双轨制彻底终结，从此企业可以在同样的价格环境下进行竞争。价格闯关虽然成本巨大，带来严重的通货膨胀，但现在看来，没有价格改革，就没有体制转型，市场配置资源就是一句空话，所以价格改革是市场化进程中最伟大的改革。

三是所有制与产权改革。产权清晰是商品交易的前提，是现代社会的根本基础。80 年代中期工业企业开始实行承包经营责任制。90 年代国有企业开始股份制改造，完善公司治理结构。2007 年《物权法》历经波折终于颁布实施。这一系列探索和变革，通过对产权所有者权利和义务的清晰界定，为产权所有者充分利用资源，实现资源的有效配置提供良好的市场环境和法律环境。

四是金融体制改革。金融产业作为国民经济核心，发挥越来越大的命脉作用。金融就是制度安排，金融运行效率决定了整个社会的运行效率。相对于其他经济领域改革，中国金融改革面临复杂多变的国内国际环境，牵一发动全身，呈现出复杂性、艰巨性和长期性特点。但是应该看到，经过 30 年改革开放，我国从资本短缺国开始成为资本平衡国甚至成为盈余国，从债务国变成债权国，中国可以通过构建高效完善的金融体系来支撑经济发展。特别需要指出的是，在当前全球金融海啸中，中国成为稳定全球局势、增强未来信心的重要力量之一。

概括起来，在改革开放 30 年的历史进程中，四大改革的顺利完成和不断推进，带来两项重大变革：在宏观层面上，以价格改革为核心，实现了生产要素商品化、资源配置市场化，奠定了社会主义市场经济基本框架；在微观层面上，以所有制和产权改革为核心，激活了社会主义市场经济的“细胞”，实现了市场主体经营自主化、产权清晰化，奠定了现代企业制度雏形。宏观层面的体制转型和微观层面的现代企业制度建设和完善，共同促进了整个社会运行效率提高。

社会主义市场经济另一个重要突破是，承认混合所有制是社会主义市场经济的基本经济制度，是公有制主要实现形式。目前投资主体日益呈现多元化，股份制成为公有制的主要实现形式，正在发挥改善国有企业产权结构、推动生产资源优化配置、最大限度解放和发展生产力的巨大作用。

科学发展观是全新的“世界观”和“方法论”

科学发展观立足于社会主义初级阶段基本国情，立足于国际国内新的发展形势，立足于解决发展中的种种难点问题而提出来的重大战略思想，是实现国民经济又好又快发展的根本路径。科学发展观的内涵与实质，符合人类文明向前发展的进步要求。

建国60年社会主义建设进程经历了两个重要时期，如果按照递进实现的目标，又内含三个发展阶段。

第一个时期：从1949年建国到1978年改革开放前30年，为社会主义计划经济时期，基本实现了从农业国向初步工业化国家的历史性过渡。

这一时期以人定胜天，独立自主，自力更生为发展观。这一发展观是面对国内百废待兴、国外封锁围困的环境下自然、坚定的回应。毛泽东等老一代领导人坚定不移地选择了高速发展战略，中国在没有任何外债的情况下完成了从农业国向初步工业化国家的历史性过渡，引进完成了156个大型工业项目的建设，制造出两弹一星，奠定了新中国的国民经济基础。特别是以1972年尼克松访华为标志，中国政治上的“开放”，为后来的经济开放做好了铺垫，并且在中苏两极较量中，中国获得了不可轻视的平衡国际局势的大国地位。

第二个时期：1978年改革开放至今三十年，是计划经济向市场经济转型时期，实现了从初步工业国向新兴工业国的转变，并开始向中等发达国家迈进。

邓小平提出中国的发展必须从“社会主义初级阶段”的国情出发，确立了“发展是硬道理”，“一切有利于生产力发展的东西，都是符合人民根本利益的，因而是社会主义所要求的，或者是社会主义所允许的。”这一求真务实的发展观。积极鼓励“大胆地试，大胆地闯”：农村联产承包责任制、经济特区的创办、证券交易所的创办等等；同时坚持效率优先兼顾公平，坚持按劳分配为主，多种分配方式为辅，尊重和保护一切合法的劳动收入，支持并保护各种要素参与分配等等。肇始于30年前的改革开放大潮，以发展生产力为根本出发点，带来了全社会对市场经济价值观念的认同，使社会主义制度获得了自我完善的能力和机制，社会主义的生机与活力得到极大焕发。

迈入新的世纪，中华民族又站在新的历史起点上。许多新情况、新问题、新矛盾、新挑战出现，以科学精神和人文精神为内核的新的发展观——科学发展观应运而生。

从人类文明的发展进程来看，从马克思、恩格斯，到无数社会革命家和社会实践家都在孜孜不倦地追索人类文明发展的动力与机制。但限于时代的局限性，他们更多地着眼于人类自身的存续发展，更多地着眼于不断改善生产关系提高生产力上。当今天我们面对全球共同的环境问题、能源问题、贫富差距问题时，人与自然的和谐、经济与社会的和谐、公平与效率的和谐，几乎成为了全人类的共识和努力方向。在新的历史发展时期，提出科学发展观，无疑表明作为正在崛起的大国，中国将在人类文明的进程中充当有远见、积极、负责任的角色。

科学发展观是发展中国特色社会主义必须坚持和贯彻的重大战略思想。科学发展观的第一要义是发展。我国仍处于并将长期处于社会主义初级阶段，人民日益增长的物质文化需要同落后的社会生产之间的矛盾仍然存在，决定了中国必须首先要实现经济又好又快发展。

科学发展观的重要实现手段是协调发展、统筹兼顾。统筹城乡发展、统筹区域发展、统筹经济社会发展、统筹人与自然和谐发展、统筹国内发展和对外开放的要求，这五大统筹，直面触及了走向现代化的中国所要急迫解决的主要矛盾，其实质就是厘清“公平与效率”这一不能回避的基本博弈关系。坚持以公平、正义为先决条件的效率，坚持以结构优化、资源节约、环境友好为先决条件的发展，这样才能持久惠及更广泛民众的聿福生活，才能持久惠及人类文明的不断进步。

再用 12 年全面实现高水平“小康社会”

中国最古老的社会理想是大同与小康。大同着眼点是天下为公的理想社会，小康则是温饱有余、幸福安康的理想幸福生活。小康理想反映了普通百姓对殷实、宽裕生活的追求，盛行几千年而不衰。

改革开放唤醒了中国人民的小康梦想，建设小康社会成为中国人梦寐以求的“中国梦”。2002 年，党的十六大明确提出“全面建设小康社会”的宏伟目标，中国在向小康社会迈进的道路上加快步伐。2002 年后，国内生产总值连续五年保持 10%以上的增长速度。2007 年经济总量达到 3.28 万亿美元，跃居世界第四，仅次于美国、日本、德国之后，相当于美国的 23.7%、日本的 74.9%，德国的 99.5%；进出口贸易总额 2.17 万亿美元，跃升至世界第三位。2007 年人均 GDP 已经超过 2500 美元，按这样的速度推算，2020 年人均 GDP 将会逼进 10000 美元。这样，我国继 20 世纪末人民生活总体由温饱到小康的历史性跨越后，将再一次实现由低水平的小康向较全面、均衡发展的高水平小康的历史性跨越。

“改革开放唤醒了中国人民的小康梦想，建设小康社会成为中国人梦寐以求的‘中国梦’。”

伴随高水平小康社会的到来，人均 GDP 的增长，必然也会带来社会结构、经济结构、人们精神面貌的巨大变化。专家学者认为由低收入国家向中下收入国家过渡，是一个非常重要的发展里程碑，80%左右的结构性变化都发生在这一时期。根据国际发展经验，当人均 GDP 达到 3000 美元时，产业结构中第三产业比重应达到 50%以上；就业结构中，非农从业人员比重达到80%左右；城乡社会结构中，城市人口比重应达到60%左右。

综上所述，向高水平小康社会迈进的过程中，必然呈现工业化、城市化、经济结构服务化的发展趋势，从而社会结构由金字塔型向橄榄型转变，工薪白领人群成为主流中间人群，这一人群正在成为保持社会稳定的重要力量，有望带动消费结构升级。

我国需求结构中，一直以来投资率偏高，消费率偏低，经济增长对投资、出口的依赖度较大，2006年居民消费率降到36%，成为历史新低。要增强消费对经济增长的拉动作用，需关注占人口70%左右的农村人口。

第一，要进一步加快城市化进程，让更多农民进城务工，培育人数众多、消费能力较强的工薪人群，并通过建设和完善社会保障体系，帮助人们规避风险，解决即期消费的后顾之忧，提高和稳定居民消费预期；第二，要加快推进社会主义新农村建设，启动农村消费市场。特别要大力推动农村市场保险发展，使广大农民增强抵御风险能力、转变生活和消费观念，进而拉动农村市场的消费增长。总之，让更多农民进入城市，让更多农民过上城里人的生活，将大大促进工业化、城市化、消费结构服务化进程，使中国经济进入以内需为本、健康持续稳定发展的良性轨道。

中华民族正站在新的历史起点，面临全方位参与经济全球化的挑战与机遇。只有坚持中国特色社会主义道路，完善社会主义市场经济体制，贯彻落实科学发展观，走科学发展道路，才能实现全面建设小康社会的宏伟目标。

（2008年11月《金融时报》）

关于中国现代化发展的思考

我有一个并未成型的关于中国现代化发展的思考。这个话题源于亚布力，因为我们曾在亚布力讨论过中国和平崛起的话题，后来我慢慢思考而形成了一些观点。我并不是学历史的，只是因为业余喜欢思考一些问题。对于中国的现代化的研究，耶鲁大学的史景迁教授写过一本《追寻现代中国》，哈佛大学的费正清教授也有相关研究。今天，学术界焦点就是关于是否有“中国模式”。

鸦片战争是中国落后的结果，也是觉醒的开始

中国模式是中国思想界最大的争议，存在很多争论和不同看法，应算做最高的学术命题。我的理念之一是：中国鸦片战争是落后的结果，也是中国觉悟觉醒的开始，所以我认为中国的现代化之路是从鸦片战争开始的。

回溯历史，我正在读许倬云的书，他的书值得推荐。中国历史从秦始皇统一中国开始，历经多次分分合合，而在中国真正最具影响的就是秦汉和隋唐时期。那时中国是世界的中心，国家实力非常雄厚，跟西方也有交往，基本上是世界的中心。

我们经常讲历史上出现过三次盛世：秦汉时的文景之治、隋唐时期的贞观之治，以及清代的康乾盛世。其实，康乾盛世只算半个盛世，为什么？

明朝早期，郑和下西洋后，不到80年，哥伦布开始航海。西方就是从那时开始发生了深刻变化，就是从航海、文艺复兴到工业革命，再到我们经常讲的现代西方三权分立的民主社会。1840年，英国工业革命形成，而中国乾隆皇帝退位的时间是1795年，相隔不到50年时间就发生了鸦片战争。乾隆盛世只是在西方还没有到中国来的时候出现的盛世，那时的中国还是在一个传统的农业文明盛世。实际上康乾盛世相对于世界来说是衰败的，因此1840年鸦片战争是中国已经落后的结果，而根本不是落后的开始。而且，鸦片战争使得中国真正开始进入现代化，开始跟世界融合、跟世界打交道的过程。这是我的第一个观点和命题。

转型和儒学贯穿中国社会发展

从1840年到今天，一直有两条主线贯穿中国社会，来引领社会的发展，一条主线是社会转型，一条主线是东西方文化的碰撞。

第一条主线社会转型，其核心体现就是我们讲的革命、革新、改良或改革。当时最血腥，或者是最彻底就是“革命”这两个字；最温和的就是“改良”这个词；今天我们用“改革”这个词。社会在急剧的转型过程中也可能摆到左边，也可能摆到右边，也可能是用革命的方式，也可能用改良的方式，也可能是用革新的方式。从1840年至今170年的时间，中国的社会转型还没有完成，因此社会转型是贯穿并引领中国社会发展的主线之一。

第二条主线是东西方文化的碰撞。大家知道，儒家学说是从汉代董仲舒开始成为官方哲学，最后形成的一直贯穿我们社会的主体思想体系。中间还有朱熹、王阳明的“心学”思想，但总体还是以儒学为核心思想体系。但是当西方科学民主思想来到中国时，就发生了激烈的碰撞，所以中学和西学这两种思想力量的交织到今天还在继续。湖北张之洞曾提出“中学为体，西学为用”，五四运动是打倒“孔家店”，彻底否定了传统。今天新儒学的崛起仍处于中国思想体系和西方体系碰撞的过程中，还没有最终尘埃落定。因此，我认为中国现代化最核心影响的两个力量一个是思想体系，一个是社会变革的。这是我的第二个思考和观点。

解决中国问题的根本在于思想制度层面

第三个观点，也很有意思，我们现在回头看，人类在进行现代化演进的过程中有一只看不见的手，有一个逻辑在那里，它是循序渐进的。1840年的洋枪洋炮打开了中国大门，我们就认为需要学习西方的这些技术，所以就开始了洋务运动。洋务运动是像我们今天看到的技术、经济层面的改革。但是甲午战争的失败让人们产生了更多的反省。反观日本的明治维新，花了 30 年时间解决了日本的基本崛起，当然崛起的核心是由于甲午战争、日俄战争而发了大财，日本才彻底崛起。日本崛起用了很短时间，明治维新是在学习西方。甲午战争使得中国的仁人志士认为中国的问题还是要解决制度的问题。理想派有康有为、梁启超为代表的戊戌变法，走君主立宪的道路，还是保持传统，但这样的斗争根本没有推翻满清的体制。戊戌变法失败后，又爆发了辛亥革命和五四运动，五四运动就上升到了更高的层面。从技术层面到制度层面，再到军事层面，什么能解决中国的问题？其实根本要在思想制度层面解决。五四运动的“反帝反封建”意义是我党在革命后的一种总结，五四运动的本质就是“德先生”、“赛先生”、“打倒孔家店”。五四运动，是中国现代化追寻了 170 年历史中的最具分水岭意义的一个事件。它彻底地否定传统、全盘西化，开启了又一个现代的中国。今天中国的逻辑就是从五四运动演绎而来的。

其实西方列强并不支持孙中山革命，只有苏俄支持，黄埔军校也是由苏联人出资建的。国民党、共产党这两个党都是鲍罗廷作为顾问。两党实际上是相辅助的。中国共产党成立之初是外来党，也就是由共产国际主导和推动而成立的。孙中山所倡导的国民党三大口号就是联俄、联共、辅助工农。这两党都是按照列宁的国家理论、政党理论建立的，就是我们所说的党国制，党是至高无上的，党领国、领军、领政、领民，所以中国就走向了一条党国道路。

中国的这段历史很有意思，从五四运动、私权的党国，再到后来的新中国。其实非常简单，就是这样三大模式。这就是根据我的理解而进行的历史梳理。

两个版本的现代化

中国历史从1949年到今天的核心是什么？我的观点是，中国经历了两个版本的现代化。当然我的看法不见得是成熟学说。

1949年后，我们基本上是全盘的苏联模式。在文化大革命之前，中国150多个项目的工业体系基本建立起来，另一个目标是要建立一个大国，研制原子弹、氢弹、人造卫星。在文革中期还有一个三线工厂，三线工厂很有意思，是我们把苏联援助的这些项目消化吸收后，进行再复制。

建国后的前30年我们就把意识形态抽象掉，这种苏联版本的现代化基本上是以公有制、计划经济为主，然后用工农业剪刀差来完成重工业和工业的资本积累。比如当初需要用布票、粮票，还要勒紧裤袋，这是在一个封闭的经济体系中。很多人问，我们那时候为什么不开放？那时候开放可行吗？当时的世界，已经形成两大对立阵营。中国去参加联合国会的时候，国库里拿不出一张美元，因为西方对我们都是封锁的。不要忘记历史，当年中国就是从这样一个历史的过程中走来的。

当时，苏联版本的现代化已经走不过去了，其实，苏东也在探索改革，中国也面临新的选择，邓小平提出了改革开放。中国人革命的目的是要国家富强，穷社会主义不是我们想要的，这是最大的核心凝聚力量。现在回过头看，邓小平改革的时候，比今天要再一次改革简单得多。因为那时没有利益体，没有任何利益集团。毛泽东时代的整个中国社会很简单，共产党的干部25级制，一级工资400元钱，25级的工资大概是25、30元，工人有8级工资制，所有的财产都是国家或集体的，没有任何一分钱的私权，那个时代是一张白纸。

第一个版本的现代化是走苏联路线的现代化，学习苏联。经济学中讲发展，基本的就是生产力的三要素。首先，人力资本从何而来？每次现代化的大运动都伴随着一个智力吸收的过程，就是留学生运动。毛泽东时代，大家都到苏联东俄社会主义国家留学，把自己的孩子也都送到苏联留学，解放后这些人全部回国来建设，我们的人力资本也是这样的形成过程。第二，资本如何来的？毛泽东时代的中国是在一个封闭的体系里，只能用工农业剪刀差，来完成工业化建设。第三，我们的技术从156个项目中获得，用的都是苏联、东欧的技术，156个项目相当于现在成套设备和技术的引进。

从毛泽东时代到我们今天的这个版本的现代化，中间有一个过渡时期。

1970年代，那时是中国最诡秘、最具变化、最具波澜壮阔的年代。1971年林彪坠机身亡，意味着文革的破产。1972年尼克松访华，中国再一次跟西方结盟，其实中国在毛泽东时代做了两件事，一个是中国建国跟苏联签订友好条约，用中苏结盟来对付西方自由世界。后来中苏关系交恶，1972年尼克松访华就是中美握手，形成了一个三角关系。过去是中苏联盟对付美国，后来我们反过来跟美国结盟对付苏联。因此我认为今天整个世界的格局，从1972年尼克松踏上中国的那一刹那开始，格局就开始演绎了，就是中美联手对抗苏联——苏联的倒台——社会主义阵营的瓦解。

1972年是具有重大意义的一年。1973年邓小平复出，直至1975年。1976年又是很关键的年份，毛泽东的去世意味着中国一个时代的结束。当时打倒四人帮是最重要的任务，当然还有更重要的——从1978年三中全会到1989年的那个时期。从1970年代初，到1980年代末，这近20年实际上是开始演绎从苏联模式向西方模式转变的又一次转型，其实这些年是一个过渡转型的时期。因此最具划时代意义的年份包括：1972 年、1976 年、1978 年、1989 年。虽然我们改革开放 30 年有点像从 1840 年到辛亥革命，也开始走技术和引进外资的路线，也开始在制度上学习。今天，中国又站在了另一个改革的关键路口。

“两个改革、三个遗产”促成中国三十年经济高速发展

关于改革开放这 30 年，我有自己的一套看法，改革开放 30 年最核心的是两个伟大改革：一是价格改革，宏观经济里的价格改革建立了我们今天社会主义的市场经济体系；第二个是微观的所有制和产权制度的改革，建立了现代企业制度，成长起一个社会经济发展的核心力量——企业家阶层。关于现代企业制度我有一个观点，即企业家的三个划分。在 1992 年之前并没有现代企业的法律制度，所以那时候的企业家基本上是戴“红帽子”的集体企业、乡镇企业、国有企业。到 1992 年后因为有了有限责任公司和股份公司条例，中国的企业开始进入一个制度化的阶段，再到海归派引进西方现代企业形态、填补先进行业在中国的空白，完成了中国的现代企业制度建设，这是一个漫长的过程。有了这两个伟大制度的改革，奠定了我所讲的当今第二个版本的现代化。实际上我们是以美国为师，走的是混合所有制的市场经济道路。中国过去是计划经济，今天是市场经济，过去是公有制，今天对应的是混合所有，甚至是私有或民营经济占到很大

“改革开放 30 年最核心的是两个伟大改革：一是价格改革，宏观经济里的价格改革建立了我们今天社会主义的市场经济体系；第二个是微观的所有制和产权制度的改革，建立了现代企业制度，成长起一个社会经济发展的核心力量——企业家阶层。”

比例的体系，这样就产权明晰了。

因此，价格改革、所有制和产权制度改革，是中国这30年的两个最大改革。今天人们都在讨论是否有中国模式。不管是叫中国模式，还是中国经验，我认为今天中国经济的成功，这两项改革是先决条件。如果没有进行市场化的改革，没有建立市场经济体系，那么今天中国所有的改革都无从谈起。但是仅仅有市场经济，而没有私营经济、没有产权和所有制的改革，就不会有今天企业家群体的崛起，也没有今天整个经济的蓬勃生长。

在上述两个改革的前提下，我认为，中国过去的体制留下了三个重大遗产：

第一，从中国历史上来看，在某个乱世后，乱世的终结者基本上会是一个强人时代。这种历史人物都备受争议，但他们一定都会建立一个强大的中央集权国家。比如秦汉、隋唐，到今天的中华人民共和国。中华人民共和国是很幸运的，中国历史上，元、清的版图最大，中华人民共和国继承了清朝的版图。从秦汉、隋唐到今天，是以汉人为核心的中华民族体系的大版图。把历史拉长来看，通过1840年，历经百余年的纷争、混乱，中国今天仍然幅员辽阔。不管我们如何看待制度，但一个强大的力量终结了纷争混乱的历史，毛泽东就是这一乱世的终结者，同时他又建立了历史上又一强大的中央集权国家。当邓小平把国家机器接到手上时，当他说让每一个螺丝都以经济建设为中心的时候，这就是今天讲的举国体制。我们很多人都没意识到，今天这个强大的中央集权体系，其实是为中国转化成以经济建设为核心而发挥了巨大的力量。如果要讲中国今天成功的原因，就是一句话——政府主导经济，或者叫企业家精神社会化。因为省委书记就相当于董事长，省长就相当于这个省的总经理，其实是一种企业家精神的社会化，大家都在搞经济建设。这是第一个伟大的遗产。当然今天我们所批判的这个社会存在的各种问题，也是由于政府主导经济而带来的。

第二个伟大的遗产就是土地，今天我们还是在吃老祖宗的饭。1949年，所有财产归公，包括跨国资本，比如我们讲的黄浦江、外滩一条街全是国有资产。今天实际上还是政府的，属于国有资产，连土地都是。中国在现代化过程中，特别是城市化和基础设施建设，大量征用土地。我与台湾人交流时，他们说，要趁价格低的时候加快基础设施建设，因为现在台湾是土地私有，土地价格都涨起来了，修一条高速公路根本修不起来。所以我们在城市化的运动中，在基础设施建设中，由于土地国有和土地集体，我们才能演绎“春天的故事”，一位老人在南海边划了一个圈，就造就了深圳这样的城市。如果没有共产党强大的中央集权，如果不是所有财产都收归国有，这是不可能的。

第三个伟大遗产是廉价劳动力。农民没有土地了，就到城市里打工。我不同意用“农民工”这个词汇，其实应该称之为“新兴产业工人”。在进行现代化、工业化的过程中，有巨大的劳动力需求，农民工就是新兴的产业大军，有3亿农民工因为没有土地而离乡背井。

我认为今天中国的现代化应该是中国经验，如果没有市场经济改革和产权改革这两个基础，没有中国这过去的三个遗产，就不能够取得我们今天的成就。中国经济30年巨大成就的首功当然是政府主导经济。经济学家张五常说过县域经济的竞争，但他只是看到了其中一面。由于整个社会、整个党的体系以GDP考核为核心，而且由于是政府进行主导经济，中央政府搞经济特区，地方政府搞开发区，县里搞招商引资。回想历史上香港的招商引资，基本上全球招商引资都是省委书记的头等大事。历史就是这样走过来的。

改革开放30年，又分三个时期。前10年是改革体制的准备期、过渡期、奠基期，我刚才讲城市的改革核心是企业改革，然后是价格改革带来整个宏观经济体系的转型和改革的发生。在第二个10年里，1992年实际上在中国历史上是非常重要的年份，大家都只记得邓小平南巡，其实还有 1991 年苏联、东欧倒台这个大国际形势对中国的压力。邓小平南巡把中国彻底扭转到继续坚定地改革、坚定的走市场经济道路。中共十四大第一次正式确定建设社会主义市场经济体系，在此之前的叫法包括："小农经济"——以计划经济为主、商品经济为辅——有计划经济的商品经济——计划经济与商品经济并行——商品经济，还没有谈市场经济。因此，中国最终确定市场经济道路，是伴随漫长思想斗争和交锋走过来的。

1992 年还有一个很重要事件，当时国家体改委颁布了两个文件，即《有限责任公司试行条例》和《股份公司试行条例》，到 1993 年才出台《公司法》，1996 年出台《合同法》。所以在 1992 年之前，中国对于企业没有任何制度，1992 年之前的企业包括乡镇企业（集体所有）、国有企业、个体户、合资、外资企业。所以在 1980 年代创业的企业家是很悲怆的，因为他们没有所有制的保证，没有企业法律框架来建设企业，所以要戴着"红帽子"。另外，可能会由于产权模糊，而导致牢狱之灾。过去发生过很多类似的悲剧，当然也有成功的企业案例。

所以，1992 年这些政策和改革构成了当代中国的一个分水岭，经济建设完全走向市场，我们所讲的市场是以改革和市场为核心的。1989 年后，整个西方封锁中国，当时中央的核心工作就是两件事，一是打破西方对中国的封锁，所以采用的基本是跨国公司案例。因此那时候任何一个跨国公司的总裁到中国，都会得到主席的接见，但今天跨国公司领导来见一个主管部门的处长都难上加难。我记得有篇文章写得很好，说在中国改革开放中，跨国公司立了汗马功劳。我们要说公道话，那时候的确是用跨国公司来打破了西方封锁。当年美国国会每年都会用中国最惠国待遇来挟制我们，这样的结果使得我们下决心一定要加入 WTO，彻底铲除套在我们头上的紧箍咒。中国加入 WTO 这 10 年，也就是 21 世纪的最初 10 年应该称之为"黄金的10年”。1980年代改革体制的铺路，1990年代我们完全从西方引进跨国公司，2001年加入WTO，没有这20年的奠基就没有这黄金的10年。这10年我们从全球经济第7位跃到今天第2位，这是最核心的标志性变化。

中国最大的信心在于民间创业和企业家精神

展开大概念，中华人民共和国60年是什么框架？这60年分为两个时期、三个阶段。两个时期就是毛泽东时期和邓小平时期，毛泽东时期走的是苏联版本的现代化。毛泽东时期基本是把一个农业国建设成为初步工业国，初步工业国的标志就是工业体系、国民经济体系的建设。邓小平所说的小康社会是把中国从一个初步工业国建成一个新兴工业国。现在我们讲的转型就是从新兴工业国迈向中等发达国家，中等发达国家就意味着中产阶级的崛起、消费经济的崛起。在从新兴工业国向中等发达国家转型的过程中，今天中国遇到的所有挑战，包括宪政、现代性、社会现代化，都来自于转型带来的挑战。

对于中国未来，我的基本判断是到2020年，中国将基本实现经济现代化。虽然今天很多人有忧患意识是对的，但我认为国与国就是块头对块头，从世界上来讲，我们已开始是一个强国了。这并非自大。再过10年，中国人均GDP将达到一万美金。而且，这只会提前到来。当经济崛起后，本币开始持续升值。从人均4000美金跨到1万美金，会不会出现拉美模式？我认为根本不可能出现。比如韩国、中国台湾，从3千美金到1万美金用了10年，甚至用了不到10年的时间。当人均GDP达到1万美金，中国的GDP接近10万亿美元的时候，国际上就可能只有美国、中国和欧盟这三大经济体系。

我认为所谓中产阶级崛起就是经济结构服务化。城市人口占60%，第三产业占60%，人均GDP达到1万美元——这三个指标大概十年内会做到，

“现代性和现代化的建设可能还要用 30–50 年的时间。抽象地讲，首先要建立一个法制的社会，才有民主社会。高度法制加上高度民主才能叫做高度文明，我相信中国一代人比一代人聪明。这是我对未来中国大体框架的看法。”

那时中国经济现代化就大功告成。再谈到另一个问题，就是现代性和国家现代化的问题，现代性和现代化的建设可能还要用 30–50 年的时间。抽象地讲，首先要建立一个法制的社会，才有民主社会。高度法制加上高度民主才能叫做高度文明，我相信中国一代人比一代人聪明。这是我对未来中国大体框架的看法。

从学术界角度看，到底有没有中国模式？有没有中国经验？中国模式是相对而言，刚才讲我们一个重大的前提就是从 1840 年到今天，大国崛起了，我们今天成为世界第二大经济体，而且我们的经济在持续高增长，虽然我们看到社会上有很多不好的方面，但我一直很乐观。我认为今天的中国企业家精神在人类历史上是前所未有的，我曾在演讲中说“当年有志青年参加革命，革命的洪流浩浩荡荡，有叛变的、落伍的、枪毙的、死掉的，但是谁也无法阻挡革命的洪流”。今天创业的浪潮，企业家精神在中国完全社会化的情况下形成这样一个浪潮，就像当年革命洪流一样浩浩荡荡，谁也阻挡不了。太多老板倒下，太多老板被抓，太多老板坐牢，甚至离世。但是这个革命洪流谁也阻挡不了，因此今天中国最大的信心就在于民间的创业和企业家精神。

当今世界的四个核心问题

我认为今天的世界完全变了，不能用西方崛起几百年的体系，不能用这样一条思路和逻辑或一个所谓的人类文明来看我们今天的世界和中国的崛起。当今世界有四个很核心的要素：

第一是网络，在第十一届亚布力年会上，微博显示了巨大无穷的力量。网络的兴起最本质是搜索引擎的诞生，我们过去要去图书馆学知识，需要查编号、填表格，图书管理员跑到图书室到处检索给你拿出来，这个过程的成本很高。但今天你把手机一打开，比如说 Google 一下知名人士，他们所有的言论都会出现，一瞬间都可以获得这些知识。所以过去知识是力量，知识是最昂贵的东西，今天，空气和水变成战略资源，知识变成了最廉价最容易获得的东西。搜索引擎的发明颠覆了人类知识的体系，让所有的只要有一定技能和理解能力的人都可以获得所有知识。获得所有的知识就意味着民主的普及化，就是世俗力量社会的崛起，就是打破过去思想被少数人（精英阶层）垄断的这种现象，一定要看到它逻辑的结果是什么，就是我讲的网络创造的 Google 对人和社会的影响，我自己的理解基本上是这样的概念。

第二是全球经济一体化，全球经济一体化的本质是什么？过去李嘉图的理论是一国和一国的禀赋优势，经济全球化的本质是颠覆了经济学的基本原理，国与国的禀赋优势已经转移到公司与公司的禀赋优势。我没有看到经济学界里有这样的见识被提出来，经济全球化就是一个产品进行全球的要素配置，一个产品的全球要素配置就是把比较成本从国与国衍生到公司与公司，是公司力量的崛起。那么最终民族和国家会不会消亡呢？我们不能做这个定论。有一篇文章对我启发很大，过去我们经常批评跨国公司，现在提出了“全球化的公司”。全球化的公司和跨国公司是两回事，跨国公司的定义就是在两个国家有机构，而什么叫全球化的公司？是一半的雇员是在企业所属的国家之外，一半的收入来自于本国之外。比如诺基亚等很多公司，诺基亚的产量在中国占 80%，但它是外国品牌，我们的消费取向决定它的生死。不要认为它是跨国公司，实际上它是中国的公司。因为全球化公司的意义很大，所以当它的收入、雇员一半以上是来自他国的时候，这个公司就不是姓中国或姓其他国家了，它已是全球化公司。所以，经济全球化的核心就是公司的崛起，是全球化公司的崛起。禀赋优势已从国与国的配置转到公司的配置，这也是一个巨大的革命性的思想和理论，这是当今世界第二个最重要的问题。

第三，就是气候变暖。气候变暖的本质是什么？我曾讲过，石油和煤炭是不可再生能源，这不可再生的能源实际上是太阳系的能量守恒定律。这是40亿年地球的储备，太阳能通过光合作用，火山、地震又把树木等植物埋到地下形成了今天的煤和石油。40亿年的储备都是可以用完的，工业文明就是建立在这样一个不可再生的化学能源的基础上。工业文明是相对于农业文明，农业文明是屈服自然、服从自然、最后和自然合作，叫做天人合一。中国对农业文明的思想体系是最完善、最繁华、最美妙的。我经常讲宋代的文化就是我们农业文明最高、最先进的写照。工业文明是因为我们想征服自然、改造自然、战胜自然，我们希望把人的力量延伸。工业文明的概念是把人的动力体系转用化学能源来创造出动力体系，其实是人的能量延伸，所以我们“千里眼、顺风耳、嫦娥奔月”的理想都实现了。但这种文化带来的工业文明的最大的坏处就是夸张的文明、浪费的文明。我常说，我们的首都机场是工业文明最后的一座墓碑，造了宏大的天穹，冬天要消耗很多能源来保持它的温度，夏天要消耗巨大的能源保持它的凉爽度，这很浪费。因此，我认为气候变暖的本质就是在批判、告别工业文明，我们要进入新的文明，这个新的文明就是生态文明，是一种简约的生活。把今天的享受全部丢掉并不现实，因为人活着是为了舒服，包括一切的经济活动、衣食住行，包括保险——我称之为“安全的需求”，其实都是为了满足人们生存和生活舒服的需求而发展的。因此，没有人去讲气候变暖的本

“经济全球化的核心就是公司的崛起，是全球化公司的崛起。”

质，这意味这我们在告别一种文明，并在探索一种新的文明，新文明是什么？我们现在说不清楚，但方向清楚。

当今世界第四个最伟大的变化就是中国的崛起。我把“中国的崛起”称之为“世界最大的麻烦”，这个词是最准确的，为什么？一个拥有13亿人口的古老东方大国，中国的崛起其实是人类最大的挑战课题。前面讲的网络时代、经济全球化、气候变暖这都是人类共同面对的问题，只不过各个国家的义务多少不同，争论之后最后就会形成协议与平衡。但是中国的崛起是“世界的麻烦”，因为中国的崛起挑战了一切。未来将是怎样的结果？无非是三种现象：第一种是，中国纳入西方世界的体系，西方世界特别希望是这样的结果。但我们中国人愿不愿意？我认为愿意是应该的，因为这样可以减少很大的世界冲突。第二种就是挑战西方世界，我相信中国人都不会接受这种方式，因为目前还没有到挑战的时候，也没有这个能力和必要，也就是说今天世界的普世价值还是存在的，我们要逐步认同，而挑战就意味着要战争。第三种结果，实现国家的相互欣赏，这种相互欣赏是一种共存的体制，会不会有这种结果？从1840年到今天，中国的改革是“摸着石头过河”，中国的未来是没有悬念的，一个清晰的发展逻辑就是我们在走全人类走过的共同道路，我们未来的方向也是清晰的。在改革开放30年后大量的纪念文章中，我有一个观点，未来30年的国家应该坚定地建设法治国家，坚定地推行“小政府、大社会”的政策。当然，这两项改革的推进会遇到很多问题，但我认为这是未来中国的基本路径和方向。

最后，谈谈对社会的看法。由于中国的崛起，经济增长引发人们对公平的讨论，公平成为社会的头号问题。公平问题涵盖了当今社会的所有问题，包括权贵的问题、贪污腐败的问题、政府权力无边界的问题、贫富差距的问题、生态环境的问题。我并非为党说话，在科学发展观中，所谓五大平衡其实就是因为共产党看到了五大矛盾，五大矛盾基本属于经济层面——第一个是沿海和内地的平衡；第二是城乡的平衡；第三是经济发展和社会发展的平衡；第四是经济发展和环境生态的平衡；第五是中国经济崛起后外资和内资的矛盾。这五大矛盾属于经济层面的矛盾，更上一层的矛盾就是公平带来的一切问题。因此现在中国社会上的思想很活跃，前段时间在讨论宪政，现在思想界最尖端或分水岭的讨论就是关于中国模式。

我们通过各种学习可以进行这方面的探讨，这种学习还是源于亚布力。因为我们天天做企业的时候并不会想到这些，而在亚布力，大家可以说出一些观点，可以讲述中国崛起的点点滴滴。以上我讲述的就是通过这些年的学习、看书而积累的一些思考。

（2011 年 6 月《经济观察报》）

在亚布力谈企业家精神和供给侧改革

每年春节之后，改革开放以来各个阶段驰骋中国商界的风云人物们，都会相聚在黑龙江尚志市的亚布力雪镇上，召开一年一度的亚布力中国企业家论坛。

泰康人寿董事长陈东升是亚布力论坛的理事长，他也是这个企业家圈子的核心人物。2001 年，同为“92 派”代表的师兄田源，因为受到瑞士达沃斯论坛的启发，选中了亚布力这个雪中小镇，开始尝试中国版达沃斯。但与达沃斯不同的是，那里最耀眼的人物，往往是大权在手的大国政要，而亚布力的明星，永远是在市场中拼斗的民营企业家。

作为亚布力中国企业家论坛理事长，陈东升是“92 派”概念的首创者，被誉为“最具思想力的企业家”，他将中国产权制度的发展与数次企业家创业热潮相结合，理清了中国民营企业的发展脉络。

“84 派”“92 派”“海归派（网络派）”，每年亚布力，陈东升以主持人的身份，将这些按照自己的理论划分的各个阶段的企业家，乃至新生代里最优秀的年轻创业者“一网打尽”，聚集在这个深山老林之中。在经历多元化思考之后，如今亚布力论坛的定位，也非常坚定地回到了创办初衷：这里是民营企业家自己的思想平台。

2016年的中国民营企业家们，虽面临着宏观经济与政商环境调整的双重压力。但与往年一样，他们在亚布力“依然春风故我，还是喜气洋洋，红衣服、红围脖，谈笑风生。”

亚布力闭幕当天的中午，陈东升设宴送别即将返程的马云、王石、郭广昌等企业家。与朋友们一一道别后，陈东升接受了腾讯财经的专访。

谈话中，在宏观层面，他分析供给侧改革，为企业家精神和企业家信心鼓与呼，并回顾和展望中国民营企业发展逻辑；在微观层面，他深入分析现代企业治理结构的心得，并分享在新的宏观环境下，泰康人寿坚定选择深入养老产业的思考。

我们将此次专访内容整理如下：

一、宏观大势下的企业家精神与企业家信心

记者：亚布力论坛开幕前，我们写了一篇文章，预测今年的亚布力可能不太乐观，企业家们面临宏观经济和政商环境的双重压力。这次论坛发布的《企业家信心指数报告》也显示，数字出现了明显的下降。但在亚布力现场，我们又看到企业家们还是其乐融融，似乎并无什么变化？

陈东升：敬一丹大姐也问了我和王石这个问题。企业家信心指数在下降，你以为大家会悲观，但是到这里企业家们依然春风故我，还是喜气洋洋，红衣服、红围脖，谈笑风生，内心是很强大的。不过每个笑脸的背后，可能都是血淋淋的现实压力，比如说王石，一般人哪儿能扛得住啊？到现在股权之争还没过去，万科还没有复牌。从商业角度来看，“万宝之争”将成为中国商业史的宝贵财富。

企业家就是在市场的环境里、在大风大浪中锻炼成长起来的。企业家的内心是很强大的，像马云，他这5年，什么叫如履薄冰，他内心世界的煎熬，他不被理解，那是多大压力！企业有多大，承受的压力就有多大，企业家

的名气有多大，承受的压力就有多大，完全是一个正比例。

关于企业家的解释太多了，熊彼特（Joseph Alois Schumpeter）的“毁灭性创新理论”说，企业家精神就来自于创新。但每个人理解不一样，我有一个观点，我认为企业家的成长没有规律，商学院培养不了企业家，企业家是随机的，就像打拳击一样，一场一场的拳击赛最后剩下来的，是随机的，而不是有序的。企业家就是野树林的野猪，不是家养的，他完全适应环境，有很强的生存能力和挑战能力。

企业家的成长没有规律，商学院培养不了企业家，企业家是随机的。

亚布力论坛举办了16年，这些企业家们，他们就是国家宝贵的财富，他们就是这个社会的中坚，他们就应该承担，他们就应该痛苦，他们就应该每天面对困难和挑战。

信心是什么，就是企业家精神。市场不好，企业就要采取各种手段去应对，“过冬”不等于企业家内心被打垮，不等于企业家遇到困难就放弃。

高盛董事长贝兰克梵（Lloyd Blankfein）有次跟我见面说，20世纪是美国的世纪，在那个世纪里，美国遇到了1930年的“大萧条”，跨世纪之后，又遇到2008年金融大危机，但美国经济依然繁荣。21世纪是属于中国的世纪，中国还没有遇到什么困难，但肯定会遇到，中国应该有这个思想准备，但遇到困难也不算什么，困难其实是经济的一次调整和纠正，中国依然可以继续繁荣。

21世纪是属于中国的世纪，困难其实是经济的一次调整和纠正，中国依然可以继续繁荣。

困难就像人害病，让人更有免疫能力，进而更健康。今天中国遇到的困难就是转型的过程，中国经济35年高增长，政府的力量熨平了周期的波动，虽然也有通胀时代，也有紧缩的时代，但是总体没有出现像西方那样大的经济危机，大批的金融机构倒闭，企业倒闭、失业等。今天的经济下行、转型，都是正常的、预期之内的困难，我们可以面对，我们可以克服。

记者：中央最近提出了供给侧改革，就是我们的转型方向。这个话题在亚布力论坛上谈的也比较多，但大家各自都有不同的理解，您的理解是怎样的？

陈东升：马云讲得很好，供给侧改革就是推内需，内需就是消费，消费就是市场。供给侧的结构性改革，说得重一点，就是一次市场化更深入的改革。

为什么出现供给侧的问题？因为过去我们重视GDP，不追求满足消费者的需求，所以才形成大量的低端重复建设，产能过剩的现象。

所以供给侧的结构性改革，就是市场深化改革，就是放弃过去政府主导经济增长的模式，实际上是市场化更深刻的改革。谁知道消费者有需求？企业；谁来预测未来消费者的需求？企业。谁来为企业做决策？企业家。所以我刚才说，企业家是国家的宝贵财富。

二、企业要有良好的公司治理结构

记者：王石前段时间表示，还是希望由国有企业来控股万科，您怎么理解他的这一想法？外界的解读是，国有的控股股东，会相对稳定，会继续放权给王石领导的现有管理层。

陈东升：中国是从计划经济走过来的，中国这30多年的经济成长和进步，国有企业、外资企业、民营企业这三股力量都做出了贡献。今天中国的现实也是三股力量相互融合的进程。美国的大企业走到今天，大概花了三代人，甚至五代人的时间，从私营家族企业变成公众企业。高盛是国有企业还是私营企业？都不是，就是混合所有制企业。要尊重历史，不要再去强调所有制的性质，而是要强调企业有没有好的治理结构，这是最重要的。

巴菲特曾经讲过，治理结构就三种形式。一种没有大股东，但是每次开董事会都假设有个大股东，只是他没有出席董事会、股东会。这个假设你说多么巧妙？没有大股东，但是要以股东利益最大化为核心，虽然股权是分散的，职业经理人控制的股东会、董事会，还是要以股东价值最大化为目标，要假设有一个大股东在时刻盯着自己。

第二种就像巴菲特自己，像我、像郭广昌这种形式，我们又是大股东，同时又是职业经理人（董事长兼 CEO）。但在这种结构下，通常第一代企业家最辉煌，如果说巴菲特不在了，他儿子有没有这种本事（掌控好企业），就不见得好了。

这种情况下，第三种形式就出来了：大股东不参与经营企业，而是交给职业经理人经营。巴菲特认为这种治理结构是最好的。

记者：您怎么理解亚布力论坛上马云提出来的，“客户第一，员工第二，股东第三”的价值观？马云认为这应该成为普世价值。

陈东升：我当时就在台下与旁边的郭广昌交流，我们认为不同的观点都是对的。股东价值最大化就是企业要有盈利，盈利了就能够照顾员工，照顾客户。所以股东价值最大化是 1，员工、客户是后面的 0，这样一加起来就是 100。没有这个 1，后面是不存在的。

马云讲的是，今天进入互联网的平台时代，没有客户就没有员工，没有员工就没有股东，这也是对的。他说的客户一定是带来价值的客户，千万不能理解说是不赚钱的客户，那是没有价值的。能够给企业带来价值的客户，你把他拢住，员工就有事做，员工创造价值，股东就有价值，这也是对的，只不过是两个不同层面的解释。

三、谈“15 派”现象与中国民营企业发展逻辑

记者：最近的一两年的“双创”，我们发现新的一轮创业潮出现了，

创业者中，有草根创业者，也有从国企、公务员岗位脱离体制“下海”的，类似于“92 派”，从体制内走出来去自己创业，或者参与到一些好的民营企业里面去。按照您提出来的“84 派”“92 派”“海归派（网络派）”的发展逻辑，如果把这个现象称为新的一代“15 派”，您认同这一说法吗？

陈东升：我认为有。其实我后来讲过，“84 派”“92 派”“海归派（网络派）”，基本是由企业的产权这条线串起来的。“84 派”时没有游戏规则，没有公司法，所以他们“野蛮生长”。到了“92 派”这里只有一种模式，就是现代企业，产权清晰，董事会、股东会治理结构清晰。但是到了“海归派（网络派）”，带来两个伟大的制度：创始股份和期权制度，它们使创始人利益得到了保护，创始团队分享到利益。到此为止，中国和西方接轨，从产权理论的企业制度来看，框架本质的核心东西完成了。

在“海归派（网络派）”之后出现的企业家群体，我叫做“后 WTO 时期”。这个时期，PE、创业资本和天使投资人崛起，只要创业者有好的创意，就不怕缺钱。对于产权制度、知识产权和创始人、创业团队期权等，都有了完整的创业法律制度。可以说私募基金的崛起，为“双创”奠定重要的基础和制度保证。

对中国的信心，就看年轻人，看未来。创业的潮流浩浩荡荡，谁都不能阻挡。中国真正的大好时光，现在刚刚开始。

今天世界上具有超级的创业、创新精神，以及创业的规模和浪潮的国家，只有美国和中国，甚至中国要高于美国。对中国的信心，就看年轻人，看未来。创业的潮流浩浩荡荡，谁都不能阻挡。中国真正的大好时光，现在刚刚开始。

记者：如果说“15 派”提法成立的话，它跟“海归派（网络派）”的区别在哪里？今后是否就是“15 派”这样的波浪式创业潮流？

陈东升：我把“海归派（网络派）”之后的创业者统称为“后 WTO 时期”

的创业者，他们集中了第一代的“悲怆”、第二代的“责任”，以及第三代的“新锐”。前三代人付出的代价，叠加形成了完整的体系和制度。“84派”“92派”“海归派（网络派）”，这三股力量完成了中国的产权体系、创业体系、企业制度、创新制度、期权制度、企业法、治理结构、公司章程、股东权益以及股东董事会和管理层的关系等问题。在这些制度上，西方很成功，到今天中国也已经成熟了。

在这个完整制度之上，创业浪潮会有序推进。今后就是你所说的波浪式的创业前景，通过三拨人完成的制度建设，将来只是修修补补，本质性的、框架性的、革命性的问题不存在了。

四、保险行业三大模式与泰康在养老产业的思考

记者：以宝能系的前海人寿、生命人寿为代表，保险行业出现了这种较为激进的“黑马”模式，无论是保费规模增长、还是投资风格都比较激进，过去的两年里频繁地举牌上市公司，甚至发生和万科这样的冲突，你是怎样看待保险行业这样的一种趋势？

陈东升：我们把保险公司分三类。一类叫负债驱动型，大型传统的人寿保险公司，比方说像中国人寿、平安保险、太平洋、泰康、新华、太平，这些公司已经建立了强大的销售体系，代理人队伍都在20万以上，是中国寿险业核心的长期寿险市场的主流。这5年，这些大型传统保险公司走了一条价值转型的道路，就是去银行保险规模化，去保单短期化，去保单理财化，走向长期价值经营。泰康这5年转型很成功，我们走的就是这样一个路子。

我们把保险公司分三类。一类叫负债驱动型，第二类是资产驱动型，还有一类保险公司就是，大银行建立自己的保险公司。

第二类是资产驱动型。你所说的这些保险公司，他们的历史不长，他

们也要寻找自己发展的机会。以往建立庞大的销售体系的时代可能过去了，他们也想走一条自我发展的道路，通过银行迅速地积累保费，把自己的资产规模做起来。但是银行是一个销售的中介渠道，成本偏高，保险缴费期限偏短，所以他们就走向一个资产驱动型的模式，我们管这类叫平台公司。

还有一类保险公司就是，大银行建立自己的保险公司，它借助母公司强大的分销体系、客户体系来销售保险。

今天的保险业慢慢形成了这三股力量，不同的道路，不同的优劣，不去评论谁对谁错，每个人都在寻找自己发展的道路。

很多人问为什么泰康、平安没来举牌（上市公司），因为我们今天走的是长期价值和负债趋动的模式，泰康这些年走保险和医养结合的路子，做医养实体、长期寿险，价值驱动，其他的传统保险公司大多跟随泰康走上了这条道路。

记者：泰康提出的口号叫“从摇篮到天堂”。今年是泰康人寿创立20周年，现在距离“从摇篮到天堂”的目标还有多远，面临的最大的制约是什么?

陈东升：人寿保险其实就是通过金融的虚拟方案，来解决个人和家庭的生老病死问题。我们把虚拟的保险产品，和现实的医疗、养老产品服务相结合，创造了一个新的保险产品：“幸福有约”。年轻的时候买这个产品，老的时候就可以到泰康的医养社区享受养老和医疗服务。

短短三年的时间，这个产品已经卖了2万单，拥有了2万多高净值客户。我们提出“四位一体”战略——“活力养老、高端医疗、卓越理财、终极关怀”，把养老、医疗、理财、终极关怀四个问题一并解决，形成了全生命产业链的一个长链条的彻底整合。

至于目前面临的制约条件，很简单，医疗养老的探索虽然落地了，但是我们还不够系统化、体系化、价值化。下一步要做的，就是全国的网络布局，一旦系统化、体系化、价值化，整个网络就会产生巨大的化学反应，可以把大健康、保险的产品，和现实的医疗、养老产品服务相结合，打造一个垂直产业链的闭环体系。这个我估计还要10年的时间。

记者：泰康人寿的上市计划目前准备的怎么样了？

陈东升：今年保监会实施偿付能力第二代的监管，泰康人寿资本充足率将大幅跃升2/3，所以我们没有大的资本压力。如果为了融资，泰康完全可以不用上市，我提出上市，就是希望泰康未来成为一个公众公司，成为一个透明度更强的公司。

这次亚布力马云讲阿里巴巴的合伙人制、讲阿里巴巴的治理结构，对我有很大的震撼。我觉得一个企业建立强大的、非常有力量的治理结构，是一个企业发展的根本保证。所以（泰康）迟早是要上市的，只是时间的问题。

（2016年2月 腾讯财经）

【注】本文为腾讯财经记者刘中盛、刘鹏对陈东升的专访。

附录一 12 期世纪组训培训班讲话

我的青少年时代

【背景】

武汉大学珞珈山上，古木参天，绿草掩映。一块盘踞的巨石，上面刻着一个朴拙的“始”字。这是 1983 年，陈东升在毕业之际刻下的，寓意“千里之行，始于足下”，勉励自己永远都是开始。为了凿石刻字，他专门搭乘汽车，长途颠簸，回到家乡小镇湖北天门，向老石匠师傅拜师学习，采购工具。这块石头似一个纽带，连结起一个小镇少年和都市知识青年的成长过渡。

2006 年，泰康人寿成立 10 年之际，陈东升向第 12 期世纪组训的学员们讲述了自己青少年的经历，从他娓娓道来的讲述中，我们能感受到他的成长、蜕变和坚韧、执着，也能体悟到他创办泰康人寿的梦想、抱负和这家企业背后的责任、情怀。陈东升说，创办泰康，对他来说，是一个全新的开始。这个开始，让他为之奋斗耕耘了近半生，并且，还愿意将一辈子的时间投身其中，去践行让人们更健康、更长寿、更富足的伟大事业。

看着一张张年轻的面孔，我感到非常高兴和激动。看到你们我也想起我的青少年时代，所以本来我今天想跟大家讲讲公司，现在我改变主意了，我讲讲个人的成长。

我 1957 年出生，成长在湖北的一个县城，叫天门县，我父母都是工农干部，父亲 1940 年参加新四军，后来转业了。我是一个外乡人，为什么我今天有这个成就？是因为我没有本土意识，所以我老讲，不是说我是湖北人，湖北人就一定沾光，没有这个意识。

高中一年级时，我读了一本书——《马克思传》。那是在文革后期，那个时候基本上是不学习的，可我从小就爱学习。小学的时候憧憬当一个科学家，我自己在家里装过收音机，装过喇叭，动手搞科学。但是到了高中，另外一扇大门向我打开了，就是社会科学。我记得我高中一年级读《马克思传》，读到 1/3 的时候，我把它合起来，脑子里一片空白。你可以想象，一个小地方从来没有离开过县城的青少年，外界对他来说是多么的神秘，他对知识是那么的渴望，但是因为没有任何知识基础，拿着这样一本书读下来，合起书脑子是一片空白的，那就重新再读。其实我的社会科学基础就是这本书打下的。我经常讲《马克思传》实际上是一部社会科学的百科全书，开启了我的人生。

这一次亚布力中国企业家论坛，企业家讲演发言环节，有一个海归派企业家叫田溯宁，是网通的总裁，他小我 4 到 5 岁，也算是我那个时代成长起来的。他感慨地讲，当年有一句马克思的警句一直作为座右铭激励着我们那代年轻人，我可以一个字不差地背给大家。因为我弟弟喜欢画画，画了一张马克思的油画，下面就写着这段话。这段话是这么说的：“在科学的道路上，没有平坦的小路可走，只有那些在崎岖道路上攀登不畏劳苦的人，才有希望到达光辉的顶点”。我高中的时候每天晚上读书，只要仰头看到我弟弟画的这张画，读了这段话，浑身就充满了力量，就没有瞌睡。

我高中时候有极强的自学精神，可以每天晚上学习到12点钟。我弟弟睡了一觉醒了一看哥哥还在读书。过去我们经常讲，“机会总是垂青于准备好了的人”，什么叫“准备好了的人”？就是他有成功的渴望，他善于捕捉每一次机会，利用每一次机会成就自己的人生。所以实际上结合我自己成长的道路我一直有一个心愿，就是主张在我们的高中，开一门课，只开一个学期，就叫“名人传记”。其实我觉得年轻时候立志比知识还重要，有志向的人他会去寻求知识，没有立志的人他学的知识也只是知识。

我高中毕业到了我们县里的微生物研究所做技术工人。当年是做什么呢？我们的家乡是平原地区，也是棉花的产地，所以用生物农药去治棉铃虫，我就是生物农药科研所的技术工人。我作为技术员经常到农村去帮助农民。我记得我在生产队那种艰苦的条件下，手里总是拿着一部收音机，每天都要听中央新闻联播。我手里总是少不了《人民日报》。那个时候还是极左时代，《人民日报》登载着署名“梁效”文章。谁是“梁效”呢？实际上是“清华大学”和“北京大学”的简称，叫两校，所以他们取谐音改叫“梁效”。“梁效”是当年极左时代的笔杆子，但是文章写得实在是太好了，所以那样上万字的文章，我读完一遍读两遍，因为那个时候我对理论有种渴求。我清楚地记得我在一个生产队，晚上在煤油灯下读了“梁效”文章后，觉得如果哪一天我能够写出这样的文章，能够在《红旗》杂志上发表，这是我人生最大的追求，最大的梦想。1986年，我终于在《红旗》杂志发表了文章（注：这篇文章的题目为《世界商品经济的发展趋势》）。

人生的每一个阶段都要去追求，我从小就立志，我一定要上大学。我觉得我就不是那个县城里的人，我生来就属于大城市。那时候批判追求大城市是资本主义，但我不是这样的想法，我就是觉得应该对国家有贡献，应该成为科学家，应该成为理论家。那个时候还没想到经商，因为那个时候根本没有商业的概念，那时候也没想到当官，因为那个时候教导人们“当官是为人民服务”。所以我就是一定要上大学，其实我参加了三次高考，

77 年我考上了，但因为所谓的“反动“言论没有走成。但是我不甘心，我继续考。79 年，我考上了武汉大学经济系。在武汉大学经济系里我非常活跃，是很多学科讨论会的组织者或参与者，我到哲学系去听课，到物理系去听课，所以打下了自己深厚的知识基础。

大学毕业，我被分配到国际贸易研究所工作，三年时间发表了几十篇论文，在《人民日报》、《光明日报》、《经济日报》、《红旗》、《经济学动态》还有《世界经济研究》上。我写的一篇关于世界经济、政治、经济学大格局、大变动的论文在《世界经济导报》整版发表。

后来我因为在学术上的表现去《管理世界》做副总编，主持这个杂志的学术。去那个杂志改变了我的人生。你们知道董事长有一句话叫“创新就是率先模仿”。这不是我杜撰出来的，是我的实践证明和提炼出来的。我第一件创造性的事情，就是在《管理世界》模仿《财富》杂志评 500 家大企业，那是 1988 年。这在 80~90 年代是非常轰动的一件事儿。在把中国 500 强和世界 500 强进行对比的时候，我发现了一个现象：一个国家世界 500 强企业的多少，正好和他在世界经济的排序是完全吻合和成正比的。就是 500 家世界大企业里面，美国一定是最多的，因为美国是世界第一强国。日本一定是第二多的，因为日本是世界第二经济大国。第三一定是德国，第四一定法国，第五一定是英国。过去世界五强就这样排的。那么世界跨国公司的多少也是这样排下来的，所以当时我就得出一个结论：不拥有世界一流的跨国公司，不在世界跨国公司里面占到比例，就不可能成为世界经济强国。这个时候，我有了创办企业的念头。

现在学界普遍认为，中国的企业家有三波成长浪潮，80 年代的企业家是靠胆量做事的；90 年代的企业家是靠思想和脑子做事的；还有一个就是 90 年代末网络高潮下出现的“海归派（网络派）”。董事长也发明了一个词叫“92 派”。什么叫“92 派”呢？ 92 年我们国家颁布了《有限责任公司规范意见》和《股份有限公司规范意见》，我非常敏锐地捕捉了这个历史机遇，过去没有股份公司，没有有限公司，办公司只有国家拿钱，或者私人拿钱，或者是外资拿钱，或者是集体企业拿钱。1992 年颁布了这两个文件，我看机会来了，所以在 1992 年发起，1993 年初创立了中国嘉德国际拍卖有限公司。嘉德公司就是模仿美国的苏富比拍卖行，今天中国嘉德就是中国的苏富比。

所以你看我幻想当科学家，幻想成为一个理论家，最看不起的就是经商，最后却走上了商业的道路。其实人生不完全由自己决定，有时候时代造就了自己，你没想过做的事情可能是时代最呼唤去做的事情。所以我悟出了道理：我的父亲是跟毛主席扛枪才有希望和前途，那时候搞革命。因为那个时候是革命的年代，所以你要随大流，随潮流。今天邓小平搞改革开放，要搞经济建设，那我就顺应潮流，走商业道路。

我为什么要跟你们讲这些？其实就是说要胸怀大志。人生是短暂的，要让短暂的人生绽放更多光芒，就要奋斗。我认为立志比什么都重要，有志向的人就是有目标的人，有目标的人就是不会徘徊的人，不徘徊的人就是坚定的人，坚定的人一定能够成功，这就是成功者的过程。

今天我们国家是强大的，不需要我们再去搞革命，不需要我们再去抛头颅撒热血，需要的就是用智慧去创造财富。创造财富的方式就是要让一家家具有国际竞争能力的本土企业获得成长，这就是为什么我从一个科学少年、社会科学青年走向了商业道路，为什么我的思想从科学救国、思想救国发展到了实业救国。董事长不是因为想发财才来做企业的。就在这点上，我几十年不变。今天这个志向还不变。

虽然泰康 10 年了，风风雨雨，但是我还有这份心情，我还愿意跟大家分享最初的情怀，就像你们的初恋一样，永远是最甜的，永远是最激动人心的，永远位于你心中最深处。它随时可以燃烧 ，随时可以形成燎原之势，燎原之火，所以我今天就跟大家讲讲这个。

附录二 捐建万林艺术博物馆源起

珞珈之始 万木成林

博物馆对培养年轻学生的人文情怀很重要。中国的大学同样需要有一种人文精神，一座大学的美术馆或是博物馆，应当成为地标性建筑。好的大学，都应该拥有一定的艺术品收藏，有一个好的艺术博物馆。

捐建一个艺术博物馆在中国的著名大学里应该是首开先例。

万林艺术博物馆坐落在武汉大学校园的中心位置，珞珈山西侧，毗邻六一纪念亭、李四光雕像等人文景点，远远看去周围参天的古树围绕和掩映下露出非常现代的建筑身影，慢慢走近，它的外形仿若天外飞来的一块石头，不知何时悄悄地来到这里，平添了一种超现实的感觉。这里与图书馆、桂园、樱园、梅园相邻，与中心湖相伴，它的对面为校内最大的一片草地，是武大最美的地方，博物馆的落成会使这里成为武大未来的人文活动中心，开启莘莘学子对艺术的欣赏之旅。

武汉大学万林艺术博物馆是我为母校120周年献上的一份礼物，由我私人捐赠一亿元人民币建造，以我父亲的名字命名。博物馆由国内著名建筑师朱锫先生设计，展厅面积有八千多平方米。当年我大学毕业时，在珞珈山山顶的一块石头上刻了一个 “千里之行，始于足下” 的 “始” 字，激励自己永远都是开始，从这个石头的概念出发，我希望把博物馆设计成一块飞来之石。用我父亲的名字命名也体现了中国的文化传统，一般西方人都用自己的名字命名，但中国人喜欢用长辈的名字，像台湾最大的医院——长庚医院，是王永庆用父亲王长庚的名字命名的；兆龙饭店是包玉刚用父亲包兆龙的名字命名的。这些老一代华人企业家的典范也影响着我，我在我家乡捐了万林科技楼，中学捐了万林图书馆，大学捐了万林艺术博物馆，是对先辈的纪念。捐建一个艺术博物馆在中国的著名大学里应该是首开先例，我也参照很多国际经验，做下来应该是一个好的艺术博物馆。后续计划还要建一个万林艺术博物馆基金会，我不能只捐一个躯壳，没有内容、没有长远的运营计划是不行的。我希望这个艺术基金会未来做持续性的策展活动，继续丰富这个博物馆的藏品，让这个博物馆真正具有生命，延续下去。

为什么建艺术博物馆？去年在给武大毕业生做杰出校友演讲时，我讲到在大学里有三个素质要培养：首要任务是学习知识，这是大学生最基本的任务，培养的是学习能力；第二个是培养独立思考，具有批判精神的能力，它能让青年人追求科学、民主、自由；第三个是培养一种人文情怀。我上大学时为什么敢于去走访那么多著名教授，为什么崇尚学术，就是梦想成为一个大学者，成为大教授、大知识分子，现在回想起来，实际上是一种人文情怀支撑着我。我们平常讲一个人很像知识分子，很儒雅，就是指他有一种人文素养、一种人文情怀在他的骨子里，所以我认为一个知识分子首先是要有人文情怀的。博物馆对培养年轻学生的人文情怀很重要， 我到国外的大学参观访问，非常注意这些大学的博物馆，美国斯坦福大学博物馆的广场上整套罗丹的雕塑都是别人捐的，亚洲部里面放着中国的字画、瓷器，给我很深刻的印象。宾夕法尼亚大学、哈佛大学等也都有自己的博物馆。美术和音乐是可以启示人们灵魂的，中国的大学同样需要有一种人文精神，每一所著名大学都应该拥有一定的艺术品收藏，有一个好的艺术博物馆。因为我是做艺术品拍卖起家的，又做泰康空间这种艺术公益事业，泰康人寿也有很多艺术品收藏，了解博物馆的重要性，所以思考要给学校做一些事情时很自然就想到修建人文设施，决定给母校武汉大学捐一个艺术博物馆。

今天，武汉大学里面还保留着一批古老的建筑，一进门的体育馆是黎元洪家族捐的，如果说建筑承载历史，那么从体育馆可以看到武汉大学是有捐助的历史和传统的。我希望这个博物馆就像黎元洪捐的体育馆一样，造一个经典性的建筑、一个标志性的建筑，丰富和提升武汉大学的魅力，成为武汉大学新的景观，同时希望能对校友们回馈母校起到示范作用。1983 年我从武汉大学毕业， 1993 年武大百年校庆正好嘉德成立，今年是武汉大学 120 周年校庆，也是我毕业 30 周年，嘉德 20 周年，泰康空间 10 周年，都正好是一个整数。

武汉大学是我的母校，给予我很多，我对母校怀有非常深厚的感情，她之于我如同母亲一般。到 2013 年年底武汉大学 120 周年的时候，武汉大学万林艺术博物馆将会落成。这是我献给母校的一份心意。

【注】本文摘自《一槌定音》。

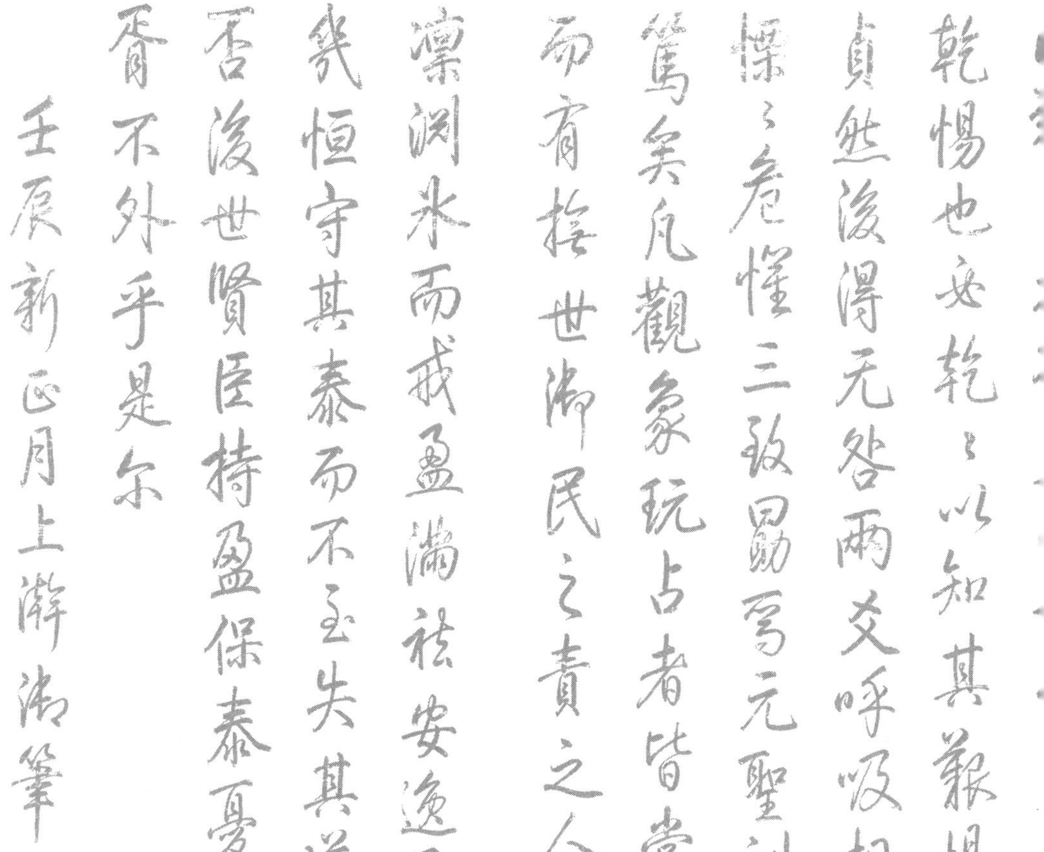
乾惕也夫乾乾以知其艱惕若以守其
貞然後得无咎兩爻呼吸相通無不於
慄慄危懼三致易焉元聖訓後世之意
篤矣凡觀象玩占者皆當以是為林
而有撫世御民之責之人尤不可不
凜淵冰而戒盈滿祛安逸而謹思慮庶
幾恒守其泰而不至失其道以流入於
否後世賢臣持盈保泰憂盛危明之說
胥不外乎是爾
壬辰新正月上澣御筆

《开泰说》由乾隆皇帝作于1772年正月，距今二百余年，洋洋洒洒三百余字，由皇室后人珍存数十年。泰康人寿于2004年1月9日在嘉德迎春拍卖会上拍得，现悬挂于泰康人寿董事会会议室，成为镇司之宝。

開泰說

陽交三而成泰此劉琨柳宗元等開泰之說所由昉乎泰者通也又安也小往大來內陽外陰與夫任下事上君子小人之義註易家論之詳矣余以為泰之所以為泰在九來居三泰之九三即乾之九三也乾之九三曰君子終日乾乾夕惕若蓋必有此乾乾惕厲然後能安而弗危通而弗塞以常保其泰也故本爻即曰无平不陂无往不復使善乾

因时而生 因市而兴 因势而变

泰康大事年表(1996-2016)

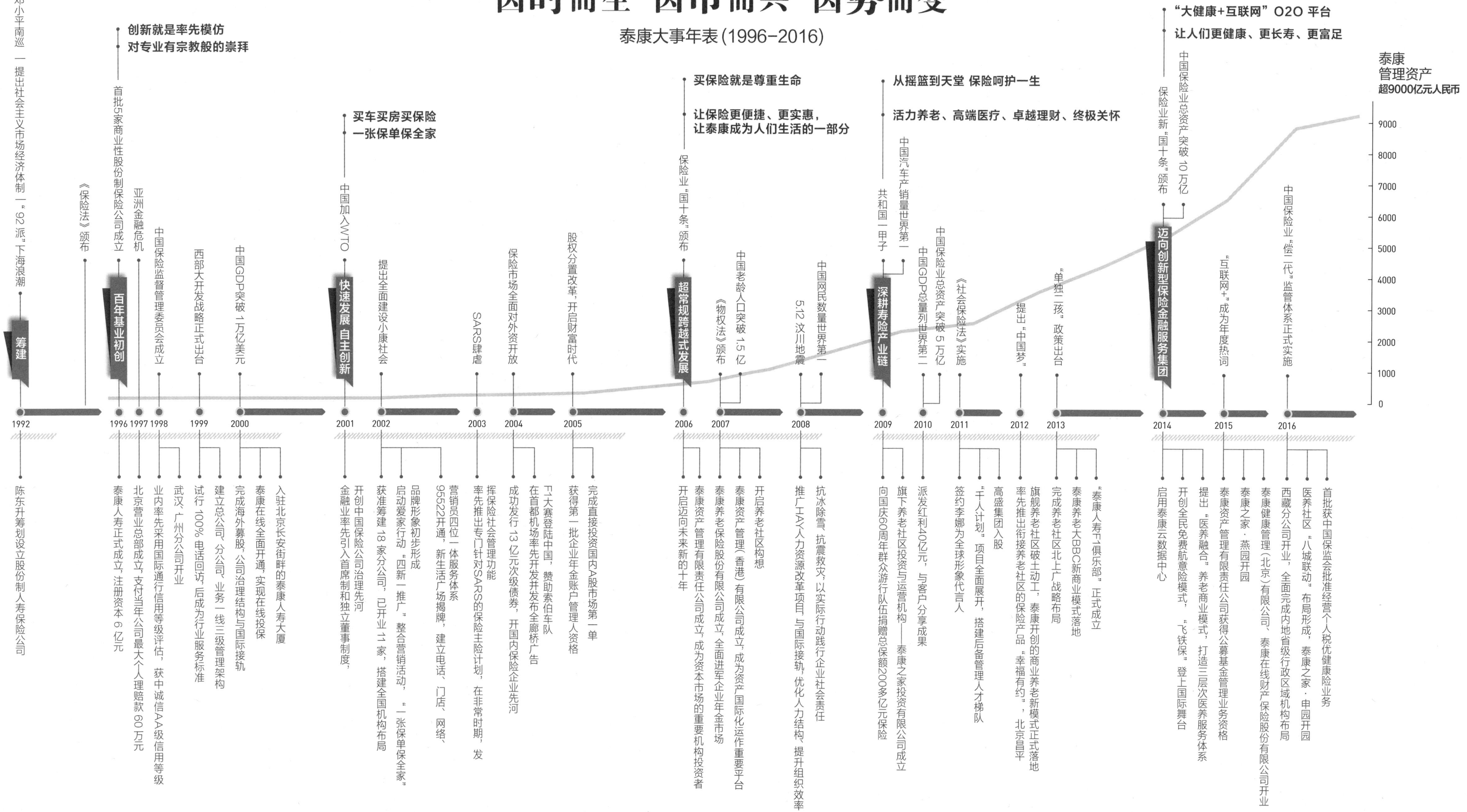